JN411450

복지기술의 실제

기획, 개발, 평가

임정원 김수완 안정호 공저

SJ 신정

머리말

최근 몇 년간 복지와 기술의 융합은 인간의 필요를 충족시키고 삶의 질을 향상하는 방식에서 혁신적인 변화를 가져왔다. 데이터 분석을 통해 취약점을 예측하고 해결하는 것에서부터, 복지서비스에 쉽게 접근할 수 있도록 돕는 직관적인 디지털 플랫폼에 이르기까지, 복지와 기술의 융합은 전례 없는 가능성을 제공하고 있다. 이 책, 『복지기술의 실제: 기획, 개발, 평가』는 이러한 혁신적인 변화를 보여주고 있는 사회서비스 영역에서 복지와 기술의 융합인 복지기술(Welfare Technology)을 이해하고 실행하는 데 필요한 방법들을 제공하기 위해 집필되었다.

복지기술은 단순히 기술을 활용하는 것을 넘어, 인간의 삶의 풍요롭게 하고 더 나은 사회를 만드는 데 기여하는 중요한 도구이다. 이 책은 복지기술의 개념과 발전 배경, 정책적 방향부터 복지에 적용 가능한 기술의 이해와 최신 동향까지, 복지기술 전반을 아우르는 내용을 담고 있다. 특히, 복지기술 기획 및 개발을 위한 접근법과 기획 과정, 수요자에 대한 이해, 환경 분석, 평가 등 복지기술을 기획 · 개발하며, 평가하는 데 실질적으로 활용되는 모든 단계를 포괄적으로 다루었다. 또한, 실제 사례를 중심으로 복지기술의 기획, 개발, 평가라는 전 과정을 구체적으로 제시함으로써 사회복지 현장에서 복지기술을 적용하고 활용할 수 있는 방안을 제공했다는 점에서 중요한 의의를 지닌다.

『복지기술의 실제: 기획, 개발, 평가』는 사회복지와 공학을 전공한 세 명의 교수가 협력하여 집필한 결과물이다. 1, 2, 7, 9, 13장은 김수완 교수가, 3, 4, 10장은 안정호 교수가, 5, 6, 8, 11장은 임정원 교수가, 12장은 안정호 교수와 임정원 교수가 함께 집필하였다. 다년간 복지기술에 관한 지속적인 연구와 강의를 통해 얻은 학문적 통찰과 현장 경험이 이 책에 고스란히 담겨 있다. 저자들은 복지기술이 단순한 이론에 그치지 않고, 실제 사회문제를 해결하고 삶의 질을 향상하는 데 기여하기를 간절히 바라는 마음에서 이 책을 집필하게 되었다. 복지기술의 세계를 탐험하는 여정에서, 이 책이 단순히 정보를 전달하는 것을 넘어 독자들에게 영감을 주고, 복지기술이라는 새로운 아이디어를 혁신적으로 실현하는 데 도움을 줄 수 있기를 희망한다. 또한, 복지기술 확산을 위해 이해관계자들 간의 소통과 협력이 이루어지기를 바란다.

복지기술은 장애인, 노인, 그리고 사회적 취약계층에게 더 나은 서비스를 제공하고, 공평한 삶을 누릴 수 있도록 돕는 강력한 도구이다. 현재는 사회복지나 공학 영역에서 복지기술을 체계적으로 가르치는 학교가 거의 없으며, 복지기술 기획의 전 과정을 다루는 교재도 부족한 실정이다. 이 책이 복지기술에 관심 있는 교수자와 학생들에게 실질적인 도움을 줄 뿐만 아니라, 향후 복지기술을 확산하는 데 밑거름이 되기를 기대한다. 또한, 이 책을 접한 독자들이 복지기술의 본질을 이해하고, 이를 활용하여 더 나은 세상을 만들어가는 데 기여할 수 있기를 진심으로 바란다.

마지막으로 출판을 맡아주신 신정 최용구 대표님과 직원들께 깊은 감사를 드린다.

2025년 1월

저자 일동

차례

CHAPTER

01 복지기술의 개념

CHAPTER 01
복지기술의 개념

1. 복지기술의 배경

1) 사회적 변화와 복지기술의 필요성

현대사회는 급속한 인구 고령화와 만성질환의 증가, 그리고 가족 구조의 변화 등으로 인해 새로운 복지서비스의 필요성이 절실히 대두되고 있다. 고령화사회로의 진입은 전 세계적인 현상으로, 많은 국가들이 이에 대응하기 위한 정책과 기술 개발에 집중하고 있다. 노인 인구의 증가는 자연스럽게 만성질환의 증가로 이어지며, 이는 의료서비스와 복지서비스의 수요를 폭발적으로 증가시키고 있다.

고령화로 인해 노동 가능 인구가 줄어들면서 돌봄 인력의 부족 문제도 심각해지고 있다. 전통적으로 가족이 담당하던 노인과 장애인의 돌봄 역할이 핵가족화와 맞벌이 가정의 증가로 인해 점점 어려워지고 있다. 이러한 상황에서 복지기술은 효율적인 돌봄서비스를 제공하고, 돌봄 인력의 부족을 해결할 수 있는 대안으로 부상하고 있다.

2) 경제적 요인과 비용 절감

경제적 측면에서도 복지기술의 필요성은 강조된다. 노인 인구의 증가로 인해 의료 및 복지서비스에 대한 지출이 급증하고 있으며, 이는 국가 재정에 큰 부담을 주고 있다. 복지기술은 이러한 비용을 절감하는 데 중요한 역할을 할 수 있다. 예를 들어, 원격 진료 및 원격 모니터링 시스템은 병원 방문을 줄이고, 입원 기간을 단축시켜 의료 비용을 절감할 수 있다. 또한, 스마트홈 기술과 같은 자동화된 복지기술은 돌봄 인력의 부담을 줄이고, 효율성을 높여 전체적인 운영 비용을 줄이는 데 기여할 수 있다.

3) 기술적 발전과 융합

정보통신기술(ICT), 인공지능(AI), 사물인터넷(IoT) 등의 기술 발전은 복지기술의 발전을 가속화시키고 있다. ICT는 데이터 수집, 분석, 전달의 효율성을 극대화하여 원격의료서비스와 건강 모니터링 시스템을 가능하게 한다. 인공지능은 복지서비스의 개인 맞춤형 제공을 가능하게 하며, 예측 분석을 통해 예방적 조치를 취할 수 있게 한다. IoT는 다양한 기기와 시스템을 연결하여 실시간으로 정보를 교환하고, 이를 통해 사용자의 상태를 지속적으로 모니터링할 수 있게 한다.

이러한 기술적 융합은 복지서비스의 새로운 패러다임을 제시한다. 예를 들어, 스마트폰 애플리케이션과 연동된 웨어러블 디바이스는 사용자의 건강 상태를 실시간으로 모니터링하고, 이상징후가 발생하면 즉각적으로 의료진에게 알릴 수 있다. 또한, AI 기반의 가상비서는 사용자의 일정 관리와 약물 복용을 도와줄 수 있으며, 스마트홈 기술은 사용자의 생활환경을 안전하고 편리하게 유지하는 데 기여할 수 있다.

이처럼 복지기술의 배경은 사회적, 경제적, 기술적 변화와 밀접한 관련이 있다. 인구 고령화와 만성질환의 증가, 가족 구조의 변화 등 사회적 요인은 복지서비스의 필요성을 증대시키고 있으며, 기술적 발전은 이러한 필요를 충족시키는 데 중요한 역할을 하고 있다. 또한, 경제적 부담을 줄이기 위한 효율적인 대안으로 복지기술이 주목받고 있으며, 정책적 지원과 국제적 협력이 복지기술의 발전을 더욱 가속화하고 있다. 이러한 배경하에 복지기술은 현대사회에서 중요한 역할을 담당하고 있으며, 앞으로도 그 중요성은 더욱 커질 것으로 예상된다.

2. 복지기술의 의미와 정의

1) 복지기술의 정의

복지기술(Welfare Technology)의 정의는 학문적, 실무적 관점에서 다양하게 제시될 수 있으며, 어디에 방점을 두느냐에 따라 상이한 정의가 가능하다. 먼저 복지기술에 대한 학술적 정의를 살펴보자. 복지기술은 복지서비스를 유지하고 발전시키는 것을 지원하는 기술혁신적 해결(Nordic Centre of Welfare and Social Issues, 2010), 혹은 국민들의 복지와 삶의 질을 증진시키고 사회문제 해결을 위해 과학기술을 활용하는 기술혁신형 제품, 서비스, 시스템으로 정의될 수 있다(Danish Government, 2013).

또한 복지기술은 복지 수요를 효과적으로 충족시키기 위해 복지와 과학기술의 융합을 통해 개발된 복지서비스의 혁신이라고 정의되기도 한다(강창욱 등, 2018; Nordic Centre for Welfare and Social Issues, 2010). 즉 학술적으로 복지와 기술의 결합 혹은 복지기술(welfare technology)을 '기술혁신형 사회서비스'로서, 기술을 통해 사회서비스의 질과 양을 높이는 혁신으로 이해하고 있는 것이다(안상훈, 김수완, 박종연, 2017).

복지기술은 전통적인 보조기술과 다른 것으로 문제 해결을 위해 기술을 이용하는 서비스 혁신으로 정의되기도 하며, 이 과정에서 공적 부문의 역할이 크고, 지지적, 반응적, 예방적 기능을 지닌 것으로 설명되기도 한다(Cozza, Crevani, Hallin, & Schaeffer, 2019).

복지기술은 '복지'와 '기술'의 융·복합을 통해 복지 사각지대를 최소화하고, 새로운 복지수요를 효과적으로 충족시키며, 사회문제를 혁신적으로 해결하는 긍정적 효과를 갖는 것으로 논의된다. 사회서비스의 기술혁신을 통해 서비스의 질 향상과 비용 효과성의 개선도 기대할 수 있다. 복지기술을 활용하면 노인, 장애인의 신체적·사회적 예방서비스 구축을 통해 예방적인 대응력을 향상시키고, 사후관리에 의한 사회적 비용을 절감시키는 것이 가능해지기 때문이다. 또한, 제도적인 측면에서 복지기술의 도입은 기존 제도 및 전달체계의 한계를 보완하여 사회서비스의 혁신, 전달체계의 효율성 확보, 복지재정의 효율적 활용을 촉진할 수 있는 특성을 내재하고 있다(김수완, 최종혁, 2019).

한편, 복지기술에 대한 실무적 관점, 혹은 '기술'에 방점을 둔 개념을 살펴보자. 복지 '기술'은 인간의 복지와 삶의 질을 향상시키기 위해 개발되고 적용되는 다양한 기술을 포괄하는 개념이다. 복지기술은 인간의 복지와 삶의 질 향상을 목표로 하는 모든 기술을 포함한다. 예컨대 의료기술, 돌봄 기술, 생활 지원기술 등 다양한 기술이 포함될 수 있다. 한편 복지기술은 정보통신기술, 로봇공학, 생명공학 등 첨단기술을 활용하여 복지서비스의 효율성을 높이고, 사용자의 자립적 생활을 지원한다. 이는 기술의 융합을 통해 복지서비스의 통합적 접근을 가능하게 한다. 복지기술은 주로 노인, 장애인, 만성질환자 등 복지서비스가 필요한 사람들을 대상으로 하며, 이들의 독립적이고 자립적인 생활을 지원하는 데 중점을 둔다. 특히 사용자가 독립적이고 자립적인 생활을 영위할 수 있도록 개인의 필요와 환경에 맞춘 맞춤형 서비스를 제공하는데, 이는 개인화된 데이터 분석과 예측기술을 통해 실현될 수 있다.

2) 복지기술의 의미

복지기술의 의미는 다음과 같은 여러 가지 측면에서 설명될 수 있다.

(1) 삶의 질 향상

복지기술은 일상생활에서의 편의성을 높이고, 자립적인 생활을 지원하여 사용자의 삶의 질을 향상시킨다. 예를 들어, 스마트홈 기술은 사용자에게 안전하고 편리한 생활환경을 제공하며, 웨어러블 디바이스는 건강 상태를 모니터링하여 건강한 생활을 유지하도록 돕는다.

(2) 효율적인 복지서비스 제공

복지기술은 복지서비스의 효율성을 높인다. 예를 들어, 원격 진료 시스템은 환자와 의료진 간의 물리적 거리를 극복하여 의료서비스를 제공할 수 있게 하며, 인공지능 기반의 돌봄 로봇은 반복적이고 단순한 업무를 대신 수행함으로써 돌봄 인력의 부담을 줄여준다.

(3) 개인 맞춤형 서비스

복지기술은 사용자 개개인의 필요와 선호도에 맞춘 맞춤형 서비스를 제공한다. 이는 데이터 분석과 인공지능 기술을 통해 사용자의 상태와 환경을 실시간으로 모니터링하고, 그에 맞는 서비스를 제공함으로써 가능해진다.

3) 복지기술의 주요 요소

복지기술은 여러 주요 요소들로 구성되며, 이들은 상호 작용하여 복지서비스의 효율성을 극대화한다.

- **정보통신기술(ICT)**: 데이터 수집, 전송, 분석 등의 과정에서 핵심적인 역할을 한다. 예를 들어, 스마트폰 애플리케이션과 연동된 헬스 케어 서비스는 사용자의 건강 상태를 모니터링하고, 필요한 정보를 의료진에게 전달한다.
- **인공지능(AI)**: 복지서비스의 개인 맞춤형 제공을 가능하게 하며, 예측 분석을 통해 예방적 조치를 취할 수 있게 한다. 예를 들어, AI 기반의 건강

관리 시스템은 사용자의 건강 데이터를 분석하여 이상징후를 조기에 발견할 수 있다.

- **사물인터넷(IoT)**: 다양한 기기와 시스템을 연결하여 실시간으로 정보를 교환하고, 이를 통해 사용자의 상태를 지속적으로 모니터링할 수 있게 한다. 예를 들어, IoT 기술을 활용한 스마트홈 시스템은 사용자의 안전과 편의를 보장한다.
- **로봇공학**: 물리적 도움을 제공하는 돌봄로봇이나 재활로봇 등은 사용자의 일상생활을 돕고, 자립적인 생활을 지원한다. 이는 특히 이동이 불편한 노인이나 장애인에게 큰 도움이 된다.

이처럼 복지기술은 현대사회의 다양한 복지 요구를 충족시키기 위해 필수적인 기술로 자리 잡고 있다. 이는 삶의 질 향상, 효율적인 복지서비스 제공, 개인 맞춤형 서비스 제공 등의 다양한 의미를 가지고 있으며, 정보통신기술, 인공지능, 사물인터넷, 로봇공학 등 첨단기술의 발전과 융합을 통해 실현된다. 복지기술의 정의는 인간의 복지와 삶의 질 향상을 목표로 하는 모든 기술을 포함하며, 이는 사용자 중심의 맞춤형 서비스를 제공하여 자립적 생활을 지원하는 데 중점을 둔다. 이러한 복지기술의 발전은 앞으로도 지속될 것이며, 더욱 혁신적인 기술들이 등장할 것으로 기대된다.

3. 복지기술의 분류

복지기술은 기술을 활용한 복지서비스의 특성과 적용 범위, 활용 목적에 따라 여러 가지로 분류될 수 있다. 이러한 분류는 복지기술의 다양한 측면을 이해하고, 구체적인 활용 방안을 모색하는 데 유용하다. 〈표 1-1〉에서는 복지기술을 주요 영역별로 분류하고, 각 분류의 특징과 사례를 자세히 살펴본다.

<표 1-1> 복지기술의 분류

1	의료 및 건강관리 기술	• 원격진료 • 건강 모니터링 장치 • 디지털 치료법
2	돌봄 기술	• 로봇 돌봄 서비스 • 스마트홈 기술 • 인공지능 기반의 개인 비서
3	생활 지원기술	• 보조기기 • 아동 보조기기 • 스마트 의류
4	사회적 연결 및 참여기술	• 소셜 네트워크 • 온라인 커뮤니티 • 가상현실(VR)
5	교육 및 훈련 기술	• e-러닝 플랫폼 • 가상현실 교육 • 직업 훈련용 소프트웨어

(1) 원격 진료(Telemedicine)

원격 진료는 ICT를 활용하여 환자와 의료진 간의 물리적 거리를 극복하는 기술. 환자는 집에서 화상통화나 모바일 애플리케이션을 통해 의사와 상담할 수 있으며, 이는 특히 이동이 불편한 노인이나 만성질환자에게 유용하다.

(2) 건강 모니터링 장치

웨어러블 디바이스와 같은 건강 모니터링 장치는 사용자의 생체 데이터를 실시간으로 수집하고 분석한다. 예를 들어, 스마트워치는 심박수, 혈압, 수면 패턴 등을 모니터링하여 건강 상태를 체크한다.

(3) 디지털 치료법(Digital Therapeutics)

디지털 치료법은 소프트웨어를 통해 환자의 상태를 관리하고 치료하는 방법이다. 이는 정신건강관리, 당뇨 관리 등 다양한 영역에서 활용될 수 있다.

1) 의료 및 건강관리 기술

의료 및 건강관리 기술은 건강 상태를 유지하고 질병을 예방하거나 치료하며, 전반적인 건강관리를 지원하는 기술이다. 이는 의료 전문가와 환자 모두를 대상으로 하며, 개인화된 의료서비스를 가능하게 하고, 효율적이고 접근성 높은 건강관리 시스템을 구축하는 데 기여한다.

(1) 건강 모니터링 및 예방 기술

건강 데이터를 실시간으로 수집하고 분석하여 질병 예방과 건강관리를 돕는 기술이다. 이러한 기술은 사용자의 신체 상태를 지속적으로 모니터링하고, 이상징후를 사전에 감지하여 건강 문제를 예방할 수 있도록 한다. 웨어러블 헬스 기기(심박수, 혈압 모니터링), 스마트 체온계, 건강 예측 AI 알고리즘 등을 예로 들 수 있다.

(2) 원격의료 및 디지털 헬스 기술

환자가 의료 시설에 직접 방문하지 않고도 의료서비스를 받을 수 있도록 돕는 기술이다. 원격의료기술은 의료 접근성이 낮은 지역에서 특히 유용하며, 시간과 비용을 절약하는 데 도움을 준다. 구체적으로는 원격 진료 플랫폼, 환자 관리 애플리케이션, 디지털 처방 시스템 등이 있다.

(3) 의료 데이터 및 관리 기술

의료 데이터를 체계적으로 관리하고 활용하여 의료서비스를 개선하는 기술이다. 이러한 기술은 환자 맞춤형 진료를 가능하게 하고, 의료진의 의사결정을 지원하여 의료 품질을 높이는 데 기여한다. 전자 건강기록 시스템(EHR), AI 기반 의료 데이터 분석, 클라우드 의료 데이터 관리 등이 이에 해당한다.

2) 돌봄 기술

돌봄 기술은 돌봄 대상자의 신체적, 정서적, 인지적 요구를 충족하기 위해 개발된 기술이다. 돌봄 제공자와 대상자 모두를 지원하며, 특히 고령자나 장애인 등 취약계층의 삶의 질 향상에 중점을 둔다. 이는 인력 부족 문제를 해결하고 돌봄서비스의 질을 높이는 데 기여한다.

(1) 건강 및 안전 모니터링 기술

돌봄 대상자의 건강 상태와 안전을 모니터링하여 긴급 상황에 대비하도록 돕는 기술이다. 돌봄 제공자가 실시간으로 상태를 확인하고, 사고 발생 시 신속하게 대응할 수 있도록 지원한다. 예컨대 낙상 감지 센서, 응급 호출 시스템, 웨어러블 건강 모니터링 기기 등이 이에 해당한다.

(2) 정서적 및 인지적 돌봄 기술

대상자의 정서적 안정과 인지 기능 향상을 지원하는 기술이다. 이는 정서적 위로를 제공하고, 인지 저하를 예방하거나 완화하는 데 중점을 둔다. 감정 인식 로봇, 정서적 교감을 제공하는 대화형 로봇, 치매 예방 게임 앱, 정신건강관리 웨어러블 기기 등을 들 수 있다.

(3) 돌봄 대상자를 위한 돌봄 로봇 기술

돌봄 대상자의 일상적인 활동을 돕고, 돌봄 필요를 충족시키는 기술이다. 이러한 기술은 돌봄 대상자의 안전과 편의를 제공하며, 자율성을 증진하는 데 기여한다. 약 복용 알림 로봇, 이동 지원이나 식사 보조 로봇 등이 있다.

(4) 돌봄 제공자를 위한 지원 기술

돌봄 제공자의 업무를 체계적이고 효율적으로 관리하며, 신체적 부담과 정신적 스트레스를 줄이는 기술이다. 이러한 기술은 돌봄서비스의 품질을 높이고, 제공자의 피로도를 감소시키는 데 기여한다. 예를 들면, 웨어러블 리프팅

장치는 돌봄 제공자의 허리와 근력을 보조하여 침대에서 대상자를 옮기거나 체위 변경 시 신체적 부담을 줄여준다. 배변 알림 기술은 대상자의 배변 상태를 실시간으로 감지하고 알림을 제공하여 위생 관리와 돌봄의 효율성을 높여줄 수 있다. 돌봄 일정 관리 앱을 통해 스케줄이나 기록 관리를 자동화할 수 있다. 또한 대상자의 건강 데이터를 제공하여 돌발 상황에 신속히 대응할 수 있도록 지원하는 실시간 상태 모니터링 시스템. 화상 통화나 실시간 돌봄 상태를 확인할 수 있는 원격 돌봄 플랫폼 등도 포함될 수 있다.

3) 생활 지원 기술

생활 지원 기술은 돌봄이 필요한 대상뿐 아니라 건강한 노인이나 기술을 통해 자립생활을 영위할 수 있는 장애인, 일반인도 일상생활의 편의성과 독립성을 증진하기 위해 활용할 수 있는 기술이다. 이는 특히 사용자의 삶의 자율성을 높이고, 일상의 불편함을 최소화하는 데 기여한다.

(1) 일상생활 자동화 기술

일상적인 활동을 자동화하여 시간과 노력을 줄이는 기술이다. 자동화 기술은 사용자에게 더 많은 여유 시간을 제공하며, 특히 신체적 제약이 있는 사람들에게 실질적인 도움을 준다. 스마트 가전(음성 제어 냉장고, 로봇 청소기), 자동 조리 기기 등이 이에 해당한다.

(2) 모빌리티 및 이동 지원 기술

이동성을 지원하여 독립적인 생활을 돕는 기술이다. 거동이 불편한 사람들에게 이동의 자유를 제공하며, 안전하고 편리한 이동 환경을 조성한다. 스마트 전동 휠체어, 근력 보조 로봇, 장애인을 위한 스마트 자동차 등이 있다.

(3) 생활 편의 및 정보 제공 기술

일상생활의 편리함을 높이고 정보를 제공하는 기술이다. 이러한 기술은 사용자가 필요한 정보를 쉽게 얻고, 더 나은 의사결정을 할 수 있도록 지원한다. 스마트홈 제어 시스템이 대표적인 예이다.

4) 사회적 연결 및 참여 기술

사회적 연결 및 참여 기술은 사회적 관계 형성과 유지, 커뮤니티 참여를 촉진하여 고립을 예방하고 사회적 지원을 강화하는 데 초점을 맞춘 기술이다. 이는 개인의 사회적 포용성을 높이고, 사회적 자본을 확장하는 데 기여한다.

(1) 소셜 네트워크 및 커뮤니티 기술

사회적 관계를 형성하고 유지하도록 돕는 기술이다. 소셜 네트워크는 사용자들이 온라인상에서 교류하고, 정보를 공유할 수 있는 플랫폼을 제공한다. 이는 사회적 고립을 방지하고, 사회적 연결을 강화하는 데 기여한다. 온라인 커뮤니티는 특정 관심사나 목표를 공유하는 사람들이 모여 정보를 교환하고,

지지하는 공간이다. 이는 특히 만성질환자나 장애인들에게 심리적 지지와 정보를 제공하는 중요한 역할을 한다.

(2) 디지털 참여 기술

사회적 활동이나 공공서비스에 디지털로 참여할 수 있도록 돕는 기술이다. 디지털 참여 기술은 시민들이 공공의사결정 과정이나 사회적 활동에 더 적극적으로 참여할 수 있게 한다. 온라인 공공서비스 플랫폼, 디지털 자원봉사 매칭 시스템 등을 예로 들 수 있다.

(3) 문화 및 여가 활동 지원 기술

사회적, 문화적 활동을 통해 삶의 질을 높이는 기술이다. 이는 고립된 개인이 사회적 활동에 참여하고, 다양한 여가 활동을 즐길 수 있도록 돕는다. 예를 들어, VR 기반 문화체험 서비스, 온라인 여가 활동 플랫폼, 디지털 독서 클럽 등을 통해 가상 여행을 떠나거나, 사회적 활동에 참여하는 경험을 제공할 수 있다.

5) 교육 및 훈련 기술

교육 및 훈련 기술은 복지와 관련된 교육 및 훈련 프로그램을 제공하여 지식과 기술을 습득하거나 개선할 수 있도록 돕는 기술이다. 이는 복지 전문가, 돌봄 제공자, 일반 시민 모두에게 적용될 수 있다.

(1) 디지털 학습 및 교육 플랫폼

온라인 학습을 지원하여 시간과 장소의 제약 없이 교육을 받을 수 있도록 돕는 기술이다. 이는 개별 학습자의 학습 속도와 수준에 맞춰 맞춤형 교육을 제공한다. 이러닝 플랫폼, 맞춤형 학습 앱, AR/VR 기반 교육 프로그램 등이 있다.

(2) 직무 및 기술 훈련 기술

전문가나 돌봄 제공자를 대상으로 직무 능력을 향상시키는 기술이다. 이러한 기술은 직업 교육을 효과적으로 제공하고, 실무 능력을 강화하는 데 중점을 둔다. 특히 가상현실을 활용한 교육은 실제와 유사한 환경에서 학습할 수 있게 하며, 실습과 훈련을 보다 효과적으로 수행할 수 있게 한다. 장애인을 위한 직업훈련용 소프트웨어, 가상현실 의료훈련 프로그램, AI 기반 돌봄 기술 훈련, AI 코칭 도구, 디지털 기술 교육 프로그램 등이 그것이다.

(3) 자가학습 및 역량 강화 기술

사용자가 자율적으로 학습하고 역량을 키울 수 있도록 돕는 기술이다. 이는 개인의 학습 동기를 강화하고, 지속적으로 자기계발을 할 수 있는 환경을 제공한다. AI 기반 학습 추천 시스템, 자기계발 앱, 온디맨드 교육 콘텐츠 등이 있다.

1. 복지기술의 배경

복지기술은 인간의 복지와 삶의 질을 향상시키기 위해 다양한 첨단기술을 적용하는 분야로, 급속한 인구 고령화, 만성질환 증가, 가족 구조 변화 등으로 인해 필요성이 크게 대두되고 있다. 복지기술은 사회적, 경제적, 기술적 변화에 대응하여 효율적인 복지서비스를 제공하고, 돌봄 인력의 부족 문제를 해결하는 대안으로 등장하였다. 고령화로 인한 의료 및 복지서비스 수요의 증가와 비용 부담을 줄이기 위해 기술적 발전은 필수적이며, 정보통신기술(ICT), 인공지능(AI), 사물인터넷(IoT) 등의 융합을 통해 복지서비스의 질과 효율성이 개선되고 있다.

2. 복지기술의 의미와 정의

복지기술은 인간의 복지와 삶의 질 향상을 목표로 의료, 돌봄, 생활 지원 등 다양한 분야에서 첨단기술을 활용하는 것을 의미한다. 이를 통해 자립적이고 독립적인 생활을 지원하며, 특히 개인 맞춤형 복지서비스를 제공하는 데 중점을 둔다. 복지기술은 '기술혁신형 사회서비스'로서 복지서비스의 효율성과 질을 높이는 혁신적 접근으로 정의되며, 복지 사각지대 해소와 사회적 비용 절감에 기여한다.

3. 복지기술의 분류

복지기술의 분류 복지기술은 크게 의료 및 건강관리, 돌봄, 생활 지원, 사회적 연결, 교육 및 훈련 기술로 분류된다. 의료 및 건강관리 기술은 건강 유지와 질병 관리에 중점을 둔다. 돌봄 기술은 돌봄 대상자와 제공자를 지원하며, 돌봄 서비스의 질을 높인다. 생활지원 기술은 일상생활의 편리성과 독립성을 증진한다. 사회적 연결 및 참여 기술은 관계 형성과 사회적 활동을 촉진한다. 교육 및 훈련 기술은 지식과 기술을 습득하거나 개선할 수 있도록 지원한다. 이러한 분류를 통해 복지기술을 체계적으로 이해하고, 정책과 연구 및 개발의 방향을 설정할 수 있다.

복지기술은 고령화와 같은 사회적 변화에 대응하는 필수적인 요소로 자리 잡고 있으며, 기술 혁신을 통해 복지서비스의 효율성과 질을 높이고 사회적 문제 해결에 기여한다. 특히 복지기술은 개인화된 서비스 제공과 비용 절감, 예방적 복지서비스 구축 등을 가능하게 하며, 앞으로도 그 중요성은 더욱 커질 것으로 예상된다.

01. 인구 고령화와 만성질환의 증가가 복지기술의 필요성을 어떻게 더욱 절실하게 만들고 있는가?

02. 정보통신기술(ICT), 인공지능(AI), 사물인터넷(IoT) 등과 같은 기술들이 복지기술에 미치는 사회적 영향은 무엇인가?

CHAPTER

02

복지기술의 발전 배경 및 정책적 방향

CHAPTER 02 복지기술의 발전 배경 및 정책적 방향

1. 복지기술의 발전 배경

복지기술의 발전 배경은 여러 사회적, 기술적, 경제적 요인들이 복합적으로 작용하면서 이루어졌다. 이러한 배경을 살펴보면 복지 시스템 전반의 변화와 사회 구조의 변화가 주요한 동인으로 작용했음을 알 수 있다.

1) 인구 고령화와 인구 구조 변화

먼저, 인구 고령화와 같은 인구 구조 변화가 복지기술 발전의 핵심적인 배경이 되었다. 전 세계적으로 고령 인구는 급격히 증가하고 있으며, 이로 인해 고령자 복지에 대한 수요 또한 크게 늘어나고 있다. 특히, 의료비 지출의 증대와 장기 요양 서비스의 수요 증가로 인해 기존 복지 시스템의 부담이 가중되고 있다. 이러한 상황에서 복지기술은 고령자와 같은 취약계층의 생활을 개선하고, 복지서비스의 접근성을 높일 수 있는 해결책으로 주목받고 있다. 예를 들어, 인공지능(AI) 기반의 건강 모니터링 시스템이나 로봇 보조 시스템은 고령자들이 더 오래 자립적으로 생활할 수 있도록 돕고 있으며, 이로 인해 의료와 복지 비용을 절감하는 데 기여하고 있다.

2) 4차 산업혁명과 기술 발전

4차 산업혁명에 따른 기술 발전은 복지기술의 가능성을 크게 확장시키는 계기가 되었다. 인공지능, 빅데이터, 사물인터넷(IoT), 로봇공학, 가상현실(VR)과 같은 첨단기술은 복지서비스의 혁신을 촉진하고 있다. 이러한 기술들은 복지 시스템이 보다 개인 맞춤형 서비스로 전환될 수 있게 하고, 동시에 대규모로 확장 가능한 시스템을 구축할 수 있도록 한다.

예를 들어, 인공지능 기술을 활용해 개인의 건강 상태를 실시간으로 모니터링하고 이를 기반으로 한 맞춤형 치료와 돌봄을 제공하는 방식이 확산되고 있다. 또한, 사물인터넷 기술을 적용한 스마트홈 시스템은 고령자나 장애인들이 스스로 일상생활을 유지할 수 있도록 돕고 있으며, 응급 상황 발생 시 신속하게 대응할 수 있는 기능을 제공한다. 이러한 기술적 진보는 복지의 디지털화와 자동화를 가능하게 하며, 복지서비스의 효율성을 크게 향상시키고 있다.

3) 복지 수요 증가와 비용 효율성의 필요성

복지 수요의 증가와 복지 시스템의 비용 효율성 확보에 대한 요구는 복지기술의 발전을 촉진하는 또 다른 중요한 배경이 된다. 현대사회에서는 저출산, 고령화로 인해 노동 인구는 줄어드는 반면, 복지 수혜자는 증가하는 구조적 문제가 대두되고 있다. 이러한 상황에서 복지 재정을 효과적으로 관리하면서도 복지서비스의 질을 유지하는 것이 중요한 과제가 되었다. 복지기술은 이러한 문제를 해결하는 데 중요한 역할을 하고 있다.

특히, 자동화된 시스템이나 디지털 기술을 통해 인력을 효율적으로 배치하고 복지서비스 제공 과정을 간소화할 수 있게 되면서 복지 비용을 절감할 수 있게 되었다. 예를 들어, 원격의료기술은 물리적 거리가 멀거나 접근이 어려운 지역에서도 높은 질의 의료서비스를 제공할 수 있게 하여 의료 자원 낭비를 줄이고 있다. 또한, 빅데이터 분석을 통해 복지 수요를 사전에 예측하고, 필요한 자원을 적시에 배치함으로써 예산 낭비를 줄이는 효과를 거두고 있다.

4) 사회적 변화와 개인화된 복지서비스에 대한 요구

마지막으로, 개인화된 복지서비스에 대한 요구가 증가하는 것도 복지기술 발전의 중요한 배경이다. 전통적인 복지 시스템은 주로 대규모 집단을 대상으로 한 획일적인 서비스 제공을 중시했으나, 현대사회에서는 개인의 다양한 요구와 상황에 맞춘 맞춤형 서비스 제공이 중요시되고 있다. 복지기술은 개인화된 복지서비스 제공을 가능하게 하여, 개인의 필요에 맞춘 맞춤형 돌봄, 건강관리, 사회적 지원 등을 제공할 수 있게 된다.

예를 들어, 인공지능 기반의 개인 건강관리 플랫폼은 사용자의 건강 데이터를 수집하여 분석하고, 이를 기반으로 한 맞춤형 건강관리 계획을 제시한다. 또한, 챗봇이나 가상비서와 같은 기술을 통해 실시간으로 개인의 요구에 맞는 복지 정보를 제공하거나, 필요한 서비스에 연결해 주는 역할을 할 수 있다. 이러한 개인화된 복지서비스는 복지서비스의 효율성과 효과를 높이는 데 기여하며, 궁극적으로 복지의 질적 향상을 가능하게 한다.

이러한 여러 배경을 바탕으로 복지기술은 단순한 기술적 도입을 넘어 사회적, 경제적, 정책적 변화에 대응하기 위한 중요한 도구로 발전해 왔다. 앞으로도 복지기술은 고령화사회, 4차 산업혁명, 그리고 복지 수요 증가라는 다양한 도전에 대응하며 더욱 중요한 역할을 할 것으로 예상된다. 복지기술은 복지 시스템을 혁신하고, 개인의 삶의 질을 향상시키며, 국가 차원의 복지 정책에서도 핵심적인 요소로 자리 잡을 것이다.

5) 정책적 지원과 국제적 동향

많은 국가에서 복지기술의 중요성을 인식하고 정책적 지원을 강화하고 있다. 예를 들어, 유럽연합은 'Active and Assisted Living (AAL)' 프로그램을 통해 고령자의 자립 생활을 지원하는 기술 개발을 촉진하고 있다. 일본은 'Society 5.0' 정책을 통해 AI와 IoT를 활용한 스마트 복지 시스템 구축을 추진하고 있다. 이러한 정책적 지원은 복지기술의 연구 개발을 촉진하고, 시장 확장을 도모하며, 표준화와 규제 마련을 통해 기술의 안전성과 신뢰성을 높이는 데 기여하고 있다.

국제적으로도 복지기술에 대한 관심이 높아지고 있으며, 다양한 협력과 교류가 이루어지고 있다. 국제적인 학술 대회와 전시회, 연구 프로젝트를 통해 복지기술의 최신 동향과 사례가 공유되고 있으며, 이러한 정보 교류는 각국의 복지기술 발전에 큰 도움이 되고 있다.

2. 복지기술 관련 정책적 변화

복지기술의 발전과 도입을 촉진하기 위해 각국 정부는 복지 정책에 대한 변화와 혁신을 모색하고 있다. 이러한 정책적 변화는 기술의 발전을 복지 시스템에 적용하는 데 필수적인 요소로 작용하며, 복지서비스의 효율성, 접근성, 그리고 지속 가능성을 높이기 위한 다양한 전략이 포함되어 있다. 이 과정에서 정부는 기술 혁신과 정책적 지원을 통해 복지 시스템의 근본적인 변화를 도모하고 있다.

1) 디지털 복지 정책의 도입

가장 두드러지는 변화 중 하나는 디지털 복지 정책의 도입이다. 디지털 전환은 복지서비스의 현대화를 가능하게 하며, 이를 통해 복지의 접근성을 크게 높일 수 있다. 많은 나라에서는 디지털 기술을 복지 시스템에 통합하여 효율적인 서비스 제공을 목표로 하고 있다. 예를 들어, 복지 수혜자들은 온라인 플랫폼을 통해 쉽게 복지 신청을 하고, 각종 서비스를 비대면으로 제공받을 수 있게 되었다. 이는 특히 지역적으로 떨어져 있거나 이동에 제약이 있는 이들에게 큰 혜택을 제공한다.

또한, 디지털 기술은 복지 데이터를 효율적으로 관리하고 분석할 수 있게 한다. 이를 통해 정부는 복지 수요를 예측하고, 보다 효과적인 자원 배분을 할 수 있다. 복지 시스템의 디지털화는 전통적으로 복잡하고 느렸던 서비스 제공 절차를 간소화하고, 실시간 데이터를 기반으로 서비스를 개선할 수 있는 기회를 제공한다.

2) 공공-민간 파트너십 확대

복지기술의 발전과 관련해 또 다른 중요한 정책적 변화는 공공과 민간의 협력 확대이다. 정부는 복지기술을 효율적으로 도입하고 발전시키기 위해 민간 부문과의 협력을 강화하고 있다. 복지기술의 많은 부분이 첨단기술과 관련되어 있기 때문에, 민간 기업들은 기술 개발과 혁신의 중심에 서 있다. 이에 따라 정부는 민간 기업과 파트너십을 통해 복지기술 개발을 촉진하고, 이를 복지 시스템에 통합하는 정책을 추진하고 있다.

예를 들어, 인공지능을 기반으로 한 의료서비스나 사물인터넷을 활용한 스마트홈 기술 등은 민간 기술 기업들의 주도 아래 개발되었으며, 정부는 이러한 기술이 복지서비스로 원활히 제공될 수 있도록 규제와 인프라를 정비하고 있다. 또한, 공공-민간 파트너십은 혁신적인 복지기술이 빠르게 도입될 수 있도록 지원하고 있으며, 특히 스타트업과의 협력을 통해 새로운 기술과 아이디어가 복지서비스에 적용될 수 있도록 장려하고 있다.

3) 복지기술 도입을 위한 법적·제도적 프레임워크 강화

복지기술이 사회 전반에 걸쳐 확산됨에 따라, 법적 · 제도적 프레임워크의 정비가 중요하게 대두되었다. 기술 발전은 복지서비스 제공의 새로운 가능성을 열어주지만, 동시에 개인정보 보호, 안전성, 윤리적 문제 등 새로운 과제도 함께 제기하고 있다. 이에 따라 각국 정부는 복지기술의 도입과 사용을 위한 규제와 가이드라인을 마련하고 있다.

예를 들어, 복지기술을 통해 수집된 개인 데이터는 매우 민감한 정보일 수 있기 때문에, 이를 보호하기 위한 강력한 개인정보 보호법이 요구된다. 유럽의 경우, GDPR(General Data Protection Regulation)과 같은 엄격한 데이터 보호 규정이 복지기술에도 적용되며, 개인의 사생활을 보호하는 동시에 기술 발전을 촉진하는 균형을 맞추고 있다. 또한, AI 기술이 복지서비스에 적용될 때, 그 알고리즘의 투명성과 공정성을 확보하기 위한 윤리적 규제가 필요하다. 각국은 복지기술의 안전한 도입을 위해 이러한 법적 · 제도적 장치를 마련하는 데 주력하고 있다.

4) 스마트 복지 시스템 구축

스마트 복지 시스템 구축도 정책적 변화의 중요한 축을 이루고 있다. 정부는 복지서비스의 효율성과 접근성을 높이기 위해 스마트 기술을 적극 도입하고 있다. 이는 특히 인구 고령화가 빠르게 진행되는 국가에서 중요한 정책적 방향이 되고 있다. 스마트 복지 시스템은 사물인터넷, 인공지능, 빅데이터 등을 활용해 복지서비스가 필요한 사람들에게 보다 신속하고 적절하게 서비스를 제공할 수 있게 한다.

예를 들어, 고령자를 위한 스마트홈 시스템은 집안의 환경을 실시간으로 모니터링하여, 건강 상태의 변화를 감지하거나 응급 상황 발생 시 즉각적으로 대응할 수 있는 서비스를 제공한다. 이러한 시스템은 고령자들이 자립적으로 생활할 수 있도록 돕는 동시에, 복지 시스템에 대한 부담을 줄이는 효과를 낸다. 한국의 경우, 디지털 뉴딜 정책의 일환으로 이러한 스마트 복지 시스템이 빠르게 도입되고 있으며, 이를 통해 미래 지향적인 복지 모델이 구축되고 있다.

5) 사회적 약자를 위한 기술 지원 확대

복지기술 발전에 따른 정책적 변화는 또한 사회적 약자를 위한 기술 지원의 확대와 관련이 있다. 장애인, 고령자, 저소득층 등 복지서비스가 가장 필요한 계층에게 복지기술을 효과적으로 제공하기 위한 정책적 노력이 강화되고 있다. 이는 단순히 기술을 제공하는 것을 넘어, 기술에 접근할 수 있는 인프라를 확충하고, 기술 사용에 대한 교육을 제공하는 것을 포함한다.

예를 들어, 장애인을 위한 보조기기나 AI 기반의 음성 인식 시스템 등은 사회적 약자들이 더 독립적으로 생활할 수 있도록 돕고 있다. 정부는 이러한 기술을 저소득층이나 취약계층이 쉽게 이용할 수 있도록 보조금을 지원하거나 공공서비스와 연계하여 제공하는 정책을 추진하고 있다. 또한, 이러한 기술들이 복지 현장에서 실제로 효과를 발휘할 수 있도록 제도적 기반을 마련하고, 필요한 경우 기술 표준화 작업을 통해 기술의 접근성을 더욱 높이고 있다.

이처럼 정책적 변화는 복지기술의 발전과 확산을 위한 중요한 역할을 한다. 각국은 디지털 복지 정책을 통해 복지서비스의 효율성을 극대화하고, 공공-민간 파트너십을 통해 혁신 기술을 도입하며, 법적 · 제도적 프레임워크를 강화하여 복지기술의 안전하고 윤리적인 사용을 보장하려고 한다. 또한, 스마트 복지 시스템 구축과 사회적 약자를 위한 기술 지원을 확대함으로써, 복지서비스의 접근성과 질을 향상시키기 위한 노력을 기울이고 있다. 이러한 정책적 변화는 복지기술이 단순한 기술 혁신을 넘어 사회적 가치를 창출하고, 더 많은 사람들에게 보다 나은 삶의 질을 제공하는 데 중요한 역할을 할 것이다.

3. 복지기술 관련 주요 아젠다 사례

복지기술은 국가별로 그 발전 방향과 정책적 우선순위가 다르게 설정되고 있으며, 각국의 복지 시스템과 사회적 요구에 맞추어 발전해 왔다. 유럽, 미국, 한국은 각각의 사회적, 경제적 배경에 따라 복지기술을 활용하는 방식에서 차이를 보이고 있지만, 공통적으로 복지서비스의 혁신과 효율성 향상을 위해 기술을 적극 도입하고 있다. 이 절에서는 유럽, 미국, 한국을 중심으로 각국의 주요 아젠다와 복지기술의 연관성을 살펴본다.

<표 2-1> 국가의 주요 아젠다와 복지기술

유럽	• 주요 아젠다: 다양한 기술혁신을 통해 지속가능한 사회를 만드는 것 • 복지기술의 도입에 있어서도 사회적 안전망 강화와 개인화된 복지서비스 제공에 중점 • '디지털 전환과 사회적 포용'을 주요 목표 → 취약계층 대상으로 복지기술 포함 디지털 기술 활용 • AI와 윤리적 기술 사용 규범 마련 • '스마트에이징(Smart Aging)', 고령자 복지를 위한 기술적 솔루션 개발
미국	• 주요 아젠다 디지털 헬스 케어와 복지기술의 융합, 스마트시티와 복지기술의 결합 • 기술 혁신의 선두주자로서, 민간부문이 복지기술 발전을 주도(특히 의료기술이 크게 발전) • AI 진단시스템 사용: 의료진 진단 보조, 예방 의료 가능성 증가, 의료비 절감 등 • 복지기술을 통한 사회적 안전망 강화 → 소득불평등 문제와 같은 사회적 과제 해결 • 장애인과 고령자 등 다양한 계층에게 맞춤형 서비스를 제공
한국	• 주요 아젠다: '스마트 복지와 데이터 기반 복지서비스'의 확산 • 고령화 속도가 매우 빠르게 진행되고 있는 사회 → '디지털 뉴딜' 정책 도입 • 다양한 복지 데이터 활용 → 맞춤형 복지서비스 제공 정책으로 접근성 증가 • '고령자와 장애인을 위한 스마트 기술 도입'으로 고령자의 자립 생활환경 증가 • '디지털 격차 해소와 복지기술의 포용성 확대', 저소득층, 고령층 디지털 교육 프로그램 제공 등

1) 유럽

유럽은 전통적으로 사회적 복지 시스템이 잘 발달된 지역으로, 복지기술의 도입에 있어서도 사회적 안전망 강화와 개인화된 복지서비스 제공에 중점을 두고 있다. 특히, 유럽연합(EU)은 복지기술을 포함한 다양한 기술 혁신을 통해 지속 가능한 사회를 만드는 것을 주요 아젠다로 삼고 있다.

유럽연합은 '디지털 전환과 사회적 포용'을 주요 목표로 설정하고 있다. 디지털 유럽 프로그램은 복지기술을 포함해 다양한 디지털 기술을 사회 전반에 도입하려는 전략을 펼치고 있다. 이 프로그램은 특히 고령자, 장애인, 저소득층과 같은 취약계층을 대상으로 한 복지기술 도입에 중점을 두고 있다. 예를 들어, 원격의료서비스, 스마트 헬스 케어 시스템, 사물인터넷을 활용한 생활 지원 기술 등이 이러한 취약계층의 삶의 질을 향상시키기 위해 활용되고 있다.

또한, 유럽연합은 'AI와 윤리적 기술 사용'에 대한 규범을 마련해 복지기술이 사람 중심으로 운영될 수 있도록 하고 있다. 유럽은 AI 기술이 복지서비스에 적용될 때 발생할 수 있는 윤리적 문제에 대해 선제적으로 대응하고 있으며, 개인의 인권과 프라이버시를 보호하는 방향으로 기술 도입을 추진하고 있다. 이러한 윤리적 규범은 유럽이 복지기술의 발전 과정에서 사회적 책임을 강조하고 있음을 보여준다.

유럽의 여러 국가는 또한 '스마트 에이징(Smart Aging)' 프로그램을 통해 고령자 복지를 위한 기술적 솔루션을 개발하고 있다. 예를 들어, 핀란드나 스웨덴과 같은 국가는 고령자를 위한 스마트 주거환경을 조성하여 고령자들이 자립적으로 생활할 수 있도록 돕고 있으며, 이를 통해 복지서비스에 대한 부담을 줄이고 있다. 이러한 프로그램은 기술을 통해 고령자 돌봄의 새로운 모델을 제시하고 있으며, 복지기술이 사회 전반에 걸쳐 확산되는 데 중요한 역할을 하고 있다.

2) 미국

미국은 기술 혁신의 선두주자로서, 민간 부문이 복지기술 발전을 주도하고 있다. 정부는 민간 기술 혁신을 적극 활용하여 복지 시스템을 혁신하고 있으며, 특히 의료서비스와 관련된 복지기술이 크게 발전하고 있다.

미국의 주요 아젠다는 '디지털 헬스 케어와 복지기술의 융합'이다. 미국은 의료 시스템이 복잡하고 비용이 많이 들기 때문에, 이를 개선하기 위한 복지기술의 도입이 활발하게 이루어지고 있다. 예를 들어, 원격의료 플랫폼은 환자들이 병원을 방문하지 않고도 의료 상담과 진단을 받을 수 있도록 하며, 이는 특히 농촌 지역이나 의료서비스가 부족한 지역에서 큰 효과를 발휘하고 있다. 또한, AI 기반의 진단 시스템은 의료진의 진단을 보조하고, 빅데이터 분석을 통해 예방 의료의 가능성을 높이고 있다. 이러한 디지털 헬스 케어 시스템은 미국 정부가 복지 시스템을 개선하고, 의료비 부담을 줄이기 위한 중요한 전략적 도구로 사용되고 있다.

미국은 또한 '복지기술을 통한 사회적 안전망 강화'에 주력하고 있다. 소득 불평등 문제와 같은 사회적 과제를 해결하기 위해 기술이 적극적으로 활용되고 있다. 예를 들어, 기술을 통해 소득 보장 프로그램을 자동화하거나, 취약계층을 위한 디지털 교육 프로그램을 운영함으로써 경제적 자립을 돕는 다양한 정책들이 시행되고 있다. 기술 기반 복지 시스템은 특히 미국의 대규모 복지 시스템에서 발생하는 비효율성을 해결하는 데 중요한 역할을 하고 있다.

또한, 미국은 '스마트시티와 복지기술의 결합'을 주요 아젠다로 삼고 있다. 여러 도시에서는 스마트시티 프로젝트의 일환으로 복지기술을 도입하고 있으며, 이를 통해 장애인과 고령자 등 다양한 계층에게 맞춤형 서비스를 제공하고 있다. 예를 들어, 스마트시티에서는 IoT 기술을 활용해 도시 내 교통 시스템을 개선하거나, 공공시설에서 접근성 문제를 해결하는 등의 방법으로 복지기술이 적용되고 있다. 이러한 기술적 혁신은 도시화된 미국의 복지서비스 개선에 중요한 기여를 하고 있다.

3) 한국

한국은 고령화 속도가 매우 빠르게 진행되고 있는 사회로, 복지기술의 도입이 시급한 국가 중 하나이다. 이에 따라 한국 정부는 '디지털 뉴딜' 정책을 통해 복지기술을 국가적 차원에서 적극적으로 도입하고 있으며, 특히 스마트 복지 시스템 구축에 힘쓰고 있다.

한국의 주요 아젠다는 '스마트 복지와 데이터 기반 복지서비스'의 확산이다. 한국은 복지 시스템을 디지털화하여 효율성을 높이고, 다양한 복지 데이터를 활용해 맞춤형 복지서비스를 제공하는 방향으로 정책을 추진하고 있다. 예를 들어, AI 기반의 복지 상담 서비스는 복지 수혜자가 스스로 자신의 필요에 맞는 복지 혜택을 찾고 신청할 수 있도록 도와주며, 이를 통해 복지서비스의 접근성을 크게 개선하고 있다.

또한, 한국은 '고령자와 장애인을 위한 스마트 기술 도입'에 주력하고 있다. 정부는 고령화사회에 대비해 고령자를 위한 스마트홈 시스템, 원격 진료, 돌봄 로봇 등의 복지기술을 도입하고 있으며, 이를 통해 고령자들이 자립적으로 생활할 수 있는 환경을 조성하고 있다. 특히, AI 기술을 활용한 스마트 헬스 케어 시스템은 고령자의 건강 상태를 실시간으로 모니터링하고, 응급 상황 시 신속하게 대응할 수 있도록 지원하고 있다.

한국 정부는 또한 '디지털 격차 해소와 복지기술의 포용성 확대'를 중요한 정책적 목표로 설정하고 있다. 디지털화된 복지 시스템이 모든 계층에 골고루 혜택을 줄 수 있도록 디지털 격차를 줄이는 데 주력하고 있다. 이를 위해 저소득층이나 고령층을 대상으로 한 디지털 교육 프로그램을 제공하고 있으며, 복지기술 사용에 어려움을 겪는 이들을 위한 지원 서비스를 확대하고 있다. 이러한 정책적 노력은 복지기술이 모든 사회 구성원에게 포용적으로 적용될 수 있도록 하는 데 중요한 역할을 하고 있다.

1. 복지기술의 발전 배경

복지기술의 발전은 인구 고령화, 4차 산업혁명, 복지 수요 증가, 개인화된 복지서비스 요구 등 여러 사회적·기술적 요인이 결합한 결과로 볼 수 있다. 인구 고령화는 고령자 복지 수요 증가와 의료비 지출의 급증을 초래하며, 이에 대한 해결책으로 복지기술이 부상했다. 또한 4차 산업혁명으로 인해 인공지능(AI), 사물인터넷(IoT), 빅데이터와 같은 첨단기술이 복지 시스템에 적용되면서 복지서비스의 효율성과 개인 맞춤형 서비스 제공이 가능해졌다. 복지 수요 증가는 저출산, 고령화로 인해 복지 비용 절감과 서비스 효율성 확보의 필요성을 대두시켰으며, 복지기술은 이를 해결하는 중요한 역할을 하고 있다. 개인화된 복지서비스에 대한 요구는 기술을 통해 개별 맞춤형 돌봄과 건강관리가 가능하게 하여 복지서비스의 질을 향상시킨다.

2. 정책적 변화

복지기술의 발전을 위해 각국 정부는 디지털 복지 정책 도입, 공공-민간 파트너십 확대, 법적·제도적 프레임워크 강화, 스마트 복지 시스템 구축 등 다양한 정책적 변화를 추구하고 있다. 디지털 복지 정책은 복지서비스의 접근성과 효율성을 높이는 데 중요한 역할을 하고, 공공-민간 협력은 기술 개발과 도입을 가속화한다. 법적·제도적 프레임워크는 개인정보 보호, 기술의 안전성 및 윤리적 문제 해결을 위해 마련되고 있으며, 스마트 복지 시스템은 IoT, AI 등을 활용해 복지서비스의 효율성과 신속성을 높인다. 사회적 약자를 위한 기술 지원 확대는 기술에 접근할 수 있는 인프라와 교육 제공을 통해 복지기술의 포용성을 강화하고 있다.

3. 국가별 복지기술 아젠다

유럽, 미국, 한국은 각국의 사회적·경제적 배경에 맞추어 다양한 복지기술 정책을 추진하고 있다. 유럽은 디지털 전환과 사회적 포용을 주요 목표로 복지기술을 도입하고 있으며, 윤리적 기술 사용을 강조하는 한편, 고령자와 취약계층을 위한 스마트 복지 시스템을 구축하고 있다. 미국은 디지털 헬스 케어와 복지기술의 융합을 통해 의료 시스템 혁신과 사회적 안전망 강화를 추구하고 있으며, 스마트시티 프로젝트와 결합하여 복지기술을 확산시키고 있다. 한국은 디지털 뉴딜 정책을 통해 복지기술의 포용성과 접근성을 높이고, 고령자와 장애인을 위한 스마트 기술을 적극 도입하는 한편, 디지털 격차 해소에 힘쓰고 있다. 이러한 국가별 아젠다와 복지기술의 발전은 복지 시스템의 미래를 열어가는 중요한 열쇠가 될 것이다.

복지기술은 사회적 변화와 기술 발전에 따라 복지서비스의 질적 향상과 효율성 개선을 목표로 발전해왔다. 국가별로 차별화된 아젠다와 정책적 지원을 통해 복지기술은 더 많은 사람들에게 보다 나은 삶을 제공하는 데 중요한 역할을 하고 있으며, 앞으로도 각국의 복지 시스템을 혁신하는 핵심 요소가 될 것이다.

01. 인구 고령화가 진행됨에 따라 복지기술이 각국의 복지 시스템에서 차지하는 역할은 어떻게 변화하고 있는가?

02. 4차 산업혁명 기술이 복지기술의 발전에 어떻게 기여하고 있으며, 그로 인한 사회적 도전과 기회는 무엇인가?

CHAPTER

03

복지에 적용 가능한 기술의 이해

CHAPTER 03
복지에 적용 가능한 기술의 이해

정보통신기술(ICT)의 발전은 복지기술에 큰 영향을 미치고 있다. ICT는 컴퓨터와 통신기술을 기반으로 정보를 수집, 저장, 처리, 전달하는 모든 기술을 포함하며, 현대사회의 핵심으로 자리 잡았다. 이러한 기술의 발전은 개인의 일상생활부터 기업 경영, 국가 경제 및 사회 전반에 걸쳐 효율성을 높이고 새로운 기회를 창출하고 있다.

ICT의 발전은 20세기 초 전신과 전화의 발명에서 시작되었으며, 1940년대 컴퓨터의 등장으로 가속화되었다. 초기에는 군사 및 과학 연구에 사용되었으나, 1960년대부터 상업용 컴퓨터가 기업 경영에 도입되었다. 1970~1980년대에는 마이크로프로세서와 개인용 컴퓨터(PC)의 등장으로 ICT가 대중화되었으며, IBM PC와 애플 매킨토시가 이 변화를 주도했다. 1990년대에는 인터넷과 월드 와이드 웹(WWW)의 발명이 정보 접근성과 공유 방식을 혁신하며, 전자상거래와 이메일 등 인터넷 기반 서비스가 탄생했다.

2000년대 이후에는 스마트폰과 클라우드 컴퓨팅이 ICT의 주류로 자리 잡았다. 스마트폰의 보급은 언제 어디서나 인터넷 접속을 가능하게 했고, 클라우드 컴퓨팅은 IT 인프라의 효율성을 극대화했다. 이와 함께 빅데이터, 인공지능, 사물인터넷 등 다양한 ICT 혁신 기술이 발전했다. 이러한 혁신은 사회와 경제 전반에 걸쳐 깊은 영향을 미치고 있으며, 앞으로도 지속적인 발전이 예상된다.

복지에 적용 가능한 기술의 이해를 위해 컴퓨터 하드웨어, 운영체제, 네트워크, 데이터베이스, 보안 등 ICT 기반 기술과 인공지능, 사물인터넷, 빅데이터, 메타버스, 클라우드 컴퓨팅 등 최신 기술을 살펴보고자 한다.

1. ICT 기반 기술

ICT 기술에서 핵심 역할을 하는 컴퓨터 하드웨어, 운영체제, 컴퓨터 네트워크, 인터넷, 데이터베이스, 컴퓨터 보안에 대해 알아보자.

1) 컴퓨터 하드웨어

컴퓨터 하드웨어는 컴퓨터 시스템의 물리적인 구성 요소로, 데이터 처리와 저장을 담당하는 다양한 장치로 이루어진다. 하드웨어는 크게 중앙처리장치(CPU), 메모리, 저장장치, 입력장치, 출력장치, 그리고 기타 주변 장치로 나눌 수 있다.

(1) 중앙처리장치(CPU)

CPU는 컴퓨터의 두뇌 역할을 하며, 프로그램의 명령을 해석하고 실행하는 핵심 장치이다. CPU는 연산을 담당하는 산술논리연산장치(ALU)와 명령을 해석하고 제어하는 제어장치로 구성된다. CPU의 성능은 클럭 속도와 코어 수에 따라 결정되며, 멀티코어 CPU는 동시에 여러 작업을 처리할 수 있다.

(2) 메모리(RAM)

메모리는 프로그램과 데이터를 일시적으로 저장하는 공간으로, 크게 두 가지로 나눌 수 있다. 램(RAM)은 휘발성 메모리로, 시스템이 실행 중일 때는 데이터를 저장하지만 전원이 꺼지면 데이터가 사라진다. 반면, 롬(ROM)은 비휘발성 메모리로, 전원이 꺼져도 데이터를 유지하며 주로 시스템 부팅에 필요한 기본적인 소프트웨어를 저장한다.

(3) 저장장치

저장장치는 데이터를 영구적으로 저장하는 장치이다. 하드디스크 드라이브(HDD)와 솔리드 스테이트 드라이브(SSD)가 대표적인 저장장치이다. HDD는 자기디스크를 사용해 데이터를 저장하며, 비교적 저렴하지만 속도가 느린 반면, SSD는 플래시 메모리를 이용해 더 빠른 속도를 제공하지만 가격이 높다. 오늘날에는 SSD가 점점 더 많이 사용되고 있다.

(4) 입력장치

입력장치는 사용자가 컴퓨터에 데이터를 전달할 수 있도록 도와주는 장치이다. 대표적인 입력장치로는 키보드, 마우스, 터치스크린, 스캐너, 마이크 등이 있다. 이 장치들은 사용자의 명령이나 데이터를 컴퓨터에 입력하는 역할을 한다.

(5) 출력장치

출력장치는 컴퓨터가 처리한 결과를 사용자가 볼 수 있도록 전달하는 장치이다. 모니터와 프린터가 대표적인 출력장치이다. 모니터는 화면을 통해 시각적으로 정보를 출력하고, 프린터는 종이 위에 정보를 인쇄한다. 또, 음성 출력을 위한 스피커나 헤드셋도 중요한 출력장치로 사용되고 있다.

(6) 기타 주변 장치

컴퓨터 성능과 기능 확장을 위해 네트워크 카드, 그래픽 카드, 사운드 카드 등 다양한 주변 장치가 사용된다. 네트워크 카드(Network Interface Card: NIC)는 컴퓨터를 네트워크에 연결하는 장치로, 유선 또는 무선 방식으로 인터넷과 연결되며 데이터 전송 속도와 안정성에 영향을 미친다. 그래픽 카드(GPU)는 화면 출력을 담당하며, 고해상도 영상 처리, 3D 그래픽, 게임, 영상 편집 등에 필수적이다. 또한, 인공지능과 머신러닝 같은 고성능 연산 작업에도 활용된다. 사운드 카드는 오디오 신호를 처리하는 장치로, 고품질 음향이 필요한 음악 제작, 게임, 영화 감상 등에 사용되며, 높은 샘플링 속도와 신호대 잡음비(SNR)를 제공한다.

2) 운영체제

운영체제(Operating System: OS)는 컴퓨터에서 하드웨어와 소프트웨어 간의 중개 역할을 하며, 사용자가 효율적으로 컴퓨터를 사용할 수 있도록 다양한 기능을 제공하는 핵심 소프트웨어이다. 주요 기능은 프로세스 관리, 메모리 관리, 파일 시스템 관리, 입출력장치 관리, 사용자 인터페이스 제공 등이다.

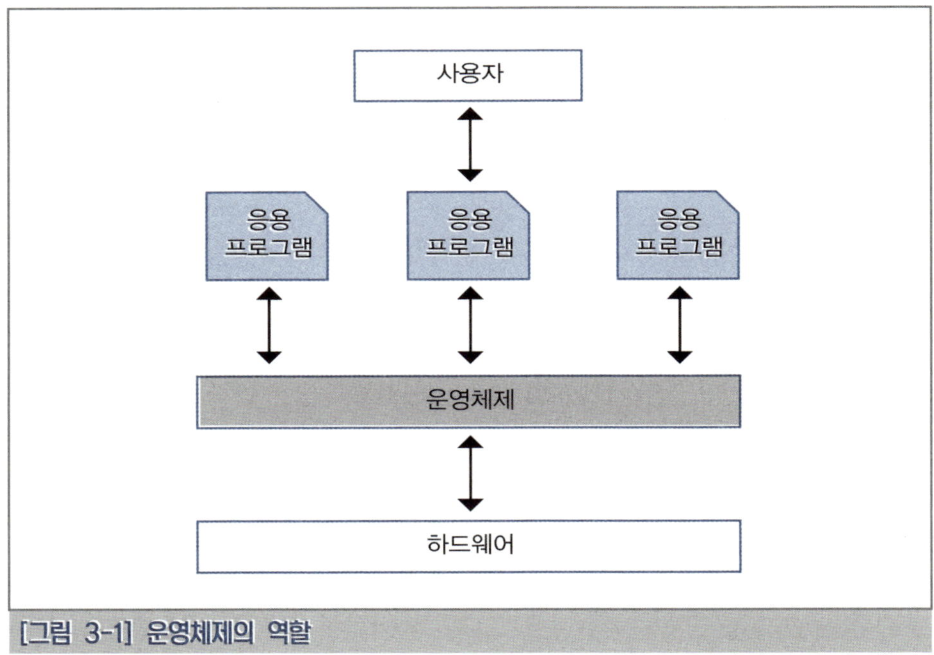

[그림 3-1] 운영체제의 역할

(1) 프로세스 관리

운영체제는 여러 프로그램(프로세스)을 관리하며, CPU 시간을 적절히 배분해 멀티태스킹을 지원한다. 또한, 프로세스 간 충돌 방지와 오류로 인한 시스템 영향을 최소화한다.

(2) 메모리 관리

메모리는 프로그램 실행에 필요한 데이터를 저장하며, 운영체제는 이를 효율적으로 할당 · 해제한다. 가상 메모리 기법을 통해 물리적 메모리 한계를 넘어 더 많은 데이터를 처리할 수 있다.

(3) 파일 시스템 관리

운영체제는 데이터를 파일 단위로 저장하고 관리한다. 파일 생성, 수정, 삭제를 지원하며, 파일 접근과 충돌 방지, 데이터 보호 기능을 제공한다.

(4) 입출력장치 관리

운영체제는 키보드, 마우스, 모니터 등 장치를 관리하며, 장치 드라이버를 통해 하드웨어와 통신하고 데이터 전송을 제어한다.

(5) 사용자 인터페이스

운영체제는 GUI(그래픽 사용자 인터페이스)와 CLI(명령줄 인터페이스)를 제공해 사용자가 컴퓨터를 쉽게 제어할 수 있도록 돕는다.

(6) 운영체제의 종류

운영체제는 데스크탑용, 서버용, 모바일용으로 나뉜다. 데스크탑용 운영체제의 종류로 윈도우(Windows), 맥OS(macOS), 리눅스(Linux) 등이 있으며, 사용자 친화적이다. 서버용 운영체제로는 유닉스(UNIX), 리눅스가 있으며, 안정성과 보안성이 뛰어나다. 모바일용 운영체제로 안드로이드(Android), iOS 등이 있는데, 터치스크린 지원, 앱 스토어 접근 등 모바일 특화 기능을 제공한다.

운영체제는 컴퓨터 자원을 효율적으로 관리하며, 사용 목적과 환경에 따라 다양한 종류와 특징을 제공한다. 운영체제는 컴퓨터 시스템에서 필수적인 역할을 수행하며, 시스템의 성능과 안정성을 보장하는 핵심 소프트웨어이다.

3) 컴퓨터 네트워크

컴퓨터 네트워크(Network, N/W)는 두 대 이상의 컴퓨터나 장치가 연결되어 데이터를 주고받는 통신 시스템이다. 이를 통해 파일이나 자원을 공유하고, 인터넷에 접속하며, 실시간으로 정보를 교환할 수 있다. 네트워크는 사용 목적과 범위에 따라 다양한 유형으로 나뉜다.

(1) 네트워크 유형

주요 네트워크 유형으로는 LAN(Local Area Network), WAN(Wide Area

Network), PAN(Personal Area Network), MAN(Metropolitan Area Network) 등이 있다.

LAN은 제한된 지리적 범위 내에서 구축된 네트워크로, 주로 가정, 학교, 회사 같은 작은 공간에서 사용된다. LAN의 주요 특징은 빠른 데이터 전송 속도와 네트워크 내 장치들 간의 자원 공유가 용이하다는 점이다. 예를 들어, 한 사무실 내에서 LAN을 통해 여러 컴퓨터가 같은 프린터나 파일 서버를 공유하는 것이 가능하다.

PAN은 한 개인의 가까운 범위 내에서 사용하는 네트워크로, 스마트폰, 태블릿, 노트북 같은 개인 장치들이 서로 연결되는 것을 말한다. Bluetooth나 Wi-Fi가 PAN을 구성하는 대표적인 기술이다.

WAN은 LAN과 달리, 지리적으로 매우 넓은 범위를 아우르는 네트워크이다. 예를 들어, WAN은 여러 도시에 위치한 사무실이나 공장을 연결하는 데 사용될 수 있다. 인터넷은 전 세계에 걸쳐 수많은 네트워크를 연결하는 가장 대표적인 WAN이다. WAN은 여러 개의 LAN을 연결하여 대규모 네트워크를 형성하며, 이 과정에서 인터넷 서비스 제공자(ISP)가 중개자 역할을 한다.

MAN(Metropolitan Area Network)은 도시나 대도시와 같은 넓은 지역을 아우르는 네트워크이다. 주로 대학교 캠퍼스나 대기업이 여러 건물 간에 네트워크를 연결할 때 사용된다. MAN은 LAN과 WAN의 중간 정도의 크기와 범위를 가진 네트워크라 할 수 있다.

(2) 데이터 전송 방식에 따른 분류

데이터 전송 방식에 따라 유선 네트워크와 무선 네트워크로 나눌 수 있다. 네트워크 장치들이 물리적인 연결을 통해 데이터를 주고받느냐, 아니면 무선 전파를 이용해 데이터를 전송하느냐에 따라 나뉜다.

유선 네트워크는 이더넷 케이블이나 광섬유 케이블을 사용하여 장치들을 물리적으로 연결하는 방식이다. 유선 네트워크는 안정성과 높은 데이터 전송 속도가 강점이며, 주로 고속 데이터 전송이 필요한 환경에서 사용된다. 반면에 무선 네트워크는 Wi-Fi, Bluetooth, 셀룰러 네트워크 등을 통해 장치들이 무선으로 연결되는 방식이다. 무선 네트워크는 이동성과 설치의 편리함을 제공하지만, 신호 간섭이나 보안 문제가 발생할 수 있다.

(3) 네트워크 장비

네트워크를 구성하는 주요 장비로는 라우터, 스위치, 허브가 있다. 라우터는 네트워크 간 데이터를 전달하며, LAN과 WAN 연결에 사용된다. 가정과 사무실에서 사용하는 무선 공유기가 라우터의 한 예이다. 스위치는 네트워크 내 특정 장치로 데이터를 전송해 데이터 흐름을 효율적으로 관리한다. 허브는 데이터를 여러 장치로 전달하지만, 모든 장치로 데이터를 보내기 때문에 스위치보다 효율성이 낮다.

(4) 프로토콜

네트워크가 원활하게 동작하려면, 프로토콜(Protocol)이 필요하다. 프로토콜은 네트워크상에서 데이터를 어떻게 송수신할지를 규정하는 규칙이다. 가장 널리 사용되는 프로토콜 중 하나는 TCP/IP로, 인터넷을 통해 데이터를 신뢰성 있게 주고받을 수 있게 한다. TCP는 데이터 전송의 신뢰성을 보장하고, IP는 데이터가 목적지에 정확히 도착하도록 주소를 관리한다.

(5) 네트워크 보안

네트워크 보안도 중요한 요소 중 하나이다. 네트워크가 외부 위협으로부터 안전하게 유지되기 위해서는 방화벽, 암호화, 침입 탐지 시스템 등 다양한 보안 기술이 필요하다. 특히 인터넷에 연결된 네트워크는 해킹, 악성 소프트웨어, 데이터 유출 등의 위험에 노출될 수 있으므로, 보안 대책을 강화해야 한다.

4) 인터넷

인터넷은 전 세계의 컴퓨터와 네트워크를 연결하여 정보를 공유하고 주고받을 수 있게 하는 거대한 글로벌 네트워크 시스템이다. 인터넷의 기원은 1960년대 미국 국방부의 ARPANET 프로젝트에서 시작되었으며, 이후 여러 대학과 연구기관이 참여하면서 점차 그 규모가 확장되었다. 현재 인터넷은 전 세계적으로 수십억 대의 장치들이 연결된 가장 큰 정보통신망으로, 전자상거래, 소셜 네트워킹, 실시간 통신, 클라우드 컴퓨팅 등 다양한 서비스를 제공한다.

(1) TCP/IP 프로토콜

인터넷의 핵심 기술 구조는 TCP/IP(Transmission Control Protocol/Internet Protocol) 프로토콜에 기반한다. TCP/IP는 데이터를 작은 패킷으로 나누어 전송하고, 목적지에서 이를 재조립하여 효율적이고 신뢰성 있는 전송을 보장한다. 이 프로토콜은 다양한 장치와 네트워크 간 원활한 통신을 가능하게 하며, 서로 다른 하드웨어와 운영체제 간 상호 호환성을 제공한다.

(2) WWW

인터넷의 다양한 서비스(시스템) 중 가장 널리 사용되는 것은 월드 와이드 웹(World Wide Web, WWW)으로 줄여서 웹이라고도 부른다. 웹은 하이퍼텍스트 형식으로 정보를 제공하며, 사용자는 웹 브라우저를 통해 웹사이트에 접속해 정보를 검색하고 열람할 수 있다. 웹사이트는 HTML(하이퍼텍스트 마크업 언어)로 작성되며, 텍스트뿐만 아니라 이미지, 동영상, 오디오 등 멀티미디어 콘텐츠도 제공한다. 웹은 인터넷의 일부이지만, 교육, 상거래, 정보 공유 등 다양한 활동을 가능하게 하며 큰 영향을 미치고 있다.

(3) 클라이언트와 서버

인터넷은 클라이언트와 서버라는 두 가지 주요 역할을 가진 컴퓨터들이 상호작용하며 작동한다. 클라이언트는 정보를 요청하는 역할을 하고, 서버는 그 요청에 응답하는 역할을 한다.

예를 들어, 사용자가 컴퓨터에서 웹 브라우저를 실행하고 웹사이트 주소를 입력하면, 클라이언트가 서버에 해당 웹사이트의 정보를 요청한다. 서버는 요청받은 정보를 찾아 클라이언트로 전송하고, 사용자는 화면에서 그 결과를 확인할 수 있다.

클라이언트는 요청을 보내는 주체이고, 서버는 그 요청을 처리하고 응답하는 주체로, 이러한 구조를 클라이언트-서버 모델이라고 부른다.

(4) 인터넷 서비스

인터넷은 이메일, 파일 전송(File Transfer Protocol: FTP), VoIP(Voice over Internet Protocol), 스트리밍, 클라우드 서비스 등 다양한 통신 및 정보 서비스를 제공한다. 이메일은 빠르고 효율적인 의사소통 수단으로 널리 사용되며, FTP는 대용량 파일 전송에 주로 활용된다. VoIP는 인터넷을 통한 음성 통화를 가능하게 하며, Skype와 Zoom 같은 화상 회의 서비스도 이를 기반으로 한다. 스트리밍 서비스는 음악, 동영상, 방송 등을 실시간으로 제공하며, 넷플릭스와 유튜브 같은 플랫폼이 대표적이다.

인터넷은 전자상거래와 금융 서비스에도 큰 변화를 가져왔다. 전자상거래는 사용자가 상품 검색, 구매, 결제, 배송까지 온라인에서 처리할 수 있도록 하며, 기업은 전 세계 소비자와 직접 연결될 수 있다. 인터넷 뱅킹은 은행 방문 없이 계좌 조회, 이체, 결제를 가능하게 한다.

정보 접근성의 향상은 학습과 연구를 크게 발전시켰다. 온라인 교육은 언제 어디서나 강의를 수강할 수 있게 하며, MOOC와 같은 플랫폼은 전 세계 학생들에게 동일한 교육 기회를 제공한다. 인터넷은 현대사회의 거의 모든 부분에 영향을 미치며, 경제와 산업 구조를 변화시키고 있다.

(5) 보안

인터넷은 혜택과 함께 보안과 프라이버시 문제도 야기한다. 해킹, 피싱, 악성 소프트웨어 등 보안 위협은 사용자와 기업에 큰 피해를 줄 수 있다. 이를 막기 위해 방화벽, 암호화, 침입 탐지 시스템(IDS) 등의 보안 기술이 활용되고 있다. 또한, 개인정보 보호와 데이터 관리의 중요성이 커지며, 각국 정부는 개인정보 보호법을 강화하고, 기업들은 데이터 보호 정책을 마련하고 있다.

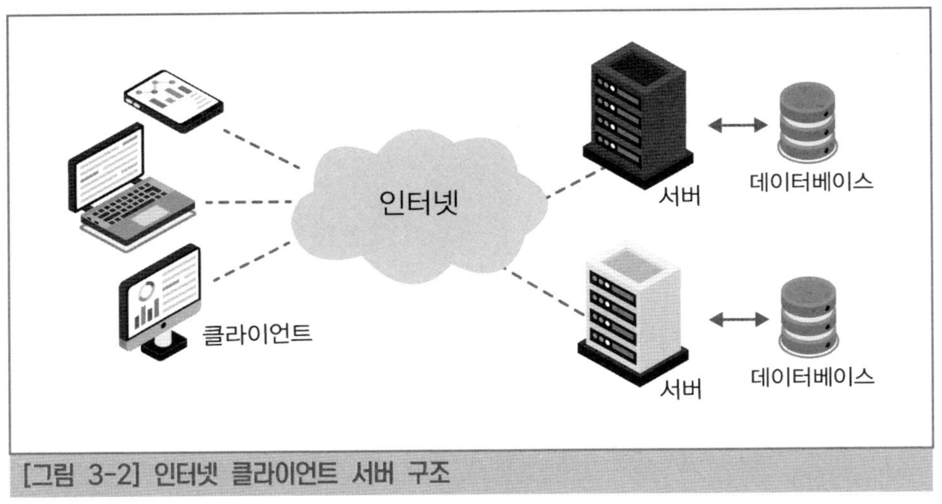

[그림 3-2] 인터넷 클라이언트 서버 구조

5) 데이터베이스

데이터베이스(Database)는 대량의 데이터를 체계적으로 저장, 관리하며 필요 시 효율적으로 검색 · 수정할 수 있는 시스템이다. 현대사회에서 데이터베이스는 필수 도구로, 조직과 기업이 방대한 정보를 효과적으로 처리하고 활용할 수 있도록 돕는다. 데이터베이스는 데이터 중복을 줄이고 일관성을 유지하며, 빠른 데이터 검색 기능을 제공한다.

(1) DBMS

데이터베이스의 핵심 구성 요소는 데이터베이스 관리 시스템(Database Management System: DBMS)이다. DBMS는 사용자가 데이터베이스를 효율적으로 관리할 수 있도록 지원하는 소프트웨어로, 데이터를 저장하고 검색하며, 수정 및 삭제하는 기능을 제공한다. 또한, 여러 사용자가 동시에 데이터에 접근할 수 있도록 트랜잭션을 관리하며, 데이터의 무결성과 보안성을 보장한다. 대표적인 DBMS로는 Oracle, MySQL, Microsoft SQL Server, PostgreSQL 등이 있다.

(2) 데이터베이스 종류

데이터베이스는 관계형(Relational Database Management System: RDBMS)과 비관계형(Not only SQL: NoSQL)로 나뉜다. 관계형 데이터베이스는 데이터를 테이블 형식으로 저장하며, 테이블 간 관계를 키(key)로 연결한다. 테이블은 행(row)과 열(column)로 구성되어 중복을 줄이고 데이터 일관성을 유지하기 좋다. SQL(Structured Query Language)을 사용해 데이터를 삽입, 삭제, 수정, 검색하며, 복잡한 데이터 작업도 쉽게 처리할 수 있다. 비관계형 데이터베이스(NoSQL)는 테이블 구조 없이 유연한 방식으로 데이터를 저장한다. 빅데이터, 클라우드, 사물인터넷(IoT) 환경에서 적합하며, 문서(Document), 키-값(Key-Value), 컬럼(Column), 그래프(Graph) 등 다양한 형태가 있다. MongoDB, Cassandra, Redis 등이 대표적이며, 수평적 확장이 가능해 대규모 데이터 처리에 강하다.

(3) 트랜잭션

데이터베이스에서 트랜잭션(Transaction)은 여러 작업을 하나의 논리적 단위로 묶어 처리하는 개념이다. 트랜잭션은 모두 성공하거나, 하나라도 실패하면 전체를 취소하여 데이터의 무결성을 유지한다. 이를 보장하기 위해 ACID 원칙이 사용된다.

원자성(Atomicity)은 트랜잭션의 모든 작업이 전부 수행되거나 전혀 수행되지 않도록 보장한다. 일관성(Consistency)은 트랜잭션이 완료된 후에도 데이터베이스가 항상 일관된 상태를 유지하도록 한다. 고립성(Isolation)은 동시에 실행되는 여러 트랜잭션이 서로 간섭하지 않도록 한다. 마지막으로, 내구성(Durability)은 트랜잭션이 성공적으로 완료되면 시스템 장애가 발생해도 그 결과가 유지되도록 보장한다. 이러한 원칙은 데이터베이스의 신뢰성과 안정성을 유지하는 데 필수적이다.

(4) 무결성

데이터 무결성은 데이터의 정확성과 일관성을 유지하는 것을 뜻하며, 이를 위해 데이터베이스는 정규화와 참조 무결성 같은 기법을 사용한다. 또한, 사용자 권한 관리를 통해 데이터 접근을 제한하고, 암호화 기술로 데이터를 안전하게 보호한다. 데이터의 기밀성, 무결성, 가용성을 보장하는 것은 데이터베이스 관리에서 필수적이며, 이는 외부 해킹이나 내부 부정 사용으로부터 데이터를 지키는 데 중요한 역할을 한다.

6) 컴퓨터 보안

컴퓨터 보안은 정보 시스템의 데이터를 보호하고, 무결성과 가용성을 유지하기 위한 기술과 절차를 말한다. 이는 개인정보 보호, 기업 기밀 유지, 금융거래 보안 등 다양한 분야에서 중요한 역할을 한다. 특히 인터넷과 네트워크의 발달로 컴퓨터 보안의 중요성이 더욱 커지고 있다.

(1) 컴퓨터 보안의 목표

컴퓨터 보안의 주요 목표는 기밀성(Confidentiality), 무결성(Integrity), 가용성(Availability) 세 가지로 나뉜다.

기밀성은 인가된 사용자만 데이터에 접근할 수 있도록 보장하는 것으로, 암호화와 접근 제어 기술이 사용된다. 무결성은 데이터가 인가되지 않은 사용자나 프로그램에 의해 변경되거나 손상되지 않도록 보호하는 것을 의미하며, 데이터가 전송되거나 저장될 때 변조되지 않도록 보장한다. 가용성은 인가된 사용자가 필요할 때 데이터나 시스템에 접근할 수 있도록 보장하는 것으로, 시스템이 고장이나 공격을 받아도 서비스를 지속적으로 제공해야 한다.

(2) 보안 도구

컴퓨터 보안은 다양한 위협에 대응하기 위해 여러 도구와 기법을 활용한다. 방화벽(Firewall)은 네트워크 내부와 외부 간의 트래픽을 분석해 허용된 데이터만 통과시키며, 외부 해커와 악성 코드로부터 네트워크를 보호한다. 침입 탐지 시스템(Intrusion Detection System: IDS)과 침입 방지 시스템(Intrusion Prevention System: IPS)은 네트워크 트래픽과 시스템 활동을 실시간으로 감시하고, 비정상적인 행동을 탐지해 차단하거나 예방한다.

(3) 암호화

암호화는 데이터를 인가된 사용자만 해독할 수 있도록 보호하는 중요한 보안 기술이다. 암호화는 데이터 전송 중 기밀성을 보장하며, 유출되더라도 해독이 어렵게 한다. 대칭 키 암호화는 송신자와 수신자가 같은 키를 사용하고, 비대칭 키 암호화는 공개 키와 비밀 키 두 개를 사용해 데이터를 암호화하고 해독한다.

(4) 인증

컴퓨터 보안에서 중요한 요소 중 하나는 인증(Authentication)이다. 인증은 사용자의 신원을 확인하는 과정으로, 사용자 이름과 비밀번호, 지문이나 얼굴 인식 같은 바이오메트릭스, 또는 이중 인증(Two-Factor Authentication: 2FA) 기법을 사용한다. 이를 통해 시스템에 대한 무단 접근을 방지하고 보안을 강화한다.

(5) 악성 코드

악성 코드(Malware)는 시스템에 침투해 데이터 손상, 도난, 성능 저하 등의 피해를 주는 유해 소프트웨어다. 대표적인 유형으로 바이러스, 웜, 트로이목마, 스파이웨어, 랜섬웨어가 있다. 바이러스는 파일에 자신을 복제해 퍼지며, 웜은 네트워크를 통해 스스로 확산한다. 트로이목마는 유용한 프로그램처럼 위장해 침투하고, 스파이웨어는 사용자 동의 없이 정보를 수집한다. 랜섬웨어는 파일을 암호화한 뒤 금전을 요구한다.

악성 코드는 감염된 이메일 첨부파일, 악성 웹사이트, 불법 소프트웨어 등을 통해 전파된다. 이를 막기 위해 안티바이러스 소프트웨어를 설치하고 업데이트하며, 의심스러운 파일과 링크를 피하는 보안 습관이 필요하다.

(6) 사회 공학 공격

사회 공학 공격(Social Engineering Attack)은 사람의 심리적 취약점을 이용해 비밀번호나 기밀 정보를 유출시키는 보안 위협이다. 주로 피싱 이메일이나 전화 사기를 통해 이루어진다. 이를 예방하려면 사용자들에게 보안 교육을 실시해 의심스러운 이메일, 링크, 요청을 주의하도록 해야 한다.

컴퓨터 보안은 시스템과 데이터를 보호하기 위해 다양한 기술과 도구를 종합적으로 활용해야 한다. 네트워크 보안, 암호화, 인증, 방화벽 등으로 외부 공격을 차단하고 시스템의 안정성을 유지하는 것이 중요하다. 보안 위협은 계속 진화하기 때문에, 보안 시스템을 주기적으로 업데이트하고 사용자들에게 보안 의식을 높이는 것이 필수적이다.

2. 최신 ICT 기술

최신 ICT 기술인 인공지능, 사물인터넷, 빅데이터, 메타버스, 클라우드 컴퓨팅에 대해 알아보자.

1) 인공지능

인공지능(Artificial Intelligence: AI)은 컴퓨터가 인간처럼 사고하고 학습하며 문제를 해결하고 의사결정을 할 수 있도록 설계된 기술이다. AI는 자연어 처리, 음성 인식, 이미지 인식, 자율 주행, 추천 시스템 등 다양한 분야에서 활용되며, 기술 발전으로 그 적용 범위가 빠르게 확대되고 있다.

(1) 인공지능 구분

인공지능은 약 인공지능(Artificial Narrow Intelligence: ANI)과 강 인공지능(Artificial General Intelligence: AGI)으로 나뉜다. 약 인공지능은 특정 작업에 특화된 지능으로, 현재 대부분의 AI 시스템이 여기에 해당한다. 스마트폰의 음성 인식, 추천 알고리즘, 자율 주행 차량 등이 약 인공지능의 대표적인 사례다. 반면, 강 인공지능은 인간처럼 모든 분야에서 스스로 학습하고 판단할 수 있는 범용 지능을 뜻하며, 아직 연구 단계에 있는 개념이다.

(2) 인공지능의 하위 분야

인공지능의 중요한 하위 분야 중 하나는 기계 학습(Machine Learning)이다. 기계 학습은 데이터를 학습하고, 예측하며, 결정을 내릴 수 있는 알고리즘을 개발하는 기술로, 대량의 데이터를 분석해 패턴을 발견하고 미래를 예측하는 데 활용된다.

기계 학습은 지도 학습, 비지도 학습, 강화 학습으로 나뉜다. 지도 학습은 라벨이 있는 데이터를 학습해 입력과 출력 간의 관계를 모델링하며, 스팸 필터처럼 이메일을 '스팸'과 '정상'으로 분류하는 데 사용된다. 비지도 학습은 라벨이 없는 데이터를 분석해 데이터의 구조를 발견하며, 군집화 알고리즘으로 데이터를 그룹화하고 패턴을 찾는다. 강화 학습은 환경과 상호작용하며 보상을 최대화하는 방식으로 학습하며, 게임 AI나 로봇 제어에 주로 활용된다.

기계 학습의 하위 분야인 딥러닝(Deep Learning)은 인공 신경망을 기반으로 한 기술로, 최근 인공지능 발전을 이끌고 있다. 딥러닝은 다층 신경망을 활용해 음성 인식, 이미지 인식, 자연어 처리 같은 분야에서 뛰어난 성과를 보이며, 구글 이미지 검색이나 자율 주행 기술 등에서 널리 사용되고 있다.

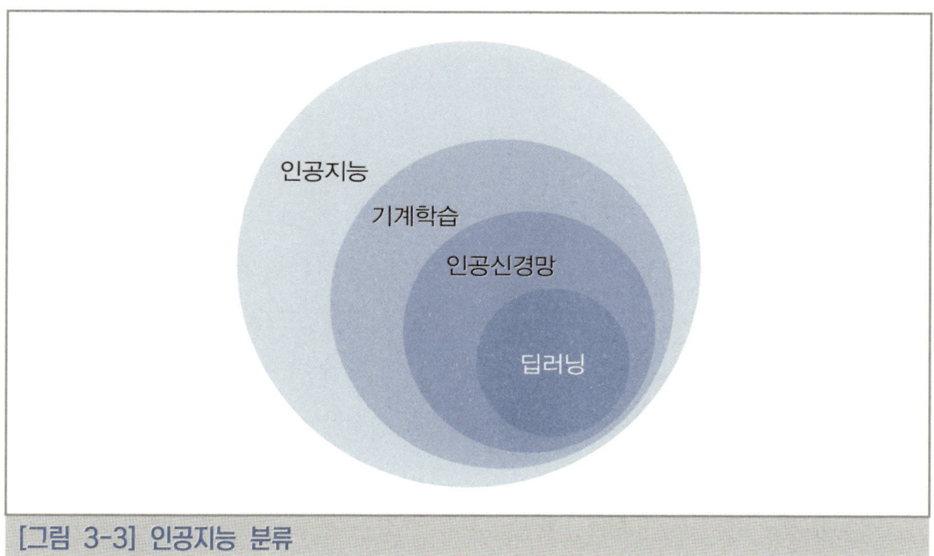

[그림 3-3] 인공지능 분류

(3) 자연어처리

인공지능은 자연어 처리(Natural Language Processing: NLP)를 통해 인간의 언어를 이해하고 생성하며 처리할 수 있다. 이 기술은 챗봇, 가상비서, 자동 번역 서비스 등 사람과 소통하는 시스템에 활용된다. 자연어 처리의 주요 기술로는 음성 인식, 기계 번역, 감정 분석 등이 있으며, 이를 통해 인간과 컴퓨터 간의 상호작용이 더욱 자연스러워지고 있다.

(4) 컴퓨터 비전

컴퓨터 비전(Computer Vision)은 이미지를 분석하고 해석하는 기술로, 이미지나 동영상에서 객체(물체)를 인식하거나 얼굴을 분석하는 데 사용된다. 이 기술은 자율 주행 차량의 카메라로 도로 상황을 분석하거나, CCTV 영상을 통해 이상징후를 탐지하는 등 다양한 분야에서 중요한 역할을 한다.

(5) 활용

인공지능의 발전은 다양한 산업에 큰 영향을 미치고 있다. 제조업에서는 인공지능을 활용한 로봇 자동화 시스템이 생산 공정을 최적화하고 있다. 의료 분야에서는 AI가 의료 이미지를 분석해 질병을 조기에 진단하는 데 사용된다. 금융 분야에서는 AI가 고객 데이터를 분석해 맞춤형 금융 서비스를 제공하거나, 거래에서의 위험을 예측하는 데 활용되고 있다.

(6) 문제점

인공지능의 발전으로 여러 윤리적, 사회적 문제가 발생하고 있다. 인공지능 기술이 사람의 일자리를 대체할 수 있다는 우려가 있으며, 특히 단순 업무의 자동화에서 이러한 현상이 두드러진다. 또한, 인공지능의 의사결정이 편향된 데이터를 기반으로 하면 부정확한 결과가 나와 사회적 불평등을 초래할 수 있다. 이를 해결하기 위해 인공지능 시스템의 투명성과 공정성을 보장하는 기술적, 법적 장치가 필요하다.

2) 사물인터넷

사물인터넷(Internet of Things: IoT)은 다양한 사물들이 인터넷에 연결되어 데이터를 주고받으며 상호작용하는 기술이다. 이를 통해 물리적 객체들은 센서, 소프트웨어, 네트워크를 통해 데이터를 자동으로 수집, 분석하고 이를 바탕으로 동작을 제어할 수 있다. 스마트폰, 가전제품, 자동차, 공장 장비 등 여러 기기가 IoT를 활용해 연결되며, 이를 통해 일상생활과 산업 현장에서 효율성이 크게 향상되고 있다.

(1) 구성 요소

사물인터넷은 디바이스(Things), 네트워크(Network), 플랫폼(Platform) 세 가지 요소로 구성된다. 디바이스는 센서나 액추에이터가 탑재된 장치로, 데이터를 수집하거나 명령을 실행하는 역할을 한다. 스마트 냉장고나 공장의 로봇 팔 등이 이에 해당한다. 네트워크는 디바이스 간 데이터를 주고받는 통신 경로로, Wi-Fi, 블루투스, 셀룰러 네트워크, LPWAN 등이 사용된다. 플랫폼은 수집된 데이터를 분석하고 처리해 유용한 정보를 제공하거나 명령을 내리는 역할을 하며, 클라우드 서버나 엣지 컴퓨팅을 통해 구현된다.

(2) 스마트홈

IoT의 주요 응용 분야 중 하나는 스마트홈이다. 스마트홈은 가전제품과 홈 자동화 시스템이 인터넷으로 연결되어 원격제어와 자동화 기능을 제공한다. 예를 들어, 스마트 조명은 사용자의 생활 패턴에 맞춰 자동으로 작동하며, 스마트 온도 조절기는 외부 기온과 집안 환경을 감지해 최적의 온도를 유지한다. 스마트 잠금장치나 보안 카메라는 스마트폰과 연동되어 실시간으로 집안을 모니터링하고 제어할 수 있다.

(3) 산업용 사물인터넷

산업 분야에서 IoT는 생산성을 높이고 비용을 절감하는 데 중요한 역할을 한다. 산업용 사물인터넷(IIoT)은 제조 공정에서 기계 장비를 연결해 실시간으로 데이터를 주고받으며 공정 효율성을 높이고 문제를 사전에 예측해 유지 보수 비용을 줄인다. 예를 들어, 기계 장비에 부착된 센서는 작동 상태와 성능 데이터를 실시간 모니터링해 이상징후를 감지하고, 고장 전에 경고해 생산 중단을 방지한다. 이 기술은 예방 정비와 실시간 모니터링을 통해 기업이 자원을 더 효율적으로 관리할 수 있도록 돕는다.

(4) 스마트시티

스마트시티는 IoT를 활용해 도시 인프라와 서비스를 연결하여 교통, 에너지, 환경 관리 등을 최적화하는 IoT의 중요한 응용 사례다. 예를 들어, 스마트 교통 시스템은 차량 흐름을 실시간 모니터링하고 신호등을 자동 조정해 교통 체증을 줄인다. 스마트 에너지 관리 시스템은 에너지 소비 데이터를 분석해 효율성을 높이고 도시 전체의 전력 수급을 조정한다. 이러한 시스템은 도시 운영을 보다 효율적으로 만들어 준다.

(5) 헬스 케어

IoT 기술은 헬스 케어 분야에서도 큰 변화를 가져오고 있다. 스마트 헬스 케어 시스템은 환자의 상태를 실시간으로 모니터링하고, 건강 데이터를 의료진에게 전달해 보다 정확한 진단과 맞춤형 치료를 가능하게 한다. 예를 들어, 웨어러블 기기를 통해 심박수, 혈압, 혈당 등을 실시간 모니터링하고, 이상징후가 발생하면 의료진에게 즉시 알릴 수 있다. 이를 통해 응급 상황을 조기에 발견하고 환자에게 적합한 치료를 제공할 수 있다.

(6) 보안과 프라이버시

사물인터넷은 보안과 프라이버시 문제를 해결해야 할 중요한 과제가 있다. IoT 기기가 지속적으로 데이터를 수집하고 전송하기 때문에 해커가 기기에 접근하면 개인정보 유출이나 시스템 악용 같은 심각한 문제가 발생할 수 있다. 가정용 기기부터 산업용 기기까지 보안 침해 사례가 보고되고 있어, 강력한 보안 프로토콜과 암호화 기술의 적용이 필수적이다. 또한, 네트워크에 연결된 모든 장치가 일관된 보안 정책을 따르도록 관리해야 한다.

3) 빅데이터

빅데이터(Big Data)는 기존 방식으로는 처리하기 어려울 정도로 방대한 데이터를 의미하며, 이를 처리하고 활용하는 기술과 방법도 포함한다. 빅데이터의 주요 특징은 4V로 설명된다. Volume은 데이터의 양을, Variety는 데이터 형식의 다양성을, Velocity는 데이터 생성 속도를, Veracity는 데이터의 신뢰성을 뜻한다. 이 특성들은 빅데이터가 단순히 크기만 한 것이 아니라, 빠르게 생성되고 다양한 형식으로 제공되며 신뢰할 수 있는 데이터를 의미한다.

(1) 데이터 및 분석기술

빅데이터는 구조화된 데이터와 비구조화된 데이터를 모두 포함한다. 데이터베이스의 표 형식 데이터는 구조화된 데이터에 해당하며, 소셜 미디어 게시글, 동영상, 이미지, 로그 데이터는 비구조화된 데이터에 해당한다. 비구조화된 데이터가 급증하면서 이를 효과적으로 처리하고 분석할 기술이 중요해지고 있다.

빅데이터 분석은 데이터 마이닝, 기계 학습, 통계 분석 같은 기술을 통해 이루어진다. 데이터 마이닝은 대규모 데이터에서 유의미한 패턴을 발견하는 기술이며, 기계 학습은 데이터를 학습해 예측 모델을 만드는 데 활용된다. 이를 통해 빅데이터는 패턴 분석, 예측, 최적화에 활용되어 비즈니스 의사결정, 시장 예측, 맞춤형 서비스 제공 등 다양한 혜택을 제공한다.

(2) 활용

빅데이터는 다양한 산업에서 활용된다. 금융에서는 거래 데이터를 분석해 신용 위험을 예측하거나 맞춤형 금융 상품을 추천한다. 헬스 케어에서는 건강 데이터를 통해 질병을 조기 발견하고 개인 맞춤형 치료를 제공한다. 소매업에서는 구매 패턴 분석으로 맞춤형 마케팅과 재고 관리 최적화를 지원한다. 이처럼 빅데이터는 효율성을 높이고 혁신적인 비즈니스 모델을 만드는 데 기여한다.

(3) 저장 기술

빅데이터를 저장하고 처리하려면 기존 데이터베이스와 다른 기술이 필요하다. 하둡(Hadoop)은 데이터를 여러 서버에 분산 저장하고 병렬 처리할 수 있도록 설계된 시스템이다. 스파크(Spark)는 실시간 데이터 분석을 지원해 빅데이터 처리 속도를 크게 높인다.

(4) 보안 및 프라이버시

빅데이터 활용에는 데이터 보안과 개인정보 보호 같은 윤리적 문제가 따른다. 대규모 데이터를 수집하고 분석하면서 민감한 정보가 유출되거나 악용될 위험이 있다. 이를 막기 위해 데이터 익명화, 암호화 기술을 적용하고, 개인정보 보호법을 철저히 준수해야 한다.

빅데이터는 현대사회의 중요한 자원으로 자리 잡았으며, 다양한 산업에서 큰 가치를 창출하고 있다. 데이터 분석은 더 나은 의사결정을 돕고 새로운 비즈니스 기회를 열어주는 잠재력을 지니고 있어, 빅데이터의 중요성은 앞으로도 계속 커질 것이다.

4) 메타버스

메타버스(Metaverse)는 가상현실(VR)과 증강현실(AR) 기술로 현실과 가상 세계가 융합된 3차원 가상공간을 뜻한다. 메타버스는 인터넷을 기반으로 사람들이 가상공간에서 상호작용하고, 소통하며, 경제 활동을 할 수 있는 디지털 생태계를 만든다. 이 공간에서는 사용자들이 아바타로 활동하며 물리적 한계를 넘어선 새로운 경험을 할 수 있다.

(1) VR, AR, MR

메타버스는 가상현실(VR), 증강현실(AR), 혼합현실(MR) 기술을 기반으로 한다. 가상현실(VR)은 컴퓨터로 생성된 가상 세계에 몰입하는 기술로, VR 헤드셋을 통해 가상의 시각적, 청각적 경험을 제공하며 주로 게임, 교육, 엔터테인먼트 분야에 활용된다. 증강현실(AR)은 현실 세계에 가상의 정보를 덧씌우는 기술로, 스마트폰이나 AR 글래스를 통해 현실과 디지털 정보를 동시에 보여준다. 혼합현실(MR)은 가상현실과 증강현실을 결합해 현실과 가상이 상호작용할 수 있는 기술을 의미한다.

(2) XR, 디지털 트윈

XR(Extended Reality)은 가상현실(VR), 증강현실(AR), 혼합현실(MR)을 포함한 확장현실 기술로, 현실과 가상을 결합해 몰입감 있는 경험을 제공한다. XR은 교육, 엔터테인먼트, 의료, 제조 등 다양한 산업에서 활용되며, 가상환경에서의 훈련이나 현실 세계에 가상 정보를 덧붙여 제공하는 방식으로 사용된다.

디지털 트윈(Digital Twin)은 현실 세계의 물리적 객체나 시스템을 가상 모델로 구현한 기술이다. 센서를 통해 실시간 데이터를 수집해 가상 모델에서 시뮬레이션과 예측 분석을 수행하며, 제조업, 스마트시티, 헬스 케어 등에서 시스템 상태를 모니터링하고 최적화하는 데 활용된다.

(3) 응용 분야

메타버스는 게임, 교육, 비즈니스 등 다양한 분야에서 활용되고 있다.

게임 산업은 메타버스의 대표적인 응용 분야로, 사용자들은 가상 세계에서 캐릭터를 조작하고 다른 사용자와 실시간으로 상호작용하며 몰입감을 즐긴다. Roblox와 Fortnite 같은 플랫폼은 사용자가 가상 세계를 창조하고, 게임을 만들며, 가상 화폐를 통해 경제 활동을 할 수 있도록 지원한다.

교육에서는 가상 교실에서 학생들이 아바타로 참여해 현실에서는 어려운 실험이나 현장 학습을 경험할 수 있다. 역사 수업에서는 고대 문명을 탐험하거나, 과학 수업에서는 우주 공간에서 실험하는 등 몰입감 높은 학습 환경을 제공한다.

비즈니스 분야에서는 가상 회의실에서 아바타로 회의에 참석하거나, 가상 전시회와 쇼룸에서 제품을 체험할 수 있다. 기업들은 메타버스를 통해 새로운 고객 경험을 창출하고, 디지털 마케팅과 원격 협업에서 효율성을 높이고자 한다. 특히, 비대면 활동이 증가하면서 메타버스의 활용 가능성이 더욱 주목받고 있다.

(4) 가상 경제

메타버스에서는 가상 경제가 중요한 역할을 한다. 사용자는 가상 화폐를 사용해 아이템을 구매하거나 디지털 자산을 거래할 수 있다. 블록체인 기술이 결합되어 가상 자산의 소유권을 증명하고, NFT(Non-Fungible Token)를 통해 디지털 자산 거래를 가능하게 한다. 가상 부동산이나 아이템 거래가 활발히 이루어지며, 새로운 디지털 경제 생태계를 형성하고 있다.

(5) 도전 과제

메타버스의 발전에는 여러 도전 과제가 따른다. 프라이버시와 보안 문제가 대표적이다. 메타버스는 사용자 데이터와 활동이 기록되는 공간이기 때문에 개인정보 보호와 데이터 보안이 중요한 이슈로 부각된다. 또한, 메타버스에서의 상호작용과 활동은 물리적 세계의 법률과 충돌할 가능성이 있어, 이에 대한 법적 · 윤리적 논의가 필요하다.

메타버스는 현실과 가상을 융합해 새로운 디지털 경험을 제공하며 다양한 산업에 큰 변화를 가져오고 있다. 사용자들은 가상 세계에서 새로운 소통과 경제 활동을 경험하며, 이는 사회, 경제, 문화 전반에 중요한 역할을 할 것으로 기대된다. 메타버스는 계속 발전하며 그 활용 가능성과 영향력도 더욱 확대될 것이다.

5) 클라우드 컴퓨팅

클라우드 컴퓨팅(Cloud Computing)은 인터넷을 통해 서버, 스토리지, 네트워크, 데이터베이스 등 컴퓨팅 자원을 제공하는 기술이다. 사용자는 물리적 서버를 직접 관리하지 않아도 되고, 필요한 자원을 필요할 때만 사용하며, 사용량에 따라 비용을 지불한다. 이는 IT 인프라를 효율적으로 활용하고 초기 투자 비용을 줄이며, 자원의 확장성을 제공하는 등 여러 이점을 가진다.

(1) 서비스 모델

클라우드 컴퓨팅의 주요 서비스 모델로 IaaS, PaaS, SaaS 등이 있다

IaaS는 '서비스형 인프라'로, 서버, 스토리지, 네트워크 등 물리적 인프라를 가상화하여 제공한다. 사용자는 이러한 가상 자원을 활용해 필요한 소프트웨어를 설치하고 운영할 수 있다. 대표적인 예로는 아마존 웹 서비스(AWS)와

마이크로소프트 애저(Azure)가 있다.

PaaS는 '서비스형 플랫폼'으로, 애플리케이션 개발과 실행에 필요한 플랫폼을 제공한다. 운영체제, 데이터베이스, 개발 도구 등이 포함되어 있어 개발자는 환경 구축 없이 바로 개발에 집중할 수 있다. 구글 앱 엔진과 마이크로소프트 애저 PaaS가 이에 해당한다.

SaaS는 '서비스형 소프트웨어'로, 인터넷을 통해 소프트웨어를 제공한다. 사용자는 소프트웨어를 설치할 필요 없이 웹 브라우저를 통해 접근하며, 업데이트와 유지 보수는 제공자가 담당한다. 대표적인 예로 지메일(Gmail), 마이크로소프트 365, 세일즈포스(Salesforce)가 있다.

이러한 서비스 모델은 사용자가 필요에 따라 인프라, 플랫폼, 소프트웨어를 유연하게 활용할 수 있도록 지원한다.

또, 서버리스(Serverless)는 개발자가 서버를 직접 관리하지 않고도 애플리케이션을 개발하고 실행할 수 있게 해주는 클라우드 컴퓨팅 모델이다. 이 모델에서는 클라우드 제공자가 서버의 운영, 확장, 유지 보수를 담당하며, 개발자는 코드 작성에만 집중할 수 있다. 예를 들어, AWS Lambda, Azure Functions, Google Cloud Functions와 같은 서비스는 특정 이벤트가 발생하면 자동으로 코드를 실행하고, 필요한 자원을 할당한 뒤 작업이 끝나면 자원을 해제한다.

(2) 확장성

클라우드 컴퓨팅의 핵심 특징 중 하나는 확장성이다. 이를 통해 사용자는 필요에 따라 자원을 쉽게 늘리거나 줄일 수 있어, 트래픽 변동에 유연하게 대응할 수 있다. 예를 들어, 전자상거래 사이트는 쇼핑 시즌에 클라우드 자원을 확장하여 서버 과부하를 방지할 수 있다. 또한, 클라우드 컴퓨팅은 비용 효율성을 제공한다. 물리적 서버나 데이터센터를 구축할 필요 없이, 필요한 자원만 사용하고 그에 따른 비용을 지불하므로 초기 투자와 유지 보수 비용을 크게 절감할 수 있다.

(3) 보안

보안은 클라우드 컴퓨팅에서 중요한 요소이다. 클라우드 서비스 제공자는 데이터 암호화와 강력한 보안 프로토콜로 데이터 유출이나 해킹을 방지한다. 하지만 사용자는 클라우드 보안에 일부 책임이 있다는 점을 인식해야 한다. 적절한 암호 관리와 사용자 권한 설정을 신중히 하여 보안을 강화하는 것이 중요하다.

(4) 활용

클라우드 컴퓨팅은 다양한 산업에서 활용되고 있다. 기업은 클라우드를 통해 IT 인프라를 최적화하고 애플리케이션을 빠르게 배포하며, 전 세계 직원들이 협업할 수 있는 환경을 만든다. 의료 분야에서는 환자 데이터를 안전하게 저장하고 분석해 맞춤형 의료서비스를 제공한다. 교육 분야에서는 클라우드 기반 온라인 강의와 학습 관리 시스템(LMS)을 통해 학생들에게 어디서나 접근 가능한 학습 환경을 제공한다.

클라우드 컴퓨팅은 IT 인프라의 효율성을 높이고, 비용 절감과 확장성, 보안성을 제공하는 핵심 기술이다. 이를 통해 기업과 개인은 컴퓨팅 자원을 더 유연하고 효율적으로 활용할 수 있으며, 디지털 전환 시대의 필수 요소로 자리 잡고 있다.

1. ICT 기반 기술

정보통신기술(ICT)은 컴퓨터 하드웨어, 운영체제, 네트워크, 인터넷, 컴퓨터 보안 등으로 구성된다. 하드웨어는 CPU, 메모리, 저장 장치 등을 포함하며, 운영체제는 이러한 하드웨어와 소프트웨어를 관리하고 사용자와 시스템 간의 상호작용을 가능하게 한다. 네트워크는 여러 장치를 연결하여 데이터와 자원을 공유하고, 인터넷은 전 세계의 네트워크를 연결하여 정보를 글로벌하게 제공한다. 컴퓨터 보안은 시스템과 데이터를 보호하여 기밀성, 무결성, 가용성을 보장한다.

2. 최신 ICT 기술

최근에는 인공지능(AI), 사물인터넷(IoT), 빅데이터, 메타버스, 클라우드 컴퓨팅 등의 최신 ICT 기술이 주목받고 있다. AI는 기계가 학습과 추론을 통해 자동화와 예측을 가능하게 하며, IoT는 장치 간 데이터를 실시간으로 주고받아 스마트홈과 스마트시티 구현을 돕는다. 빅데이터는 대량의 데이터를 분석하여 패턴을 발견하고 의사결정을 지원하며, 메타버스는 가상현실과 증강현실을 통해 현실과 가상이 융합된 새로운 환경을 제공한다. 클라우드 컴퓨팅은 유연성과 비용 효율성을 갖춘 IT 자원 제공 방식으로, 기업과 개인에게 효율적인 인프라 활용을 가능하게 한다. 이러한 기술들은 4차 산업혁명의 핵심으로 자리 잡고 있다.

01. 사물인터넷(IoT) 기술을 활용한 스마트홈 기술이 고령자의 삶의 질 향상에 어떤 영향을 미칠 수 있는가? 이점과 한계를 중심으로 논하시오.

02. 복지기술 발전에 따라 발생할 수 있는 정보 격차 문제를 해결하기 위한 방안은? 기술 접근성과 교육의 중요성을 중심으로 해결책을 제안하시오.

연습문제

1. 네트워크의 주요 유형 LAN, PAN, MAN, WAN을 구분하여 설명하시오.

2. 프로토콜이 무엇인지 설명하고 프로토콜의 종류를 나열하고 간단히 설명하시오.

3. 운영체제의 여러 역할을 설명하시오.

4. 데이터베이스에서 관계형 데이터베이스와 비관계형 데이터베이스의 차이를 설명하시오.

5. 메타버스 기술에서 VR, AR, XR의 차이를 설명하시오.

CHAPTER

04

복지기술의 최신 동향

CHAPTER 04
복지기술의 최신 동향

복지기술은 고령화사회와 기술 혁신이 맞물리며 사회적 요구와 기술적 가능성을 통합하는 중요한 도구로 자리 잡았다. 특히, 정보통신기술(ICT), 인공지능(AI), 사물인터넷(IoT) 등의 발전은 의료, 돌봄, 생활 지원, 교육 등 다양한 복지 영역에서 혁신을 가져왔다. 이 기술들은 사회적 취약계층, 특히 독거노인과 장애인을 대상으로 안전과 삶의 질을 향상시키는 데 중점을 두고 발전하고 있다.

복지기술의 발전은 단순한 편의 제공을 넘어, 정서적 지원과 자립을 강화하고, 돌봄 인력의 부담을 경감시키는 데 기여하고 있다. 예를 들어, 돌봄 로봇, 스마트 헬스 케어 플랫폼, 지역사회 통합 돌봄 등의 기술은 개별화된 서비스와 효율적인 자원 배분을 가능하게 하고 있다. 이러한 기술의 동향과 성공 사례는 복지서비스의 새로운 패러다임을 제시하며, 기술과 인간 중심의 조화를 이루는 방향으로 발전하고 있다.

이 장에서는 의료 및 건강관리, 돌봄, 생활 지원, 사회적 연결 및 참여, 교육 및 훈련 등 다섯 가지 복지기술의 분류에 따라 주요 동향과 사례를 살펴보고자 한다.

1. 의료 및 건강관리 기술 동향

정보통신기술(ICT)의 발전은 의료 및 건강관리 분야에서 혁신적인 변화를 가져오며, 사회복지 측면에서 개인의 건강 증진과 삶의 질 향상에 크게 기여하고 있다. 의료 및 건강관리에 관한 복지기술의 주요 동향은 다음과 같다.

1) 원격의료

최근 원격의료(Telemedicine)는 정보통신기술(ICT)의 발전과 COVID-19 팬데믹의 영향으로 급속히 확산되고 있다. 이는 특히 사회복지 측면에서 의료 접근성이 낮은 취약계층에게 큰 혜택을 제공하고 있다. 원격의료를 통해 농어촌 지역이나 거동이 불편한 노인들이 시간과 장소에 구애받지 않고 의료서비스를 받을 수 있게 되었다. 또한, 만성질환자들은 지속적인 모니터링과 상담을 통해 질병 관리의 효율성을 높이고 있다. 이러한 변화는 의료 사각지대 해소와 의료서비스의 형평성 향상에 기여하고 있다. 그러나 개인정보 보호와 의료서비스의 질 관리 등 해결해야 할 과제도 존재한다. 따라서 원격의료의 지속 가능한 발전을 위해서는 관련 법 · 제도의 정비와 사회적 합의가 필요하다.

2) AI, IoT 기반 노인 건강관리 서비스

이는 인공지능과 사물인터넷 기술을 활용하여 노인들의 건강을 비대면으로 관리하는 시스템들이 많이 개발되었다. 이 기기들을 통해 어르신들은 자택에서 손쉽게 건강 상태를 모니터링하고, 전문적인 건강관리를 받을 수 있다.

이 서비스는 건강 측정 기기, 모바일 애플리케이션, 전문가의 비대면 상담으로 구성될 수 있다. 손목 활동량계, 블루투스 체중계, 혈압계, 혈당계 등의 디바이스를 통해 신체 데이터를 수집하고, 앱을 통해 데이터를 확인하며, 보건소나 의료기관의 전문가들이 비대면으로 건강 상담과 맞춤형 정보를 제공한다.

이를 통해 어르신들은 스스로 건강 상태를 확인하고 관리할 수 있으며, 이동이 어려운 경우에도 비대면으로 건강 상담을 받을 수 있다. 또한, 개인의 건강 상태에 맞춘 맞춤형 건강 미션과 정보를 제공받는다.

이러한 서비스는 고령화사회에서 어르신들의 건강 증진과 삶의 질 향상에 기여하며, 특히 독거노인이나 의료 접근성이 낮은 지역의 어르신들에게 효과적인 건강관리 수단을 제공한다. 한국건강증진개발원은 'AI · IoT기반 어르신 건강관리사업'을 통해 이러한 서비스를 지원하고 있다.

3) 디지털 헬스 케어 플랫폼

COVID-19 팬데믹을 계기로 원격의료서비스가 급속히 확산되고, 웨어러블 기기와 모바일 애플리케이션을 통해 개인의 건강 데이터를 수집하고 분석하여, 맞춤형 건강관리 서비스를 제공이 늘고 있으면서 헬스 케어 플랫폼을 구축하고 활용하는 사례가 등장하고 있다.

AI 기술을 활용한 디지털 헬스 케어 플랫폼은 방대한 의료 데이터를 분석하여 질병의 조기 진단과 치료 계획 수립에 도움을 주고 있다. 이는 의료진의 의사 결정을 지원하고, 진료의 정확성과 효율성을 높이는 데 기여하고 있다. 또, 다양한 출처의 건강 데이터를 통합 관리하는 플랫폼이 개발되어, 의료기관 간의 정보 공유와 협업이 원활해지고 있다. 이는 환자의 전체적인 건강 상태를 파악하고, 연속적인 치료를 제공하는 데 도움이 되고 있다.

이러한 ICT 기반의 의료 및 건강관리 기술은 사회복지 측면에서 개인의 건강 증진과 의료비 절감, 삶의 질 향상에 기여하고 있다. 특히, 고령화사회에서 노인과 취약계층의 건강관리에 효과적인 도구로 활용되고 있다.

2. 돌봄 기술 동향

최근 복지기술 분야에서 돌봄 기술의 발전은 사회복지 관점에서 주목할 만한 변화를 가져오고 있다. 이러한 돌봄 기술의 발전은 사회복지 현장에서 돌봄서비스의 질적 향상과 효율성 증대에 기여하고 있으며, 돌봄 인력의 부담을 경감시키고, 수요자의 삶의 질을 향상시키는 데 중요한 역할을 하고 있다. 주요 동향은 다음과 같다.

1) 인공지능 기반 비대면 돌봄서비스의 확대

최근 인공지능(AI) 기반 비대면 돌봄서비스의 확대는 사회복지 분야에서 주목받고 있다. 고령화사회의 진입과 1인 가구의 증가로 독거노인 돌봄과 관련한 복지 인력 부족 문제가 대두되면서, AI 기술을 활용한 비대면 돌봄서비스가 대안으로 부상하고 있다.

인공지능 스피커나 로봇을 활용한 이러한 서비스는 어르신들과의 대화를 지원하고, 응급 상황 발생 시 즉각적인 대응이 가능하도록 설계되었다. 이를 통해 어르신들의 정서적 안정과 사회적 고립 해소에 기여하였으나, 돌봄 인력의 부담을 효과적으로 경감시키는 것은 아직 과제로 남아 있다. 또한, AI 기반 돌봄서비스는 개인의 건강 상태, 활동량, 생활 습관 등을 분석하여 맞춤형 케어 계획을 수립함으로써, 노인들의 삶의 질 향상에 도움을 주고 있다.

이러한 기술의 발전은 사회복지서비스의 접근성과 효율성을 높이는 데 중요한 역할을 하고 있다.

2) 돌봄 로봇의 도입과 활용

최근 돌봄 로봇의 도입과 활용이 사회복지 분야에서 활발히 이루어지고 있다. 고령화사회의 도래와 돌봄 인력 부족 문제를 해결하기 위해 인공지능과 로봇 기술을 접목한 돌봄 로봇을 활용한 다양한 서비스가 개발되고 있다. 예를 들어, 서울시는 홀로 사는 어르신들의 건강과 안전을 지켜주는 '반려로봇'을 보급하여 정서적 돌봄과 안전 모니터링을 지원하고 있다. 또한, 국립재활원은 돌봄 로봇의 개발과 서비스 실증을 통해 돌봄받는 자의 일상생활 보조 및 자립을 지원하고, 돌봄자의 부담을 경감시키는 연구를 진행하였다.

이러한 돌봄 로봇의 활용은 돌봄서비스의 질적 향상과 효율성 증대에 기여하며, 돌봄 인력의 부담을 줄이고 수요자의 삶의 질을 향상시키는 데 중요한 역할을 하고 있다.

3) 지역사회 통합 돌봄의 추진

최근 복지기술 분야에서 지역사회 통합 돌봄(커뮤니티 케어)의 추진이 활발히 이루어지고 있다. 이는 고령화사회에서 어르신들이 익숙한 환경에서 건강한 노후를 보낼 수 있도록 주거, 의료, 요양, 돌봄서비스를 통합적으로 제공하는 정책이다. 정부는 2018년 11월 '지역사회 통합 돌봄 기본계획'을 발표하고, 2019년 6월부터 16개 시군구에서 선도 사업을 추진해왔다.

이러한 노력은 사회복지서비스의 접근성을 높이고, 지역사회 중심의 돌봄 체계를 구축하는 데 중점을 두고 있다. 특히, 보건의료, 복지, 요양, 주거서비스 제공체계를 갖춘 지역단위 돌봄 안전망을 확충하여, 돌봄이 필요한 상태가 되어도 가급적 오랫동안 지금까지 살아온 집에서 생활할 수 있도록 지원하고 있다.

이러한 통합 돌봄의 추진은 돌봄 대상자의 삶의 질 향상과 사회적 비용 절감에 기여하고 있다. 최근 인공지능 기반 비대면 돌봄서비스와 사물인터넷 기술을 활용한 건강 모니터링 시스템을 통해 구현하고자 한 다양한 사례들이 있다.

3. 생활 지원 기술 동향

생활 지원 기술들은 생활의 편리함을 증대시키고, 자립적이고 안전한 일상을 지원하며, 특히 노인과 장애인의 삶의 질 향상에 크게 기여하고 있다.

1) 스마트홈 기술 적용

스마트홈 기술은 노인과 장애인의 자립적인 생활을 지원하고, 삶의 질을 향상시키는 데 중요한 역할을 하고 있다. 음성 인식 조명, 자동 온도 조절, 원격제어 도어락 등 다양한 스마트 기기를 활용하여 이들의 일상생활을 더욱 편리하고 안전하게 만들어 주는 사례가 증가하고 있다. 특히, 사물인터넷(IoT) 기반의 응급 알림 시스템은 낙상이나 사고 발생 시 즉각적으로 의료진이나 가족에게 알림을 전송하여 신속한 대처를 가능하게 한다.

서울시복지재단은 사회적 고립 위험에 처한 가구를 대상으로 '스마트 돌봄서비스'를 제공하고 있다. 이 서비스는 인공지능(AI)과 IoT 기술을 활용하여 고립 위험 가구의 안부를 확인하고, 위기 상황 발생 시 신속하게 대응하여 고독사 등을 예방하는 데 기여하고 있다.

또한, SK텔레콤은 사회복지법인 '따뜻한동행'과 협력하여 거동이 불편한 장애인들의 주거 편의를 개선하는 '스마트홈 드림하우스' 사업을 진행하였다. 이 사업을 통해 스마트홈 서비스를 적용한 스위치, 가스 차단기, 인공지능 스피커 등 다양한 생활 편의 IoT 기기를 무상으로 제공하여 장애인들이 보다 편리하게 일상생활을 영위할 수 있도록 지원하였다.

이러한 사례들은 스마트홈 기술이 사회복지 분야에서 노인과 장애인의 자립적인 생활을 지원하고, 안전한 주거환경을 조성하는 데 어떻게 활용되고 있는지를 보여준다. 앞으로도 이러한 기술의 발전과 적용이 확대되어 더 많은 이들의 삶의 질 향상에 기여할 것으로 기대된다.

2) AI 기반 가사 지원 로봇

인공지능(AI) 기술을 활용한 가사 지원 로봇은 청소나 요리 준비 등 일상적인 가사 업무를 도와, 특히 거동이 불편한 사람들의 자립적인 생활을 지원하는 데 효과적이다. 예를 들어, 한국전자기술연구원(KETI)은 고령자와 장애인 등 사회적 약자를 돕기 위해 생성형 AI 기반의 생활 지원 모바일 로봇을 개발하였다. 이 로봇은 사용자의 명령과 상황을 이해하여 다양한 작업을 수행하며, 인지 및 정서적 지원뿐만 아니라 복약 관리와 같은 실질적인 생활 지원 서비스도 제공할 수 있다. 또한, LG전자는 '스마트홈 AI 에이전트'를 공개하였다. 이 로봇은 집안 곳곳을 자유롭게 이동하며, 가전 기기와 연동하여 청소나 요리 등 다양한 가사 업무를 수행할 수 있도록 설계되었다. 이를 통해 사용자의 편의성을 높이고, 자립적인 생활을 지원하는 데 큰 역할을 하고 있다.

이러한 AI 기반 가사 지원 로봇의 발전은 일상생활의 편의를 증진시키고, 특히 도움이 필요한 사람들의 삶의 질 향상에 기여하고 있다.

3) 자동화된 식사 관리 시스템

최근 일부 병원과 요양시설에서는 인공지능(AI)과 사물인터넷(IoT) 기술을 활용한 자동화된 식사 관리 시스템을 도입하여 개인 맞춤형 영양 관리와 건강 증진에 도움을 주고 있다. 예를 들어, 삼성웰스토리는 AI 기반 메뉴 추천 서비스를 개발하여 고객의 식사 데이터를 분석하고, 개인별로 최적의 메뉴를 자동으로 추천하고 있다. 또한, 누비랩의 'AI 푸드스캐너'는 비접촉 스캐닝을 통해 음식의 종류와 양을 실시간으로 분석하여 개인의 식습관 개선과 음식물 쓰레기 감소에 기여하고 있다.

이러한 시스템들은 개인의 건강 상태와 선호도를 고려한 식단을 자동으로 추천하거나 준비하여, 맞춤형 영양 관리와 건강 증진에 큰 도움을 주고 있다.

4) 스마트 휠체어

스마트 휠체어는 첨단기술을 통합하여 이동이 불편한 사람들의 이동성을 향상시키는 장치이다. 최근에는 자율주행 기능과 사물인터넷(IoT) 기술을 적용한 다양한 스마트 휠체어가 개발되고 있다.

예를 들어, MIT에서 개발한 'SMART Wheelchair'는 GPS와 라이다(LIDAR)를 이용한 실시간 내비게이션 기술을 적용하여 자동 경로 계획 및 장애물 회피 기능을 제공한다. 이를 통해 복잡한 환경에서도 안전하게 이동할 수 있다. 또한, 퍼모빌(Permobil)의 조이스틱으로 조작되는 스마트 휠체어는 카메라와 초음파 센서를 결합한 자동 내비게이션 시스템을 적용하여 사용자가 지정한 목적지로 자동 이동하며, 실시간으로 장애물을 피할 수 있도록 설계되었다.

이러한 스마트 휠체어는 사용자의 편의성과 안전성을 높이며, 자립적인 생활을 지원하는 데 큰 역할을 하고 있다.

5) VR 기반 심리 지원

가상현실(VR) 기술은 심리 치료 분야에서 노인과 취약계층의 정서적 안정을 지원하는 데 효과적으로 활용되고 있다. 일부 요양원에서는 VR을 통해 입주자들이 가상환경에서 다양한 경험을 하며 심리적 안정을 찾도록 돕고 있다. 예를 들어, 미국의 여러 요양시설에서는 VR 회상요법을 도입하여 노인들이 젊은 시절의 환경을 가상으로 체험하게 함으로써 우울증과 치매 예방에 긍정적인 효과를 보고 있다.

또한, 외상 후 스트레스 장애(PTSD) 환자를 위한 VR 치료 프로그램이 개발되어, 환자들이 가상환경에서 외상 사건과 유사한 상황을 경험하며 점진적으로 두려움을 극복할 수 있도록 돕고 있다. 이러한 VR 기반 노출 치료는 안전한 환경에서 환자가 불안을 유발하는 자극에 반복적으로 노출되어 탈감작을 유도하는 방식으로, PTSD, 불안장애, 특정 공포증 등의 치료에 효과적이다.

이처럼 VR 기술을 활용한 심리 치료는 환자들이 안전한 가상환경에서 자신의 두려움이나 불안을 직면하고 극복할 수 있게 하여, 전통적인 치료 방법보다 더 효율적이고 접근성이 높은 치료를 가능하게 한다. 특히, 현실에서 직접 경험하기 어려운 상황을 가상으로 재현함으로써 치료의 효과를 높이고, 환자의 참여도를 향상시키는 데 기여하고 있다

6) 스마트 약물 관리

스마트 약물 관리 시스템은 약물 복용 시간을 알림으로 알려주고, 복용 기록을 관리하여 약물 오용이나 복용 누락 문제를 해결하는 데 도움을 준다. 특히 여러 약물을 복용하는 노인들에게 유용하며, 정확한 약물 복용을 지원한다.

최근 이러한 시스템이 개발되어, 환자들이 약물 복용 시간을 놓치지 않도록 알림을 제공하고, 복용 여부를 기록하여 의료진과 공유할 수 있게 되었다.

예를 들어, 중앙대학교 약학대학과 병원은 사물인터넷(IoT) 기반의 '스마트 패키징 시스템'을 개발하여 환자의 복약 순응도를 높이고 있다. 또한, 영남대학교 연구팀은 IoT 기술을 활용한 '스마트 약상자'를 개발하여 정해진 시간에 정확한 양의 약물을 제공하고, 복용 현황을 모니터링할 수 있도록 하였다.

이러한 시스템들은 특히 노인이나 만성질환자들의 약물 오남용을 방지하고, 치료 효과를 높이는 데 기여하고 있다.

7) 스마트 웨어러블 기술

스마트 웨어러블 기술은 일상생활의 편의성을 높이고, 특히 노인과 장애인의 자립을 지원하는 데 중요한 역할을 하고 있다. 최근에는 이러한 생활 지원을 위한 다양한 스마트 웨어러블 기기들이 개발되어 주목받고 있다.

호주의 스타트업 Nutromics는 피부에 부착하는 스마트 패치를 개발하였다. 이 패치는 사용자가 섭취한 음식이 체내에서 어떻게 반응하는지 실시간으로 모니터링하여, 개인 맞춤형 식단을 설계하는 데 도움을 준다. 이를 통해 당뇨병 환자 등 특정 질환을 가진 사람들이 효율적으로 영양을 관리할 수 있다. 작업자의 근력 보조를 위한 웨어러블 로봇 '벡스'를 개발한 국내 사례도 있다. 이 로봇은 조끼 형태로 착용하여 팔과 어깨의 근력을 지원하며, 작업 효율성을 높이고 근골격계 질환을 예방하는 데 도움을 준다. '벡스'는 산업 현장에서의 활용을 통해 작업자의 편의성과 안전성을 향상시키고 있다.

이러한 최신 사례들은 생활 지원 기술이 노인과 장애인의 자립적인 생활을 지원하고, 삶의 질을 향상시키는 데 큰 역할을 하고 있음을 보여준다. 앞으로도 기술의 발전과 함께 이러한 지원의 범위와 효과는 더욱 확대될 것으로 기대된다.

4. 사회적 연결 및 참여 기술 동향

최근 복지기술을 활용하여 사회적 연결과 참여를 촉진한 기술 개발이 활발한데, 특히 노인과 장애인의 삶의 질 향상에 기여하고 있다.

1) 온라인 커뮤니티 플랫폼의 활성화

온라인 커뮤니티 플랫폼은 사회복지 분야에서 개인과 단체 간의 정보 공유와 협업을 촉진하여 사회적 연결과 참여를 강화하는 데 중요한 역할을 하고 있다. 이러한 플랫폼의 활성화는 사회복지서비스의 효율성과 접근성을 높이는 데 기여하고 있다.

최근 사회복지 기관들은 온라인 플랫폼을 통해 운영 규정, 매뉴얼, 사업 보고서 등 다양한 자료를 공유하고 있으며, 전문가 그룹이 온라인 커뮤니티를 통해 전문 지식과 노하우를 칼럼 및 Q&A 형태로 제공하여, 사회복지 현장에서의 공유 문화를 확산시키고 있다.

지역사회 품앗이 활동을 온라인으로 운영할 수 있는 스마트폰 애플리케이션인 '우리동네 나눔가게'의 프로토타입이 개발되었는데, 이 앱은 지역 주민들이 상호 호혜적인 돌봄 활동에 온라인상에서 쉽게 참여할 수 있도록 설계되었다. 행정안전부는 주민 체감도가 높은 디지털 사회혁신 사례를 발굴하여 10개 지자체로 확산을 지원하였다. 이러한 사례들은 장애인 권리 보장, 고령자 삶의 질 향상 등 다양한 분야에서 온라인 커뮤니티 플랫폼을 활용하여 지역 사회문제를 해결하는 데 기여하고 있다.

2) VR 기반 사회활동 참여

가상현실(VR) 기술은 사회복지 분야에서 사회적 연결과 참여를 촉진하는 혁신적인 도구로 주목받고 있다. VR은 몰입형 경험을 통해 사용자들이 가상의 환경에서 상호작용하고, 현실에서는 어려운 사회적 활동에 참여할 수 있게 한다. 또, 이러한 기술을 활용하여 이동이 어려운 이들이 가상공간에서 사회활동에 참여할 수 있는 기회가 제공되고 있다.

미국의 한 연구에서는 VR을 활용하여 노인들의 사회적 상호작용을 증진시키는 프로그램을 개발하였다. 이 프로그램은 서로 다른 지역에 거주하는 노인들이 가상환경에서 함께 여행하거나 활동할 수 있도록 설계되었다. 참여자들은 VR 환경에서의 경험이 현실감 있고 즐거웠으며, 사회적 유대감을 형성하는 데 도움이 되었다고 보고하였다.

3) 소셜 미디어 활용 교육 프로그램 제공

디지털 소외계층을 대상으로 소셜 미디어 사용법을 교육하여, 이들이 온라인상에서 사회적 관계를 형성하고 유지할 수 있도록 돕고 있다.

과학기술정보통신부는 디지털 격차 해소를 위해 '디지털배움터' 사업을 추진하여, 2021년 한 해 동안 약 65만 6,000명이 교육을 받았다. 이 사업은 국민 누구나 디지털 기술과 서비스를 누릴 수 있도록 필요한 디지털 역량 교육을 제공하며, 특히 노인과 저소득층 등 디지털 소외계층을 대상으로 소셜 미디어 활용법을 포함한 다양한 교육 프로그램을 운영하고 있다.

최근 발표된 연구에서는 디지털 소외계층의 디지털 사회화를 촉진하기 위해 일상생활에 필요한 디지털 기본 역량을 단계적으로 제안하고, 편리하게 받을 수 있는 디지털 종합 역량 교육 모델을 설계하였다. 이 교육 모델은 소셜 미디어 활용 능력을 포함하여 생활의 불편함을 해소하고 보편적으로 사용할 수 있는 디지털 교육을 목표로 한다.

4) 디지털 자원봉사 플랫폼의 개발

온라인을 통해 자원봉사 활동에 참여할 수 있는 플랫폼이 개발되어, 시간과 장소의 제약 없이 사회공헌 활동이 가능해지고 있다.

2021년 서울복지교육센터는 공유복지분과모임을 통해 사회복지사들이 비대면 방식으로도 지식과 경험을 공유하며 네트워크를 형성할 수 있도록 지원하였다. 이러한 모임은 코로나19로 인한 대면 활동의 제약 속에서도 사회복지사들이 지속적으로 교류하고 협력할 수 있는 장을 마련하였다.

화상 회의 기술을 활용하여 물리적 제약 없이 다양한 모임과 행사에 참여할 수 있는 환경이 조성되고 있다. 또, 공통의 관심사를 가진 사람들이 온라인에서 모임을 갖고 학습하며 사회적 유대감을 형성하는 온라인 취미 및 학습 모임이 활성화되고 있다.

5) 스마트폰 앱을 통한 지역사회 정보 공유

지역사회 소식과 행사 정보를 공유하는 앱이 개발되어, 주민들이 손쉽게 지역사회에 참여할 수 있도록 지원하고 있다. 부산시 개금종합사회복지관은 KT와 협력하여 '개금안테나' 앱을 개발하여, 이를 통해 노인들의 건강 상태를 실시간으로 모니터링하고, 전기 · 가스 등의 안전 점검을 지원하며, 복지관 담당자와의 영상통화 및 SNS 채널을 통한 양방향 소통을 가능하게 하였다. 이러한 기능들은 고독사 예방과 생활 안전 강화에 기여하고 있다.

6) AI 기반 대화형 에이전트 도입

다양한 형태의 AI 챗봇을 통해 정서적 지지와 정보 제공을 받아 사회적 고립감을 해소하는 데 도움을 주고 있다.

2024년 보건복지부는 위기 의심 가구의 초기 상담을 위해 대화형 AI 기반 자동전화 시스템을 시범 운영하였다. 이 시스템은 단전, 단수 등 45종의 위기 정보를 분석하여 복지 위기 가구를 파악하고, AI가 직접 전화를 걸어 건강, 경제 상황, 고용 위기 등과 관련한 질문을 통해 복지 도움이 필요한 상황인지 확인한다. 이를 통해 지자체 공무원들은 심층 상담과 가구 방문에 집중할 수 있게 되었다.

또한, 솔트룩스는 보건복지부의 AI 활용 초기상담정보시스템을 구축하여 지자체 복지 현장의 복지 사각지대 발굴 업무를 지원하고 있다. 이 시스템은 AI 기술을 복지 전달 체계에 접목하여 기존의 복지서비스 프로세스를 개선하고, 공무원들이 위기 가구에 더 집중적인 케어를 제공할 수 있도록 돕는다.

7) 스마트 디바이스를 활용한 가족 간 소통 강화

스마트폰, 태블릿 등을 통해 가족 간 영상 통화와 메시지 교환이 용이해져, 물리적 거리를 넘어선 정서적 유대감이 강화되고 있다.

서울시의 ‘스마트 돌봄서비스’는 인공지능(AI)과 사물인터넷(IoT) 기술을 활용하여 고립 위험 가구의 안부를 확인하고, 위기 상황 발생 시 신속하게 대응하여 고독사 등을 예방하는 데 기여하고 있다. 이를 통해 가족 구성원들은 원격으로도 서로의 안부를 확인하고 돌볼 수 있어, 가족 간의 유대감이 강화되고 있다.

5. 교육 및 훈련 기술 동향

최근 복지와 교육의 융합을 통해 취약계층의 학습 접근성을 확대하고, 개인화된 학습 경험을 제공함으로써 역량 개발과 삶의 질 향상에 기여하고 있다.

1) VR 기반 직업훈련 확대

가상현실(VR) 기술을 활용하여 실제 작업 환경을 재현하고, 안전한 가상 공간에서 직업훈련을 진행할 수 있는 프로그램이 개발되고 있다. 이는 장애인, 청년, 고령층 등이 실질적인 직무 역량을 키울 수 있도록 돕는다.

한국전자통신연구원(ETRI)은 발달장애인을 위한 VR 기반 직업훈련 콘텐츠를 개발하여, 전국 30여 개 특수학교와 공공기관에 적용하였다. 이 프로그램은 바리스타와 스팀 세차 등 직종의 직무를 가상현실에서 체험하고 반복 훈련할 수 있게 설계되어, 실제 취업으로 이어지는 성과를 보이고 있다. 이러한 사례는 VR 기술이 장애인의 직업능력 향상과 사회 참여 확대에 효과적으로 활용될 수 있음을 보여준다.

국내에서는 발달장애인을 위한 VR 기술이 직업훈련과 재활치료에 활용되고 있다. 에프앤아이(FNI)사는 가상현실 기반 교육훈련 프로그램을 개발하여 발달장애인들이 가상환경에서 직업 기술을 습득하고, 인지행동치료를 받을 수 있도록 지원하고 있다.

2) AR 기반 학습 도구 활용

증강현실(AR) 기술을 통해 복잡한 개념을 시각적으로 설명하고, 실습 환경을 제공하는 학습 도구가 도입되고 있다. 이는 장애 학생이나 3D 시각화로 학습 효과를 높일 수 있는 경우에 특히 효과적이다.

미국 위스콘신대학교 매디슨 캠퍼스는 AR 기술을 활용하여 '다우 데이(Dow Day)'라는 상황 다큐멘터리를 제작하였다. 이를 통해 학생들은 1967년 베트남 전쟁 반대 시위 당시의 사건을 AR을 통해 체험하며, 역사적 사건에 대한 깊은 이해와 공감을 형성할 수 있었다. 이러한 사례는 AR 기술이 학습자들의 참여도를 높이고, 교육적 효과를 증진시키는 데 기여하고 있음을 보여준다.

3) AI 튜터링 시스템 활성화

인공지능(AI)을 활용한 개인 맞춤형 학습 지원 시스템이 개발되고 있다. AI는 학습자의 학습 패턴을 분석하여 개인별로 최적화된 학습 계획과 피드백을 제공한다.

스탠퍼드대학교는 '튜터 코파일럿(Tutor CoPilot)'이라는 AI 도구를 개발하여, 학생들의 답변을 분석하고 개인 맞춤형 피드백을 제공하는 시스템을 구축하였다. 이 시스템은 튜터에게 학생의 학습 진행 상황을 실시간으로 보여주고, 효과적인 지도 전략을 제시하여 교육의 질을 높이고 있다. 특히, 성과가 낮은 튜터와 함께 학습한 학생들의 경우, AI 도구를 사용한 튜터링을 통해 성적 향상률이 약 두 배 이상 높아지는 결과를 보였다. 이러한 사례는 AI 기반 튜터링 시스템이 교육 격차 해소와 학습 효율성 증진에 효과적임을 보여준다.

4) IoT 기술을 이용한 학습 환경 조성

사물인터넷(IoT) 기술을 활용한 스마트 교실이 구축되어, 학습자의 학습 데이터를 실시간으로 모니터링하고, 학습에 필요한 환경을 자동으로 조정하는 기술이 도입되고 있다.

싱가포르는 2014년부터 '스마트 네이션(Smart Nation)' 프로젝트를 추진하여 교육 분야에 디지털 기술을 적극 도입하고 있다. 이러한 노력의 일환으로, 싱가포르의 학교들은 IoT 기술을 활용하여 학습 환경을 개선하고, 학생들의 참여도를 높이고 있다. 예를 들어, 교실 내 스마트 센서를 설치하여 학생들의 학습 활동과 환경 데이터를 수집하고, 이를 분석하여 맞춤형 교육 콘텐츠를 제공하고 있다. 이러한 IoT 기반 학습 환경은 학생들의 학습 효율성을 높이고, 교사들이 개별 학생의 필요에 맞는 지도를 할 수 있도록 지원한다.

5) 장애인 교육에 원격 교육 플랫폼 활용

원격 교육 플랫폼은 거동이 불편한 장애인이나 의료적 지원이 필요한 학생들에게 학업 기회를 제공하고 있다. 이는 물리적 제약을 넘어서는 교육 접근성을 보장한다.

교육부 국립특수교육원은 장애 학생의 학습권 보장을 위해 장애 유형별 특성을 고려한 원격교육 플랫폼 '열린배움터'를 개발하여 운영하고 있다. 이 플랫폼은 시각장애 학생을 위한 화면 읽기 기능, 청각장애 학생을 위한 자막 지원, 발달장애 학생을 위한 단순한 화면 구성 등 맞춤형 서비스를 제공한다. 또한, 온라인 원격교육 환경에서 활용할 수 있는 교수학습 자료와 교사·학부모를 위한 교육 콘텐츠를 제작하기 위한 원격교육 스튜디오도 설치하여 운영 중이다. 이러한 노력은 장애 학생들이 비대면 환경에서도 원활하게 학습할 수 있도록 지원하며, 교육 격차 해소에 기여하고 있다.

6) 로봇을 활용한 재활 훈련

가상현실 기술이나 재활 로봇은 신체적 제약을 가진 개인이 운동을 통해 근력을 강화하거나, 일상생활 기술을 학습할 수 있도록 돕는 데 활용되고 있다. 이 기술은 특히 재활 교육에서 효과적이다.

국립재활원은 재활로봇중개연구사업을 통해 다양한 로봇 기술을 재활 임상현장에 적용하고 있으며, 이를 통해 장애인과 노약자의 삶의 질을 향상시키고 있다. 또한, 세종대학교는 재활 로봇의 안전성과 성능 평가를 위한 로봇 더미(Dummy) 개발 중개연구를 진행하여, 재활 로봇의 효과적인 활용을 위한 기반을 마련하고 있다. 이러한 노력들은 로봇을 활용한 재활 훈련의 효율성을 높이고, 교육 및 훈련 기술의 발전에 기여하고 있다.

이외에, 발달장애 아동 및 ADHD 학습자의 집중력 향상과 재활을 위해 디지털 게임 기반 학습을 활용한 사례가 있으며, 비대면 멘토링을 통해 취업 준비생과 취약계층에게 맞춤 교육과 심리적 지원을 제공한 사례도 있다.

6. 주요 사례

1) 응급안전안심서비스

응급안전안심서비스는 독거노인과 장애인의 가정에 설치된 댁내 장비와 응급안전안심시스템으로 구성되며, 응급 상황 발생 시 신속한 대응을 지원하는 기술 기반 서비스다. 2022~2027년에 진행하는 3차 기기는 기존 장비를 업그레이드하여 기능성과 안전성을 더욱 강화했다.

(1) 댁내 장비

댁내 장비는 응급안전안심서비스의 핵심 요소로, 게이트웨이, 활동량 감지기, 화재 감지기, 출입문 감지기, 응급 호출기 등 다섯 가지로 구성된다.

게이트웨이는 레이더 센서, 활동량 감지센서, 온도 센서, 습도 센서, 조도 센서를 내장하고, 응급 버튼과 음성 인식 기능을 통해 응급 상황을 감지하고 119에 즉시 신고할 수 있다.

활동량 감지기는 적외선 센서를 활용하여 사용자의 움직임을 감지하며 장시간 활동이 없을 경우 게이트웨이에 알림을 전송한다. 화재 감지기는 연기를 감지하면 게이트웨이와 119에 자동으로 정보를 전달하며, 신호음과 음성 안내로 화재 발생을 알린다. 출입문 감지기는 출입문의 개폐 여부를 확인하여 거주자의 외출 및 재실 여부를 파악한다. 응급 호출기는 화장실에 설치되어 응급 버튼을 통해 119 신고가 가능하며, 취소 버튼으로 신고를 취소할 수 있다.

이러한 댁내 장비는 사용자의 안전을 실시간으로 모니터링하며, 응급 상황 발생 시 신속하고 정확한 대응을 지원한다. 3차 기기에서는 건강 모니터링 기능과 활동 미감지 시 자동으로 전화하는 AI 케어콜 서비스를 추가하여 기술적 완성도를 높였다.

(2) 응급안전안심시스템

응급안전안심시스템은 독거노인과 장애인의 안전을 보장하기 위해 댁내 장비와 연동하여 응급 상황 발생 시 신속히 대처할 수 있도록 설계된 전산 시스템이다. 한국사회보장정보원이 관리하며, 댁내 장비와 소방청의 U-119 시스템 간 데이터를 실시간으로 연계하여 대응 속도를 높인다.

이 시스템은 세 가지 역할을 수행한다. 업무 지원 역할로 응급관리요원이 대상자 정보를 관리하고, 실적과 상황을 모니터링할 수 있도록 돕는다. 정보 관리 역할로 댁내 장비에서 수집된 데이터를 중앙 서버에 저장하고 분석한다. 119 연계 역할로 응급 상황 데이터를 소방청에 전달해 신속한 조치를 가능하게 한다.

응급안전안심시스템은 화재, 활동량 감소, 응급 호출 등의 데이터를 자동으로 처리하고 즉시 전송하여 안전망 구축에 기여하며, AI와 클라우드 기술을 통해 안정성과 서비스 품질을 지속적으로 향상시키고 있다.

응급안전안심서비스는 독거노인과 장애인의 가정에 ICT 기반 장비를 설치하여 응급 상황 발생 시 신속하게 대응하는 사회복지서비스다. 이 서비스는 취약계층의 안전망을 강화하고, 사회적 고립감을 해소하며, 가족과 보호자의 부담을 경감하는 데 기여한다. 그러나 장비의 내구성 문제, 관리 · 대응 인력 부족, 서비스 접근성의 한계, 기술 의존에 따른 한계 등의 이슈가 존재하여, 이를 해결하기 위한 지속적인 노력이 필요하다.

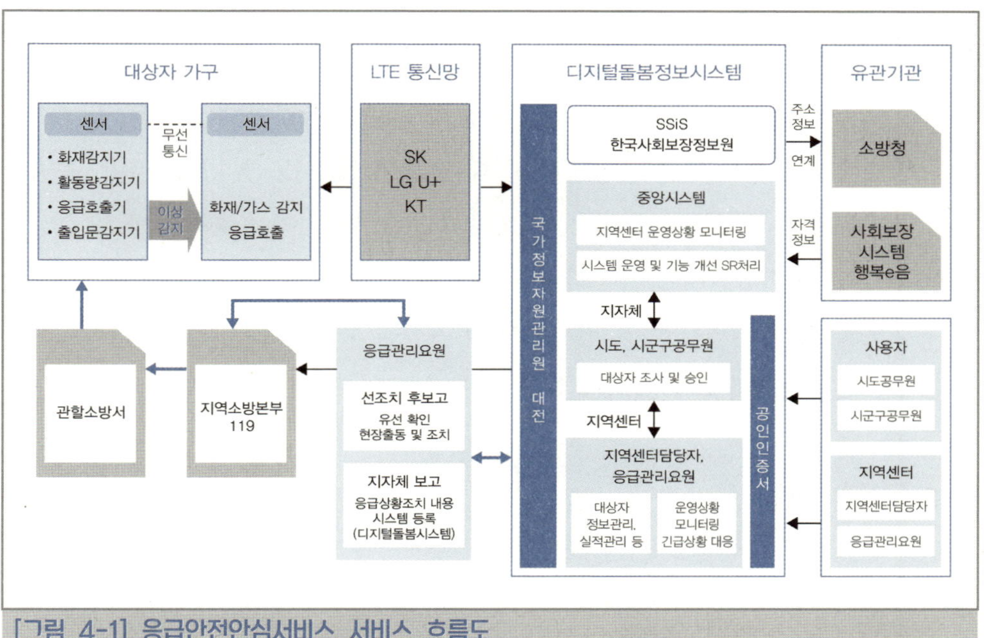

[그림 4-1] 응급안전안심서비스 서비스 흐름도

2) AI 스피커

AI 스피커는 음성 인식 및 인공지능(AI) 기술을 기반으로 한 장치로, 사회복지 영역에서 독거노인, 장애인 등 취약계층을 지원하는 중요한 도구로 활용되고 있다. 특히, 음성 명령을 통해 사용자의 요구를 즉각적으로 반영하고, 안전과 생활 편의를 증대시키는 데 기여하고 있다.

(1) 주요 기능

AI 스피커는 사회복지에서 독거노인과 장애인을 지원하기 위해 다양한 기능을 제공한다. 음성 대화와 정서적 지원을 통해 사용자의 고립감을 줄이고, 응급 호출 기능으로 긴급 상황에 즉시 대처할 수 있다. 또한, 게임, 음악, 동영상 제공을 통해 사용자에게 여가 및 정서 지원을 하고, 약물 복용 알림과 건강기록 관리 등 건강관리에 활용되며, 스마트홈 기기와 연동해 조명, 난방 등 가사 작업을 음성 명령으로 제어하여 생활 편의를 증진한다. 이러한 기능은 취약계층의 일상생활을 더욱 안전하고 편리하게 만드는 데 기여하고 있다.

(2) 사용 기술

AI 스피커는 자연어 처리(NLP)와 음성 인식 기술을 기반으로 사용자의 명령을 이해하고 적절히 반응하며, 사물인터넷(IoT) 네트워크와 연동되어 스마트홈 기기 제어 및 데이터 통합을 가능하게 한다. 또한, 기계 학습 알고리즘을 통해 사용자의 일상 패턴을 분석하여 개인 맞춤형 권장 사항을 제공하며, 클라우드 기반 데이터 암호화와 사용자 인증 기술로 개인정보 보호를 강화하고 있다.

(3) 주요 사례

2024년 한국에서 출시된 대표적인 AI 스피커로는 KT의 '기가지니', SK텔레콤의 '누구', 네이버의 '클로바', 카카오의 '카카오미니'가 있다.

KT 기가지니는 IPTV와 연동되어 음성 명령으로 TV를 제어하고, 정보 검색, 음악 재생, 스마트홈 기기 제어 등의 기능을 제공하며, 고음질의 사운드를 제공한다. 사회복지 분야에서는 노인들이 음성으로 TV를 조작하거나 정보를 검색할 수 있어 디지털 기기 사용에 어려움을 겪는 이들에게 편의를 제공한다.

SK텔레콤의 누구(NUGU)는 음성 인식을 통해 음악 재생, 정보 검색, 스마트홈 기기 제어 등의 기능을 수행하며, T맵과 연동되어 길 안내 기능도 제공한다. 사회복지 분야에서는 독거노인들의 정서적 안정을 돕고, 위급 상황 시 긴급 구조를 요청할 수 있는 기능을 통해 사회안전망 역할을 수행하고 있다.

네이버 클로바(Clova)는 네이버의 AI 플랫폼을 탑재한 스피커로, 음성 명령을 통해 네이버 검색, 음악 재생, 스마트홈 기기 제어 등을 할 수 있다. 라인프렌즈와의 협업으로 다양한 디자인의 제품이 출시되었으며, IPTV와의 연동도 가능하다. 사회복지 분야에서는 노인들이나 정보 접근이 어려운 이들이 음성으로 필요한 정보를 쉽게 얻을 수 있어 정보 격차 해소에 기여한다.

카카오미니(Kakao Mini)는 카카오의 AI 스피커로, 음성 명령을 통해 카카오톡 메시지 전송, 음악 재생, 정보 검색 등의 기능을 제공한다. 음성으로 카카오톡 메시지를 보낼 수 있어 손을 사용하기 어려운 이들이나 노인들이 가족이나 친구와 쉽게 소통할 수 있다. 또한, 최적화된 음악 추천 기능을 통해 사용자 맞춤형 음악을 제공한다.

이러한 AI 스피커들은 음성 인식을 통해 정보 접근성을 높이고, 디지털 기기 사용에 어려움을 겪는 이들에게 편의를 제공하여 사회복지 분야에서 활용될 수 있다. 특히, 노인이나 장애인들이 음성으로 다양한 서비스를 이용할 수 있어 이들의 삶의 질 향상에 기여할 수 있다. 또, 이 기술은 정서적 지원과 생활 편의 제공을 넘어 응급 상황 대처와 건강관리를 가능하게 하며, 사회적 안전망 강화에 기여한다. 특히, 기술적 혁신과 사회복지서비스의 융합을 통해 보다 포괄적이고 접근성 높은 복지서비스를 제공하는 도구로 자리잡고 있다.

3) 돌봄 로봇 사례

'효돌이'는 어르신들의 정서적 안정과 생활 관리를 지원하는 인공지능(AI) 기반 돌봄 로봇이다. 약 복용 시간 알림, 운동 유도, 응급 상황 감지 등 다양한 기능을 통해 어르신들의 건강과 안전을 돕는다. 또한, 말벗 역할을 수행하여 사회적 고립감을 해소하고, 보호자와의 연계를 통해 원격 모니터링이 가능하다. 이러한 특징으로 어르신들의 삶의 질 향상에 기여하고 있다.

'보미'는 고령자와 치매 위험이 있는 어르신들을 위한 실내 이동형 정서 · 신체 · 인지 돌봄 로봇이다. 다양한 두뇌 향상 콘텐츠를 통해 인지 훈련을 지원하며, 응급 콜 서비스와 복약 알림 기능을 제공하여 어르신들의 안전과 건강관리를 돕는다.

'다솜이'는 어르신들의 정서적 지원과 안전 관리를 위한 인공지능(AI) 기반 돌봄 로봇이다. 말벗 기능, 복약 알림, 응급 상황 감지 및 알림, 음악 재생 등 다양한 서비스를 제공하여 어르신들의 삶의 질 향상에 기여한다. 또한, 보호자 앱과 연동되어 원격으로 어르신의 상태를 모니터링하고 관리할 수 있다.

'스마트테이블'은 어르신들의 여가 활동 증진과 인지 기능 향상, 치매 예방을 위해 설계된 멀티터치 디스플레이 기반의 기능성 테이블이다. 다양한 게임과 재활 프로그램을 통해 손과 팔 운동을 강화하고, 상체 기능 향상 및 두뇌 활성화를 촉진하여 인지 능력을 향상시키는 데 도움을 준다.

'딥다(DIPDA)'는 어르신들의 신체 건강 증진과 재활을 지원하는 스마트 운동기구로, 딥다 키오스크와 딥다 트레이너로 구성되어 있다. 딥다 키오스크는 가요와 트로트를 활용한 운동 콘텐츠를 제공하며, 체력, 균형, 유연성 등을 측정하는 기능을 갖추고 있다. 딥다 트레이너는 낙상 방지 보호대를 통해 안전한 보행 재활을 지원한다. 이러한 구성은 어르신들의 하체 근력 증진, 균형 감각 향상, 유연성 개선 등을 통해 거동 능력을 향상시키는 데 중점을 두고 있다.

1. 의료 및 건강관리 기술 동향

원격의료와 AI · IoT 기반 노인 건강관리 서비스는 의료 접근성을 높이고 건강관리를 효율화하며, 디지털 헬스 케어 플랫폼은 맞춤형 건강 서비스를 제공한다. 이는 특히 취약계층의 건강 증진과 의료비 절감에 기여한다.

2. 돌봄 기술 동향

AI 기반 비대면 돌봄서비스와 돌봄 로봇, 지역사회 통합 돌봄(커뮤니티 케어) 기술은 돌봄서비스의 질과 효율성을 높이며, 고령자와 독거노인의 삶의 질 향상에 기여하고 있다.

3. 생활 지원 기술 동향

스마트홈 기술, 가사 지원 로봇, 스마트 휠체어 등은 안전하고 자립적인 생활을 지원하며, VR 기반 심리 지원과 스마트 약물 관리 등은 취약계층의 정서적 안정과 건강관리를 돕는다.

4. 사회적 연결 및 참여 기술 동향

온라인 커뮤니티 플랫폼과 VR 기반 사회활동 참여 기술은 노인과 장애인의 사회적 연결을 강화하며, 디지털 자원봉사 플랫폼과 스마트폰 앱을 통한 지역사회 정보 공유도 활성화되고 있다.

5. 교육 및 훈련 기술 동향

VR 직업훈련, AR 학습 도구, AI 튜터링 시스템 등은 개인화된 학습 경험을 제공하며, 원격교육 플랫폼과 재활 로봇은 장애인과 취약계층의 학습 접근성을 확대한다.

6. 복지기술 주요 사례

응급안전안심서비스는 ICT 장비들로 응급 상황에 대응하며, 다양한 AI 스피커와 돌봄 로봇들은 정서적 지원과 건강관리를 통해 취약계층의 삶의 질을 개선하고 안전망을 강화한다.

01. 돌봄 로봇이 인간 돌봄의 대안이 될 수 있는지에 대해 찬성과 반대 입장에서 토론하라.

02. 스마트홈 기술이 노인의 자립 생활을 지원하는 데 있어 가장 중요한 기능은 무엇이며, 추가적으로 필요한 기술은 무엇인지 논의하라.

연습문제

1. 원격의료가 사회복지에 미치는 주요 효과와 한계점에 대해 설명하시오.

2. 돌봄 로봇의 활용이 고령화사회에서 갖는 의의를 논하시오.

3. 스마트홈 기술이 장애인과 노인의 자립 생활을 어떻게 지원하는지 예를 들어 설명하시오.

4. 스마트 약물 관리 기기의 작동 원리와 사회복지적 활용 사례를 서술하시오.

5. AI 스피커의 사회복지적 활용 사례를 기술하고, 추가적인 활용 가능성을 논하시오.

CHAPTER

05

복지기술 기획 및 개발을 위한 접근

CHAPTER 05
복지기술 기획 및 개발을 위한 접근

복지기술이 필요한 대상자에게 효과적이고 효율적으로 사용되기 위해서는 복지서비스 이용자의 욕구에 기반한 복지기술 기획 및 개발, 관리 역량이 필요하다. 복지기술 기반 복지서비스 기획 역량이란 복지서비스 이용자의 의사소통과 네트워크 증진을 위해 이들의 기능과 욕구를 파악한 후 맞춤형 ICT 기반 복지서비스를 기획할 수 있는 역량을 의미한다. 이러한 복지기술 기획 역량은 복지기술 이용자가 누구인지, 그들이 가지고 있는 욕구가 어떤 것인지, 어떤 복지기술을 개발하고 이용하도록 해야 하는지 등에 대한 전반적인 논의 과정을 통해 향상될 수 있다. 이 장에서는 복지기술을 기획하고 개발하기 위한 과정에서 활용될 수 있는 세 가지 접근방법을 제시하였다. 복지기술 기획자 또는 개발자는 이러한 세 가지 접근방법을 기반으로 수요자 맞춤형 복지기술을 기획하고 개발할 수 있을 것이다.

1. 리빙랩을 통한 접근

1) 리빙랩이란?

리빙랩(Living lab)은 순 우리나라 말로 '생활 실험실' 또는 '생활 속의 연구소'로 명명되는 것으로, 시민과 이해관계자가 함께 우리의 삶 또는 환경과 관련된 특정 문제를 해결하기 위해 새로운 해법을 찾아가는 혁신적 방법론이다. 리빙랩에서는 우리가 살아가는 삶과 환경을 실험실로 설정하고 공동의 문제에 대한 해법을 찾기 위해 다양하고 혁신적인 방법을 시도하게 된다. 최근 우리 사회에 만연해 있는 문제들은 공동체의 와해, 청년실업 및 환경 문제 등을 일으키면서 현재와 미래를 위협하고 있다. 이러한 문제들은 기존의 전통적인 해법과 패러다임으로는 해결할 수 없다. 따라서 리빙랩에서는 이용자뿐만 아니라 생태계에 존재하는 모든 이해관계자가 사회적 필요성을 공감하고, 자원의 더 나은 쓰임새를 끌어냄으로써 사회적 혁신을 통한 지속 가능한 사회를 만드는 것을 궁극적인 목적으로 하고 있다.

리빙랩에 기반한 방법론을 활용하기 위해서는 크게 5가지 요소가 필수적으로 동반된다. 첫째, 시민의 능동적 개입이다. 이는 이용자가 혁신의 전 과정에 영향을 미칠 수 있도록 권한을 부여하는 것으로서 실제 시민의 참여는 리빙랩을 구성하는 데 매우 중요한 요소이다. 둘째, 실제 생활에서의 구성이다. 리빙랩은 기존의 전통적인 방식으로 이루어졌던 실험 장소를 혁신적으로 바꾸고 있다. 즉, 폐쇄적으로 운영되던 실험 공간을 이용자들이 실제 생활하는 공간으로 변화시킴으로써 이용자들의 적극적인 관여가 가능하도록 하고 있다. 셋째, 다양한 이해관계자(multi-stakeholder)의 참여이다. 리빙랩에서는 기술자, 서비스 제공자, 기관 행위자, 전문가, 이용자 등 다양한 이해관계자가 참여하게 된다. 특정 사회문제를 해결하기 위한 목적으로 리빙랩을 운영할 경우, 그 사회문제와 관련 있는 모든 사람의 참여를 끌어들이는 것은 중요하다. 넷째, 다양한 방법론적 접근이다. 심리학, 사회학, 경영전략, 공학, 사회복지학 등 다양한 방법론과 툴(tool)을 혼합함으로써 방법론상에서의 융합과 혁신을 도모하고 있다. 다섯째, 공동창조(co-creation)이다. 다양한 이해관계자들과 지속적인 논의를 거쳐 새로운 것을 창조하는 과정에 있다. 이러한 5가지 요소를 기본으로 최근 사회 환경의 변화와 함께 리빙랩의 요소로 강조되고 있는 것은 '디지털 테크놀로지'와 '데이터 기술'이다. 이는 4차 산업혁명의 도래와 함께 사회문제 해결을 위한 하나의 방법으로 테크놀로지 적용을 통해 효율적인 성과를 도모할 수 있기 때문이다. 위에서 언급한 리빙랩의 구성 요인 중, 최근 사회 혁신에 대한 많은 관심으로 인해 리빙랩에서는 '능동적 이용자의 참여', '실제 생활에서의 구성', 그리고 '공동창조' 등을 특히 강조하고 있다. 이러한 관점에서 리빙랩은 이용자의 주도성과 현장성을 강조하는 사회 혁신의 방법론이라고 할 수 있다.

2) 리빙랩의 발달 과정

리빙랩은 미국에 뿌리를 두고 있는 것으로 알려졌지만, 실제 리빙랩의 핵심 개념인 '이용자 중심 열린 혁신'의 흔적은 유럽에 더 뚜렷하게 남아 있으며, 유럽을 중심으로 그 개념이 확산했다고 할 수 있다. 리빙랩은 1990년대 말에서 2000년대 초에 미국의 MIT 윌리엄 미첼 교수가 '리빙랩'이라는 용어를 처음 사용하면서 시작하였다. 이때, 기술 발전과 함께 이용자 중심의 혁신이 중요해지면서, 이용자와 협력하여 연구하는 방법론이 주목받게 된 것이다.

이후, 2000년대 중반 유럽을 중심으로 리빙랩 개념은 확산하기 시작했다. 유럽연합은 정보통신기술(ICT) 프로젝트의 일환으로 다양한 도시와 지역에서 ICT를 적용한 리빙랩 프로젝트를 지원하였고, 그 결과 재생, 스마트시티, 헬스 케어, 에너지 등의 다양한 분야에서 리빙랩이 활용되기 시작했다. 2010년대 초반에는 리빙랩이 더욱 체계화되었다. 즉, 유럽리빙랩네트워크(European Network of Living Labs)가 설립되고, 리빙랩 간의 협력과 지식 공유가 촉진됐으며, 리빙랩 방법론과 도구, 표준화된 절차가 마련되었다. 2010년대 중반 이후 리빙랩은 전 세계적으로 확산하였고, 2020년대에는 디지털 기술의 발전과 함께 더욱 진화하여 사용되고 있다. 즉, 인공지능, 사물인터넷, 빅데이터 등의 기술을 활용하여 리빙랩의 실험과 개발 과정이 더욱 정교해지고, 실시간 데이터 수집과 분석이 가능해짐에 따라 복잡한 문제를 효율적으로 해결할 수 있는 능력을 갖추게 된 것이다. 이처럼 리빙랩은 이용자 중심의 혁신을 통해 문제를 실질적으로 해결하고, 지속 가능한 발전을 이루는 데 중요한 역할을 하고 있다.

3) 리빙랩을 활용한 제품 및 서비스의 개발 과정

리빙랩을 활용한 제품 및 서비스 개발은 이용자가 직접 참여하고, 실제 생활환경에서 실험과 피드백을 통해 점진적으로 개선해 나가는 과정을 겪는다. 리빙랩을 통해 제품 및 서비스를 개발하기 위해서는 문제 정의 및 요구사항 수집, 아이디어 생성 및 콘셉트 개발, 프로토타입 제작 및 테스트, 실험 및 파일럿 테스트, 최종 제품 개발 및 제품의 상용화 단계 등 총 5단계를 거치게 된다.

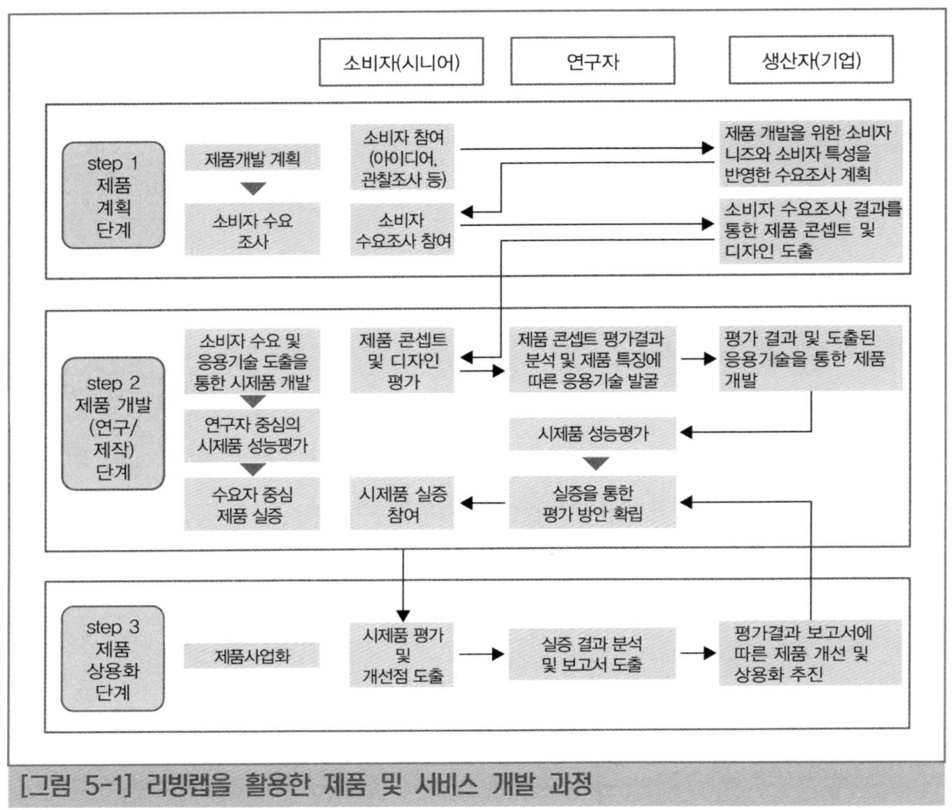

[그림 5-1] 리빙랩을 활용한 제품 및 서비스 개발 과정

(1) 문제 정의 및 요구사항 수집

문제를 정의하고 요구사항을 수집하기 위해서는 현재 나타난 문제가 무엇인지 확인하고, 이 문제를 원활하게 해결하기 위해 관련된 이해관계자, 즉 이용자, 기업, 연구자, 정부 등이 누구인지 탐색하는 것이 중요하다. 이들의 참여하에 해결하고자 하는 문제를 명확하게 정의하고, 이해관계자들과 함께 목표를 설정할 필요가 있다. 이때 이용자 대상의 인터뷰나 설문조사 등은 이용자의 요구사항과 기대를 수집함으로써 문제를 명확하게 정의하는 데 상당한

도움이 된다.

(2) 아이디어 생성 및 콘셉트 개발

다양한 이해관계자들이 참여하는 브레인스토밍 세션을 통해 문제 해결을 위한 아이디어를 생성하고, 수집된 아이디어를 바탕으로 몇 가지 콘셉트(concept)를 개발할 수 있고, 초기 프로토타입을 설계하는 것이 가능하다. 이후, 이용자와의 초기 상호작용을 통해 콘셉트에 대한 피드백을 받는다.

(3) 프로토타입 제작 및 테스트

피드백을 반영하여 실제 사용할 수 있는 프로토타입을 제작한다. 리빙랩 환경에서 프로토타입을 테스트하고, 이용자가 실제 사용하면서 피드백을 제공한다. 테스트 결과를 바탕으로 프로토타입을 반복적으로 개선하고 성능 평가를 통해 완제품을 개발한다.

(4) 실험 및 파일럿 테스트

프로토타입 테스트를 통해 완제품을 만든 후에는 리빙랩 환경을 이용하여 파일럿 테스트(Pilot test)를 실시할 수 있다. 파일럿 테스트는 향후 제품을 이용할 수요자들을 선정하여 소규모로 실시할 수 있으며, 제품의 적합성이나 사용성 등을 평가하기 위해 대규모 형태로 진행하는 것도 가능하다. 파일럿 테스트를 하는 중에 발생하는 데이터를 실시간으로 수집하고 분석함으로써 성능을 평가할 수 있으며, 파일럿 테스트를 하는 과정에서 문제가 발견될 경우, 이를 해결하기 위한 노력을 통해 최적의 서비스를 개발하는 데 목표를 두어야 한다.

(5) 최종 제품 개발 및 제품의 상용화 단계

파일럿 테스트 결과를 반영하여 최종 제품이나 서비스 개발을 완료할 수 있다. 이때 완료된 제품이나 서비스가 품질 기준을 충족하는지 확인할 필요가 있으며, 필요한 경우 인증을 받는 것도 도움이 된다. 서비스나 제품을 시장에 출시한 후에는 지속적인 모니터링을 통해 이용자의 피드백을 받고, 필요할 경우 제품에 대한 업데이트를 시행한다.

4) 리빙랩 적용 사례

리빙랩을 활용한 제품 및 서비스의 개발은 이용자와의 긴밀한 협력을 통해 최적화된 제품과 서비스를 만들어 낸다는 점에서 이용자의 만족도를 높이고 실제 생활에 유용한 혁신을 이룬다. 최근 다양한 사례들이 리빙랩을 활용해서 개발되고 있다.

(1) 성남고령친화체험센터

우리나라의 대표적인 리빙랩 사례는 성남고령친화체험센터에서 이루어지고 있는 리빙랩 사례들이다. 성남고령친화체험센터는 초고령사회를 대비하여 고령 친화 제품과 서비스를 개발하고, 이를 실제 환경에서 테스트하는 리빙랩을 운영하고 있다.

- **스마트홈 기술 실증**: 고령자의 생활 편의를 높이기 위해 스마트홈 기술을 테스트하고 있다. 가령, 고령자의 움직임을 감지하여 자동으로 조명을 켜고 끄는 스마트 조명 시스템을 설치하여 낙상 사고를 예방하고 에너지 효율성을 높일 수 있는지를 실험하고 있다. 또한, 음성 명령을 통해 가전제품을 제어할 수 있는 시스템을 테스트하여, 고령자가 손쉽게 집안 환경을 조절할 수 있도록 돕고 있다.
- **헬스 케어 서비스 개발**: 고령자의 건강관리를 돕기 위해 다양한 헬스 케어 서비스를 개발하고 실증하는 리빙랩 프로젝트를 수행하고 있다. 즉, 고령자가 착용할 수 있는 헬스 모니터링 기기를 통해 심박수, 혈압, 활동량 등의 데이터를 수집하고, 이를 분석하여 맞춤형 건강관리 서비스를 제공하고 있다.

(2) MIT 에이징 리빙랩

미국 MIT의 에이징 리빙랩(MIT AgeLab)에서는 노인의 삶의 질을 향상시키기 위해 다양한 기술과 서비스를 연구하고 있다. 주요 프로젝트로는 노인 운전자를 위한 스마트 차량 시스템, 고령자를 위한 웨어러블 헬스 모니터링 기기 등이 있다. 노인들이 직접 참여하여 이 기술들을 테스트하고 피드백을 제공함으로써 이용자 친화적인 솔루션을 개발하고 있다.

2. 디자인씽킹

1) 디자인씽킹이란?

디자인씽킹(Design Thinking)은 가장 혁신적인 디자인 회사인 IDEO에서 쓰기 시작한 용어로, 미국에서 지난 10년간 새로운 제품을 발굴하기 위해 사용한 혁신적 방법론으로 자리 잡아 왔다. 디자인씽킹은 창의적인 문제 해결을 위한 접근 방식 중의 하나로, 이용자의 욕구를 이해하고, 이를 해결하기 위해 공감적 태도를 활용하는 등 일종의 복잡한 문제 해결에 대한 논리 추론적 접근법이다. 또한, 제품과 서비스로부터 비즈니스 모델과 프로세스에 이르는 다양한 형태의 문제 해결에 적용할 수 있는 이용자 중심의 혁신 프로세스라고 할 수 있다. 이 방법론은 디자이너들이 사용하는 사고방식을 일반적인 문제 해결 과정에 적용하여, 이용자의 요구와 문제를 깊이 이해하고, 이를 바탕으로 실질적이고 창의적인 해결책을 찾아내는 데 중점을 둔다.

디자인씽킹의 주요 특징으로는 첫째, 이용자의 욕구와 경험을 중심으로 문제를 해결한다는 점에서 인간 중심이다. 둘째, 다양한 분야의 전문가와 협력하여 다각적인 시각에서 문제를 분석하고 해결하는 협력적 접근을 사용한다. 셋째, 기존의 틀을 벗어나 새로운 아이디어와 접근 방식을 모색하는 창의성과 혁신을 강조한다. 넷째, 아이디어를 빠르게 시각화하고 테스트하여 실질적인 해결책을 도출한다는 점에서 실행 중심적이다. 다섯째, 지속적인 개선을 통해 문제 해결 방안을 최적화한다는 점에서 반복적 과정을 중시한다. 이처럼 디자인씽킹은 이용자 중심적 사고와 창의적 문제 해결을 통해 혁신을 유도하는 하나의 도구라고 할 수 있다. 이를 조직이나 프로젝트에 도입할 때는 단순히 방법론으로만 활용하기보다는, 이용자 공감, 반복적 개선, 협력적 문화 등 디자인씽킹의 핵심 가치를 내재화하는 것이 무엇보다 중요하다.

<표 5-1> 디자인씽킹의 5단계

단 계		내 용
1	공감하기	• 느끼고 공감하는 단계 • 관찰과 인터뷰 등의 활동을 통해 이를 기록, 분석하는 이용자 중심의 연구기법을 활용하여 이용자의 여정, 불편한 점 등을 발견하여 욕구 파악
2	정의하기	• 정확히 문제가 무엇인지 정의하는 단계 • 공감하기를 통해 도출된 욕구를 명확히 정의하는 것 • 무엇이 문제이고, 그것이 왜 문제이고, 그 문제가 정말 큰 문제인지 질문의 반복을 통해 문제를 정의
3	아이디어 도출하기	• 문제를 해결할 수 있는 많은 아이디어를 만들어내는 것 • 브레인스토밍, 마인드맵 방법 활용
4	프로토타입 만들기	• 아이디어를 구체화하는 것 • 아이디어 도출 과정에서 얻은 최고의 아이디어에 따라 기본 디자인을 시연하고, 타당성을 검증할 수 있는 프로토타입 제작
5	테스트하기	• 완성된 프로토타입을 기반으로 실제 동작을 하는지 본인의 아이디어가 구현 가능한지 테스트하는 단계 • 시제품에 가까운 것을 제작한 후, 사용성 평가 진행

2) 디자인씽킹 프로세스와 단계

디자인씽킹에서는 ① 공감하기, ② 정의하기, ③ 아이디어 도출하기, ④ 프로토타입 만들기, ⑤ 테스트하기라는 총 5개의 단계를 거친다. 이 단계를 거치는 과정에서 의견을 나누고, 나눈 의견이 수렴되는 과정에서 문제를 정의하게 되며, 다시 아이디어 창출과 의견 수렴이라는 과정을 통해 문제를 해결하게 된다. 이렇게 수렴의 사고가 크게 두 번 반복된다는 점에서 '더블 다이

아몬드 모델'이라고도 부른다.

3) 디자인씽킹 적용 사례

디자인씽킹을 적용한 사례는 우리 주변에서 많이 볼 수 있다. 디자인씽킹을 활용해서 개발된 3개의 사례를 소개한다.

(1) 코로나 드라이브스루 진료소

우리나라가 코로나19 팬데믹 시기에 많이 이용했던 '드라이브스루 진료소'는 실제 디자인씽킹을 적용한 사례로 알려져 있다. 코로나19 바이러스의 빠른 전파력으로 인해 확진자가 병원을 방문할 경우 병원을 찾는 환자에게도 전염될 위험이 있으며, 의심 증상을 보이는 사람이 많이 증가함에 따라 병원에서 수용할 수 있는 환자 수도 초과하게 되었다. 더불어 병원에 사람들이 너무 많이 몰릴 경우, 검사에 드는 시간이 늘어나는 등 코로나19에 따른 감염 위험과 불안감이라는 공감적 요소가 작용하였다. 이러한 공감적 요소를 기반으로 주요 문제는 ① 일반 진료 때문에 병원을 찾는 환자가 코로나바이러스에 전파될 가능성이 높다, ② 검사를 필요로 하는 사람의 수가 폭증하면서 이를 따라잡기가 힘들다, ③ 많은 환자를 받기에는 병원의 규모에 한계가 있다는 정의에 이르게 되었다. 이를 해결하기 위해 다양한 아이디어가 도출되었다. 즉, 코로나19 의심 환자와 다른 사람들과의 접촉을 최소화하고, 진료 동선을 최대한 짧게 만들며, 진료시간을 단축시켜야 된다는 점이다. 이러한 아이디어를 근거로 드라이브스루 진료소라는 아이디어가 도출된 것이다.

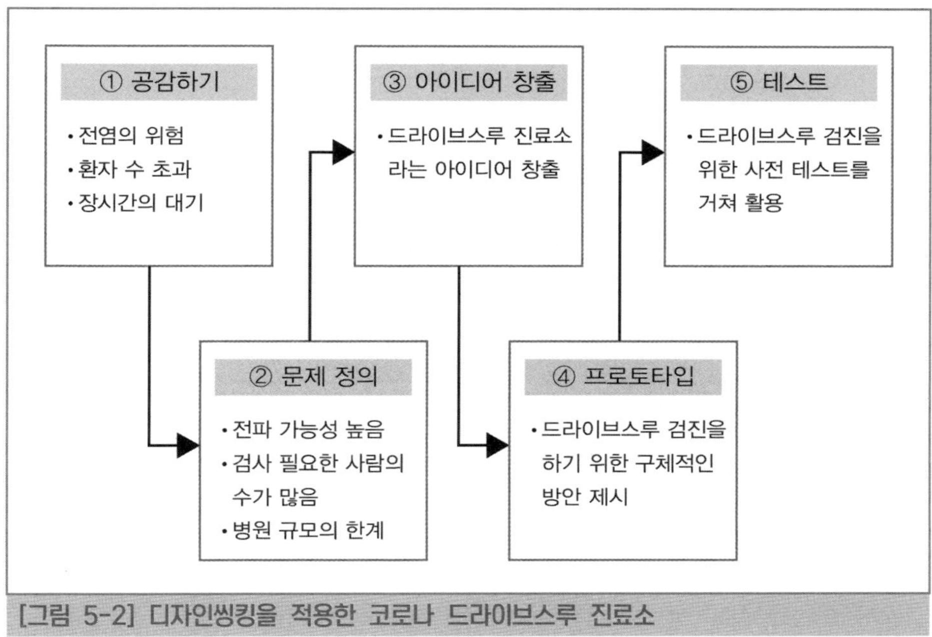

[그림 5-2] 디자인씽킹을 적용한 코로나 드라이브스루 진료소

(2) 패트리샤 무어 사례

패트리샤 무어(Patricia Moore)는 디자인씽킹과 유니버셜 디자인(Universal design; 보편적 설계)의 선구자로서 널리 알려진 인물이다. 그녀의 연구와 활동은 고령자와 장애인을 위한 제품 및 환경 디자인에 상당한 영향을 미쳤다. 패트리샤 무어가 젊은 나이에 노인의 신체적 제한을 직접 경험하고 이해하기 위해 수행한 활동 사례는 '디자인씽킹'의 중요한 예로 빈번하게 언급된다. 다음 사례는 패트리샤 무어가 디자인씽킹 개념을 활용해서 실제 수행한 활동을 보여주고 있다.

☐ 패트리샤 무어의 노인체험

- 역할 놀이와 공감: 패트리샤 무어는 1979년부터 1982년까지 20대 중반의 나이에 80대 여성의 모습으로 변신해 생활했다. 이를 위해 특수 분장과 신체 변형 장비를 사용하여 자신을 노인으로 보이게 했다. 예를 들어, 안경을 통해 시력을 흐릿하게 하고, 귀마개를 통해 청력을 제한하며, 특수신발을 신어 걷기 어렵게 했다.
- 실제 체험: 이렇게 변장을 한 상태에서 미국과 캐나다 전역의 다양한 도시에서 생활했다. 그녀는 버스를 타고, 상점에서 물건을 사고, 병원을 방문하는 등 일상적인 활동을 하면서 노인들이 일상에서 겪는 어려움과 불편함을 직접 경험했다. 이 과정에서 그녀는 노인들이 느끼는 신체적, 정서적, 사회적 문제들을 깊이 이해하게 되었다.
- 디자인 혁신: 이러한 경험을 바탕으로 노인들과 장애인을 위해 접근성이 높고 사용하기 편한 제품과 환경을 디자인하는 데 집중했다. 특히 가구, 주택, 공공시설 등의 디자인에 있어 노인뿐만 아니라 모든 이용자에게 혜택을 주는 디자인이라는 개념인 유니버설 디자인의 원칙을 적용했다.
- 영향과 교육: 패트리샤 무어의 연구와 활동은 디자인 업계와 학계에 큰 영향을 미쳤다. 그녀의 접근 방식은 많은 디자이너에게 영감을 주었으며, 다양한 제품과 환경에서 유니버설 디자인의 중요성을 강조하게 되었다. 또한, 그녀는 강연과 저술 활동을 통해 디자인씽킹의 중요성과 유니버설 디자인의 필요성을 널리 알렸다.

(3) 짜장면 스티커 사례

디자인씽킹에서 많이 언급되는 사례 중 하나로 '짜장면 스티커' 프로젝트가 있다. 이는 소비자의 경험과 편의를 혁신적으로 개선한 성공적인 사례로 알려져 있다. 이 프로젝트는 한국의 대표적인 음식인 짜장면의 배달 서비스에 관한 디자인 문제를 해결한 사례로, 이용자의 관점에서 문제를 분석하고 창의적인 해결책을 제시한 예이다.

□ 짜장면 스티커 사례

- 문제 인식: 짜장면을 배달받을 때, 배달통에 짜장면 그릇이 흔들려서 소스가 뚜껑이나 그릇 바깥으로 새는 문제가 빈번하게 발생한다. 이는 음식을 받는 소비자에게 불쾌한 경험을 주었고, 배달 음식의 품질을 떨어뜨리는 주요 원인 중 하나이다.
- 이용자 관점 분석: 디자이너들은 이 문제를 해결하기 위해 이용자 관점에서 문제를 분석했다. 배달 과정에서 어떤 부분이 불편한지, 어떤 점에서 개선이 필요한지 소비자의 피드백을 통해 이해하기 위한 과정을 거쳤다. 이를 통해 소스가 새는 문제를 효과적으로 해결하기 위한 방법을 모색하게 되었다.
- 해결책 개발: 해결책으로 제시된 것은 간단하지만 매우 효과적인 '짜장면 스티커'이다. 이 스티커는 배달용 짜장면 그릇의 뚜껑을 단단히 고정하기 위해 사용되었다. 스티커를 사용하여 뚜껑을 봉인함으로써, 배달 중 그릇이 흔들려도 소스가 새지 않게 되었다. 이는 배달 과정에서 발생하는 음식물 누출 문제를 해결하는 데 큰 도움이 되었다.
- 효과와 결과: 짜장면 스티커의 도입으로 인해 배달 음식의 품질이 크게 개선되었다. 소비자들은 더 이상 소스가 새는 문제로 불편함을 겪지 않게 되었고, 배달 음식의 만족도가 높아졌다. 이는 배달 서비스의 신뢰성을 높이는 데 기여했으며, 전체적인 고객 경험을 개선하는 결과를 가져왔다.

짜장면 스티커 사례는 디자인씽킹이 어떻게 작은 아이디어를 통해 큰 변화를 가져올 수 있는지를 보여줌으로써 일상적인 문제 해결에 기여할 수 있는 방법을 제시하고 있다. 이용자의 관점에서 문제를 파악하고, 그 문제를 해결하기 위한 창의적인 아이디어를 도출하여 실제로 적용한 이 사례는 디자인씽킹의 핵심 원칙을 잘 실천한 예라고 할 수 있다.

3. 맥킨지 문제 해결 접근법

1) 맥킨지 문제 해결이란?

맥킨지 문제 해결 접근법(McKinsey Problem Solving Approach)은 글로벌 컨설팅 회사인 맥킨지&컴퍼니(McKinsey & Company)가 개발한 문제 해결 방법으로, 빠르고 복잡하게 변화하는 경영 환경에서 이용자의 핵심적인 문제 해결에 집중하기 위해 체계적이고 논리적인 방법을 사용하기 위해 개발되었다. 이 접근법은 한정된 자원과 제한된 시간 내에서 가장 중요한 문제를 해결하는 것이 궁극적으로 가장 큰 임팩트(impact)를 낼 것이라는 가정에서 시작한다. 따라서 기업이 직면한 복잡한 문제를 해결하고, 전략을 수립하며, 성과를 개선하는 데 상당한 도움을 주는 것으로 알려져 있다. 맥킨지 문제 해결법은 경영 컨설팅뿐만 아니라 사회문제를 해결하기 위한 과정에서 적용하는 것이 가능하다. 특히, 맥킨지 문제 해결에서는 80:20의 법칙을 활용하는데, 이는 “문제의 80% 결과가 전체 원인의 20%에서 일어난다”는 명제에 기반하는 것으로, 핵심적인 20%의 원인에 집중하는 것이 핵심임을 제안하는 방법이다.

맥킨지 문제 해결 방법에는 3가지 기본 원리가 있다.

첫째, 사실 기반(fact-based)이다. 이는 문제를 측정하기 위해 사실을 기반으로 판단하는 것을 의미한다. 둘째, 부분의 합(Mutually Exclusive, Collectively Exhaustive: MECE)으로, 분석하는 대상에 대해 빠진 것이 없이 전체를 포함하는 사고 과정이다. 부분의 합에서는 우선 문제를 구성하는 각 요소가 서로 중복되지 않도록 함으로써 문제를 명확하게 구분하는 것이 필요하며, 문제와 관련 있는 모든 측면이 포함됨으로써 어떤 요소도 빠지지 않도록 하는 것이 중요하다. 셋째, 가설 주도(Hypothesis-driven)로, 해결에 가까워지는 가설들을 증명하는 과정을 통해 문제를 해결하는 것이다. 이러한 세 가지 기본 원리는 맥킨지 문제 해결 접근법의 핵심을 이루며, 체계적이고 효과적인 문제 해결을 위한 필수적인 요소들이다.

2) 맥킨지 문제 해결 프로세스 7단계

맥킨지 문제 해결 접근법은 체계적이고 논리적인 단계들을 통해 복잡한 비즈니스 문제를 효율적으로 해결하는 데 초점을 맞추고 있다. 이 접근법은 데이터 기반의 분석과 창의적 사고를 결합하여, 실질적이고 실행 가능한 솔루션을 도출하는 데 강점이 있는 것으로 알려져 있다. 일반적으로 맥킨지 문제 해결에서는 7개의 단계를 거친다. 즉, 문제 정의, 세부 이슈에 대한 구조화, 가설 설정, 분석에 대한 계획 수립, 자료 수집 및 분석, 결론 도출, 마지막으로 결론 전달이다. 각각의 단계에 대한 주요 내용은 〈표 5-2〉에 제시하였다.

<표 5-2> 맥킨지 문제 해결 프로세스의 7단계

단 계		내 용
1	문제 정의	• 문제를 명확히 정의하고, 해결해야 할 핵심 질문을 식별 • 문제의 범위와 목표 설정
2	세부 이슈 구조화	• 문제를 더 작은 하위 문제로 분해하여 각각의 문제에 대한 접근 방식 정의 • 문제의 전체 구조를 이해하고, 해결 전략 수립을 위한 방향성 제시
3	가설 설정	• 해결하고자 하는 문제에 대한 가설 설정 • 가설은 문제에 대한 잠재적인 원인이나 해결책으로 작용하며, 분석의 방향을 결정
4	분석 계획 수립	• 문제를 해결하기 위한 분석 계획 수립 • 필요한 데이터와 자료를 정의하고, 각 하위 문제에 대해 어떤 분석이 필요할지 결정
5	자료 수집 및 분석	• 가설을 검증하기 위해 데이터 수집 및 분석 • 이 단계에서는 가설을 검증하거나 반증하는 데 중점을 둠
6	결론 도출	• 분석 결과를 바탕으로 결론 도출 • 결론은 문제를 해결하기 위한 최종적인 해법이나 전략 제시
7	결과 전달 및 실행	• 도출된 결론과 추천사항을 명확하게 정리하여 이해관계자에게 전달 • 문제 해결 과정과 결과를 효과적으로 소통하는 것이 중요함

3) 맥킨지 문제 해결 적용 사례

맥킨지 문제 해결 접근법을 적용한 복지기술(Welfare Technology) 관련 사례로는 '스마트 헬스 케어 시스템' 구축 사례를 들 수 있다. 이 사례는 고령화사회의 복지 문제를 해결하기 위해 기술을 활용한 예로, 체계적인 분석과 혁신적인 솔루션을 통해 복지서비스를 개선한 사례이다. 앞에서 언급한 맥킨지 문제 해결 프로세스의 7단계를 통해 복지기술이 효과적으로 개발되어 적용되는 과정을 확인할 수 있다.

□ 사례: 스마트 헬스 케어 시스템 구축

1. 문제 정의: 고령 사회에서 많은 국가가 직면하고 있는 주요 문제 중 하나는 고령자 및 만성질환자의 건강관리이다. 문제는 다음과 같이 정의된다.
   - 고령자 및 만성질환자의 의료 접근성 부족
   - 의료서비스의 비효율성
   - 의료 비용의 증가

2. 세부 이슈 구조화: 문제를 해결하기 위해 MECE 원칙을 사용하여 문제를 구조화한다.
   - 의료 접근성 부족
   - 의료서비스의 비효율성
   - 의료 비용 증가

3. 가설 설정: 각 하위 문제에 대한 가설을 설정한다.
   - 의료 접근성 부족: 원격 진료 시스템 도입이 문제를 해결할 수 있다.
   - 의료서비스의 비효율성: 스마트 헬스 케어 디바이스 도입으로 효율성을 높일 수 있다.
   - 의료 비용 증가: 예방적 건강관리 프로그램 도입으로 의료 비용을 절감할 수 있다.

4. 분석 계획 수립: 해결책을 실행하기 위한 계획을 수립한다.
   - 원격 진료 시스템: 의료기관과 협력하여 원격 진료 인프라 구축
   - 스마트 헬스 케어 디바이스: 기술 제공업체와 협력하여 웨어러블 디바이스 보급
   - 예방적 건강관리 프로그램: 건강검진 및 교육 프로그램을 단계적으로 도입

5. 자료 수집 및 분석: 각 가설을 검증하기 위해 다음과 같은 데이터를 수집하고 분석한다.
   - 원격 진료 시스템의 도입 가능성 및 비용 효과 분석
   - 스마트 헬스 케어 디바이스의 효용성 및 사용 사례 분석
   - 예방적 건강관리 프로그램의 효과 및 비용 절감 분석

6. 결론 도출: 분석 결과를 바탕으로 다음과 같은 해결책을 도출한다.
   - 원격 진료 시스템 도입

- 화상 통화를 통한 원격 진료 서비스 제공
- 원격 모니터링 시스템 구축으로 환자의 상태를 실시간으로 모니터링

• 스마트 헬스 케어 디바이스 도입
- 웨어러블 디바이스를 통해 환자의 건강 데이터를 실시간으로 수집
- 데이터 분석을 통해 맞춤형 건강관리 서비스를 제공

• 예방적 건강관리 프로그램 도입
- 정기적인 건강검진과 교육 프로그램 제공
- 생활 습관 개선을 위한 맞춤형 건강관리 계획 수립

7. 결과 전달 및 실행: 계획에 따라 해결책을 실행하고, 지속적으로 모니터링하며 피드백을 반영한다.
   • 원격 진료 시스템: 초기 도입 후 이용자 만족도 조사 및 시스템 개선
   • 스마트 헬스 케어 디바이스: 디바이스 사용 데이터 분석 및 지속적인 성능 개선
   • 예방적 건강관리 프로그램: 프로그램 참여자 피드백 수집 및 효과 평가

복지기술을 효과적으로 활용하기 위해서는 복지서비스 이용자의 욕구에 기반한 복지기술을 기획하고 개발하는 과정이 필요하다. 이 장에서는 복지기술을 기획하고 개발하기 위한 접근으로 세 가지 접근법인 리빙랩, 디자인씽킹, 멘킨지 문제 해결법을 제시하였다. 각각의 접근법에 대한 정의, 특징, 과정 등을 소개하고, 이러한 접근법이 복지기술을 기획할 때 어떻게 적용되는지 알아보았다.

1. 리빙랩

리빙랩은 시민과 이해관계자가 함께 참여하여 새로운 해법과 혁신을 통해 문제를 해결하는 새로운 방법론이다. 리빙랩을 활용하기 위해 가장 중요한 5가지 요소는 시민의 능동적 개입, 실제 생활에서의 구성, 다양한 이해관계자의 참여, 다양한 방법론적 접근, 공동창조이다. 리빙랩을 활용해서 제품 및 서비스를 개발하기 위해서는 ① 문제 정의 및 요구사항 수집, ② 아이디어 생성 및 콘셉트 개발, ③ 프로토타입 제작 및 테스트, ④ 실험 및 파일럿 테스트, ⑤ 최종 제품 개발 및 제품의 사용화 등 일련의 과정을 거친다.

2. 디자인씽킹

디자인씽킹은 창의적인 문제 해결을 위한 접근 방식 중의 하나로, 복잡한 문제 해결에 대한 논리 추론적 접근법을 이용하는 것이다. 디자인씽킹의 주요 특징은 이용자의 욕구와 경험을 중심으로 문제를 해결한다는 점에서 인간 중심이고, 협력적 접근법을 사용하며, 창의성과 혁신을 강조한다는 점이다. 또한, 실행 중심적이고, 지속적인 개선을 통해 문제 해결 방안을 최적화한다는 점에서 반복적 과정을 중시한다. 일반적으로 디자인씽킹은 공감하기, 정의하기, 아이디어 도출하기, 프로토타입 만들기, 테스트하기라는 총 5단계를 거친다.

3. 맥킨지 문제 해결법

맥킨지 문제 해결법은 이용자의 핵심적인 문제 해결에 집중하기 위해 체계적이고 논리적인 방법으로 사용하기 위해 개발된 접근법이다. 맥킨지 문제 해결법의 7단계는 문제 정의, 세부 이슈 구조화, 가설 설정, 분석 계획 수립, 자료 수집 및 분석, 결론 도출, 결과 전달 및 실행이다. 이러한 일련의 단계를 통해 복잡한 문제를 효율적으로 해결하는 데 초점을 두고 있다.

01. 최근 혼자 사는 어르신들이 증가하고 있는 상황에서 어르신들의 응급 및 안전 문제는 중요한 이슈가 되고 있다. 이러한 어르신의 응급 및 안전 문제는 리빙랩 접근을 통해 어떻게 해결할 수 있을까?

02. 리빙랩, 디자인씽킹, 맥킨지 문제 해결 접근법에서 가장 중요하다고 생각하는 특성은 무엇이라고 생각하는가?

CHAPTER

06

복지기술 기획 과정에 대한 이해

CHAPTER 06
복지기술 기획 과정에 대한 이해

1. 복지기술 기획의 의미

복지기술 기획이란 사회문제 해결을 목적으로 정보통신기술(ICT), 인공지능(AI), 사물인터넷(IoT) 등 첨단기술을 활용하여 혁신적인 복지서비스에 대한 아이디어를 창출하기 위한 체계적인 계획 수립 과정을 의미한다. 복지기술 기획 과정의 궁극적인 목표는 고령화, 저출산 등 다양한 사회문제를 해결하기 위해 기술을 활용한 혁신적인 해결책을 도출하고 이를 구현하는 것이다. 이러한 복지기술 기획을 통해 다양한 목표를 달성할 수 있다. 즉, 접근성 향상을 통해 더 많은 사람이 복지서비스를 이용하도록 할 수 있으며, 기술을 활용하여 복지서비스의 효율성을 높이고 자원 낭비를 최소화할 수도 있다. 이 외에 개인의 욕구에 기반한 복지서비스 제공, 지속 가능한 복지 시스템을 구축하여 안정적인 서비스를 제공할 수도 있다. 이처럼 복지기술 기획 과정은 사회문제 해결과 밀접하게 관련 있어 해당 문제에 영향을 미치는 다양한 요소를 포괄적으로 고려할 필요가 있다.

일반적으로 복지기술을 기획하기 위해서는 복지기술 기획 역량이 요구된다. 복지기술 기획 역량은 복지기술을 체계적으로 계획하고 수립할 수 있는 능력을 의미한다. 복지기술 기획을 위해서는 일련의 절차와 과정이 필요하다. 그중 가장 중요한 것은 이용자에 대한 욕구 파악이다. 이용자의 상태, 기능, 욕구 등을 전반적으로 파악하고, 사회복지사의 관점에서 이용자에게 필요한 것이 무엇인지를 명확하게 판단하고 사정하는 과정이다. 이후, 지속적인 논의와 토론 과정을 거쳐 이용자에게 적합한 복지기술에 대한 아이디어를 도출하게 된다. 이처럼 복지기술에 대한 아이디어 도출 과정에서는 기획하는 사람, 즉 사회복지사만이 참여하는 것이 아니며, 복지기술을 개발하는 개발자[1]뿐만 아니라 이용자 등 이해관계자가 함께 참여하는 것이 중요하다.

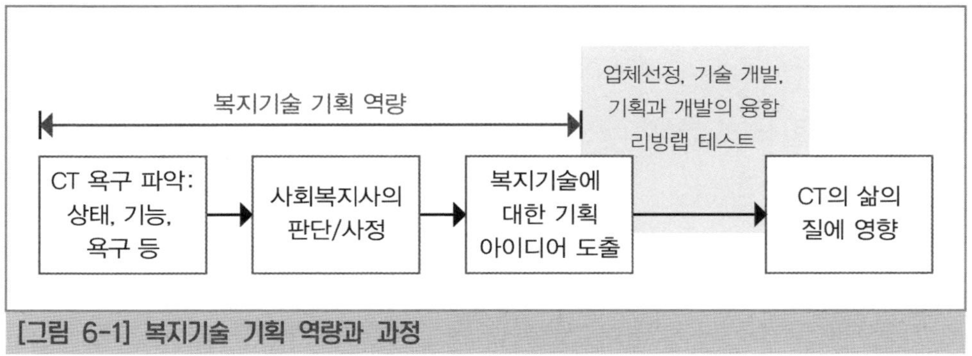

[그림 6-1] 복지기술 기획 역량과 과정

1) 복지기술을 개발하는 IT 업계에는 개발 과정을 이끄는 IT 기획자와 실제 개발을 담당하는 IT 개발자로 역할이 나뉘어 있다. 이 책에서는 이 두 역할을 구분하지 않고, 개발 과정에 참여하는 모든 이를 포괄하는 의미로 IT 기획자와 IT 개발자를 통칭하여 '개발자'로 표현하고자 한다.

2. 복지기술 기획 절차 및 과정

복지기술 기획을 성공적으로 수행하기 위해서는 일련의 절차와 과정이 필요하다. 일반적으로 복지기술을 기획하고 개발하기 위해서는 8단계의 절차 즉, ① 문제 인식 및 정의, ② 목표 설정, ③ 수요자 및 이해관계자 파악, ④ 기술 및 솔루션 탐색, ⑤ 시스템 설계 및 개발, ⑥ 시험 및 검증, ⑦ 배포 및 운영, ⑧ 지속적인 평가 및 개선이라는 각각의 단계를 체계적으로 진행하는 것이 중요하다. 이중 복지기술을 기획할 때 기획 역량을 지닌 기획자가 세심하게 관심을 기울여야 하는 영역은 문제 인식 및 정의, 목표 설정, 수요자 및 이해관계자 파악, 시험 및 검증이다. 이 외에 기술 및 솔루션 탐색, 시스템 설계 및 개발, 지속적인 평가 및 개선 단계는 복지기술을 개발하는 개발자가 주로 관여하고, 복지기술을 관리하는 관리 역량을 지닌 전문가는 운영과 평가 및 개선을 위해 노력하게 된다. 한편, 시험 및 검증은 기획자와 개발자가 기술의 적합성 및 완성도를 위해 함께 관여하지만, 관심을 두는 평가 영역에서는 차이가 있다.

이처럼 복지기술을 기획하고 개발하는 전 과정은 기획자, 개발자, 관리자가 함께 협력하고 소통을 하면서 진행해야 하고, 이러한 일련의 과정과 절차를 거칠 때 효율성, 효과성, 지속 가능성을 보장할 수 있다. 이는 이용자의 욕구를 충족시키는 기술을 설계하고, 자원을 최적화하며, 윤리적 · 사회적 책임을 다하도록 도와 궁극적으로 복지기술이 사회적 가치 창출로 이어지도록 하는 데 도움을 줄 수 있다. 이 절에서는 특히, 복지기술을 기획하는 과정에 초점을 두어 기획자의 관점에서 복지기술을 기획하는 과정을 다루도록 한다.

1) 문제 인식 및 정의

복지기술 기획의 첫 번째 단계는 해결해야 할 사회적 문제를 인식하고 이를 명확하게 정의하는 것에서부터 시작한다. 특정 이슈를 사회문제로 인식하기 위해서는 우선 해당 지역 또는 대상자, 사회에서 발생하는 복지 관련 이슈 등 다양한 사회문제에 관심을 갖는 것이 중요하다. 특정한 이슈를 사회문제로 인식할 경우, 이를 사회문제로 정의하기 위해서는 해당 문제의 원인과 영향력을 전반적으로 이해할 필요가 있다. 이를 위해 해당 문제에 대한 자료 조사 및 분석은 필수적으로 이루어져야 한다. 자료 조사 및 분석은 해당 문제의 중요성과 문제 해결에 필요한 사항의 우선순위를 결정하는 데 도움을 줄 수 있고, 이를 통해 문제를 체계적으로 정의할 수 있다. 이처럼 '문제 인식 및 정의'에서는 사회문제에 관한 관심을 통해 해결할 필요가 있는 문제를 사회문제로 우선 인식하고, 체계적인 조사 과정을 통해 문제를 명확하게 정의하는 과정이 주요한 과제가 된다.

◘ 사례: 노인의 고립 문제 해결 – 문제인식 및 정의

□ 문제 인식:

- 노인은 디지털 소외로 인해 가족 및 지역사회와의 교류가 줄어들고 있다.
- 이는 우울증, 건강 악화, 삶의 질 저하로 이어질 수 있다.

□ 문제 정의 과정:

- 데이터 수집: 노인의 디지털 기기 사용 패턴, 사회적 교류 빈도에 대한 설문조사와 인터뷰
- 근본 원인 분석: 디지털 기기에 대한 접근성 부족, 사용법에 대한 지식 부족, 심리적 두려움이 주요 원인으로 나타남

• 문제 정의: “노인이 디지털 기기를 활용하여 손쉽게 사회적 교류를 증진할 수 있는 방법을 개발해야 한다.”

2) 목표 설정

복지기술 기획의 두 번째 단계는 해결해야 할 문제에 대한 명확한 목표 설정이다. 목표는 해결 가능한 문제의 성격과 범위를 고려해서 정하며, 특히, 복지기술 기획이라는 특성을 고려하여 기술적인 해결책을 함께 제시할 수 있도록 방향성을 도출할 필요가 있다.

목표 설정 시 주의할 점은 다음과 같다.

첫째, 구체적이고 측정 가능해야 한다.

둘째, 문제 해결을 위한 방향성이 제시되어야 한다.

셋째, 달성 가능해야 한다.

넷째, 관련 분야에서의 기여도와 성과를 고려해야 한다.

◘ 사례: 노인의 디지털 접근성 증진 - 목표 설정

□ 문제 정의:

• 노인이 디지털 기술을 활용하는 데 어려움을 겪어 사회적 고립이 증가하고 있다.

□ 목표 설정:

• 최종 목표: 노인이 디지털 기술을 활용해 가족 및 지역사회와 소통을 증진할 수 있도록 지원한다.

- 구체적 목표
  ① 교육 프로그램 개발: 65세 이상 노인이 스마트폰과 앱을 사용하는 방법을 배우도록 돕는 이용자 친화적인 교육 콘텐츠를 제작한다.
  ② 기술 솔루션 제공: 간단하고 직관적인 인터페이스를 제공하는 소셜 연결 플랫폼을 개발한다.
  ③ 효과 측정 목표: 6개월 내 프로그램 참여 노인의 80% 이상이 기술 활용에 자신감을 느낄 수 있도록 한다.

3) 수요자 및 이해관계자 파악

복지기술을 기획하기 위해서는 서비스를 이용하는 수요자와 서비스 또는 세팅을 제공하는 이해관계자에 대해 포괄적으로 이해하는 것이 중요하다. 우선, 복지기술을 이용하는 수요자에 대한 이해는 필수적이다. 수요자가 복지기술을 효과적으로 이용할 수 있도록 하기 위해서는 수요자를 다각적인 측면에서 이해할 필요가 있다. 가령, 문제 해결의 대상이 되는 수요자 집단의 인구 · 사회학적 특성, 신체-심리-사회적 건강 수준, 강점과 자원, 서비스 이용 현황, 주요 욕구 등에 대한 이해가 동반되어야 한다. 이러한 수요자에 대한 이해를 통해 서비스 디자인과 개발에 필요한 정보를 수집하고 적용할 수 있다. 예를 들면, 노인은 시력이나 청력과 관련해서 어려움을 경험하는 경우가 다수 있다. 따라서 디자인 개발 시 이러한 시력이나 청력과 관련된 요인을 고려해서 서비스를 개발할 필요가 있는 것이다.

수요자에 대한 이해뿐만 아니라 이해관계자에 대한 이해 또한 중요하다. 주요 문제를 해결하기 위해 이 문제와 관련 있는 사람들을 확인하고, 그들의 주요 직무와 역할이 어떻게 되는지, 그들의 기대 목표와 성과는 무엇이며, 어떤 관심과 요구사항이 있는지 등을 확인하는 것이 중요하다. 복지기술을 기획하는 과정에서 이해관계자는 기술을 개발하는 개발자일 수도 있고, 수요자가 빈번하게 이용하는 기관(예: 복지관)일 수도 있으며, 개발한 기술을 배포하고 상용화하기 위한 기관일 수도 있다. 따라서 수요자와는 다른 관점을 갖는 경우가 대부분이며, 이해관계자의 직무와 역할에 따라 그들의 기대수준과 관심은 달라질 수 있다. 따라서 이해관계자 각각에 대한 면밀한 이해와 소통을 통해 향후 협력적 관계를 유지하기 위한 기반을 마련하는 것은 중요하다.

◘ 사례: 노인의 디지털 접근성 증진 - 수요자 및 이해관계자 파악

□ 수요자 분석

• 주요 수요자
① 디지털 기술 사용이 어려운 65세 이상의 노인
② 디지털 접근성 향상을 통해 사회적 연결을 원하는 노인

• 수요자의 특성
① 기술적 이해 부족: 스마트폰, 태블릿, 인터넷 사용 경험 부족, 기술 사용에 대한 심리적 두려움
② 물리적 제한: 시력 저하, 소근육 운동 능력 약화로 작은 화면과 복잡한 UI 조작 어려움
③ 사회적 제한: 디지털 기술 활용 부재로 인해 가족 및 친구와의 소통 감소

• 수요자 요구
① 단순하고 직관적인 디지털 기기 및 애플리케이션
② 기술 사용 방법을 쉽게 익힐 수 있는 교육 및 지원 서비스
③ 사회적 연결과 일상적 문제 해결에 도움이 되는 도구

□ 이해관계자 분석

- 1차 이해관계자
  ① 노인 가족 및 보호자: 노인의 디지털 기술 사용을 도와줄 가능성이 높은 직간접적 지원자
  ② 지역사회복지관: 노인을 대상으로 한 디지털 교육 및 지원 프로그램 운영
  ③ 디지털 플랫폼 제공자: 노인을 위한 이용자 친화적인 디지털 환경 설계

- 2차 이해관계자
  ① 정부 및 공공기관: 노인 복지를 담당하는 부서
  ② 기술 개발자 및 기업: 노인 친화적 UI/UX를 설계하는 앱 및 디지털 기기 개발자
  ③ 지역사회 및 NGO: 디지털 소외를 줄이기 위한 캠페인 및 자원봉사 프로그램 운영

4) 기술 및 솔루션 탐색

수요자 및 이해관계자에 대한 파악이 끝난 후에는 문제 해결을 위한 기술 및 솔루션을 탐색하게 된다. 복지서비스의 특성, 수요자의 욕구, 이용 환경 등을 통합적으로 고려하여 최적의 기술을 선택하는 것이 중요하다. 최근에는 인공지능, 빅데이터 분석, IoT, 로봇 등 다양한 복지기술 옵션이 있다. 이에 문제 해결에 적합한 최적의 복지기술 옵션이 무엇인지를 검토하고, 이를 효과적으로 적용할 수 있는 방법을 탐색할 필요가 있다.

기술 및 솔루션을 탐색하기 위해서는 복지 전문가와 더불어 기술 전문가의 협업이 반드시 이루어져야 한다. 또한, 앞에서 언급한 이해관계자들이 한자리에 모여 최적의 복지기술 옵션이 무엇인지를 논의하는 과정이 필요할 수도 있다. 기술 및 솔루션 탐색을 위해서는 가능한 한 많은 자료를 기반으로 논의하는 것이 필요하므로 전문가 또는 이용자 대상의 인터뷰가 도움이

될 수 있으며, 이는 기기 모듈을 개발하는 기획 자료로 활용될 수 있다.

□ 사례: 노인의 디지털 접근성 증진 - 기술 및 솔루션 탐색

□ 기술 솔루션: 노인 친화적 디지털 플랫폼

• 주요 기능

① 단순 UI/UX: 큰 버튼, 명확한 텍스트, 고대비 색상

② 음성 기반 인터페이스: 음성 명령으로 앱 실행, 메시지 전송

③ 맞춤형 튜토리얼: AR/VR을 활용한 사용법 학습 지원

• 기술 활용

① AI 음성 비서와 연동하여 이용자의 질의에 실시간으로 답변

② 이용자 피드백 데이터를 기반으로 플랫폼 개선

□ 교육 솔루션: AR 기반 디지털 학습

• 주요 기능

① 디지털 기기 사용법을 현실감 있게 보여주는 AR 튜토리얼

② 노인이 기기와 상호작용하며 배우는 실습형 학습 프로그램

• 기술 활용

① 저비용 AR 기술을 통해 스마트폰이나 태블릿에서 작동

② 단계별 학습을 제공하며 성취도 추적

□ 디바이스 솔루션: 노인 맞춤형 스마트폰

• 주요 기능

① 기본 기능만 포함된 간단한 스마트폰(전화, 메시지, 동영상 통화)

② 긴급 상황 시 자동으로 가족에게 알림을 보내는 기능

• 기술 활용

① 사전 설정된 연락처 및 앱만 활성화 가능

② 심박수, 낙상 감지 등의 헬스 케어 기능 연동

5) 시스템 설계 및 개발

시스템 설계 및 개발은 선택된 기술을 기반으로 복지서비스를 위한 시스템을 설계하고 개발하기 위한 계획을 수립하는 과정이다. 이 과정에서는 프로젝트 일정, 예산, 리소스 할당 등 개발과 관련된 영역들을 전반적으로 고려할 필요가 있다.

시스템을 설계하는 과정에서는 기획 및 개발과 관련된 이해관계자들이 함께 논의하는 것이 중요하며, 효과적인 소통을 통해 기획에서 제시된 의견들이 개발 과정에서 적절하게 반영되도록 할 필요가 있다. 또한, 기획 과정에서 나온 제안 중 개발 가능한 것과 가능하지 않은 것들을 명확하게 구분하는 것도 중요하다. 시스템 설계 및 개발에서 반영될 필요가 있는 가장 중요한 요인은 서비스를 이용하는 이용자들의 편의성과 만족도이다. 따라서 이러한 편의성과 만족도를 고려한 이용자의 경험 설계가 반드시 반영되어야 한다. 이외에 이용자 경험을 고려한 인터페이스 설계부터 데이터베이스 구축, 알고리즘 개발 등 기획과 개발이 서로 관련된 부분들을 통합적으로 고려할 필요가 있다. 특히, 복지기술은 이용자의 민감한 정보를 다루는 경우가 많다. 이에 데이터 보안 및 개인정보 보호에 대한 부분도 함께 고려해야 하며, 적절한 보안 조치와 규정 준수가 필요하다. 복지기술을 개발하기 위한 개발자 관점에서의 소프트웨어 기획 및 시스템 설계 과정은 10장에서 자세하게 다룬다.

6) 시험 및 검증

시험 및 검증 단계는 개발된 시스템을 실제 환경에서 테스트하고 검증하는 단계이다. 복지기술은 기업의 영리를 목적으로 하는 기술이 아닌 이용자의 삶의 질 증진을 위한 기술을 기반으로 하기 때문에 이용자에게 적합하고 만족스러운 기술을 개발하는 과정이 필요하다. 따라서 이용자와의 지속적인 소통을 통해 기기를 개선하는 일련의 과정은 중요하다. 이를 통해 시스템의 성능과 효과를 평가하고, 이용자의 피드백을 통해 기기를 개선한 후, 실제 기기가 이용자에게 활용되도록 해야 한다.

복지기술을 기획한 기획자의 관점에서 복지기술을 시험하고 검증하기 위한 최적의 환경은 '리빙랩'이다. 기획자는 리빙랩을 활용하여 제품의 적절성과 유용성 등을 평가하는 사용성 평가 과정을 수행하게 된다. 사용성 평가에 관한 내용은 11장에 구체적으로 제시된다. 리빙랩을 성공적으로 운영하기 위해서는 사전에 기관 담당자 및 개발자와의 협의가 필요하며, 지속적인 피드백 과정을 통해 제품을 개선하는 과정이 이루어져야 한다. 필요할 경우, 시험 및 검증 단계에서 제품 사용 및 사용성 평가 과정에 대한 매뉴얼을 제작하는 방법도 고려할 수 있다. 복지기술의 시험 및 검증을 위해 ICT 및 IoT 기기 설치가 필요한 경우, 인터넷, 와이파이 설치 여부 등 기본 환경 여건이 갖추어져 있는지 확인할 필요가 있다.

◘ 사례: 노인의 디지털 접근성 증진 - 시험 및 검증

□ 사용성 평가

- 목적: 노인 이용자 그룹을 대상으로 UI/UX의 직관성과 사용 편의성 평가
- 활동: 노인이 음성 명령, AR 학습, 버튼 사용 등 주요 기능을 실행하며 느끼는 어려움 관찰 및 피드백 수집

□ 현장 평가

- 목적: 실제 사용 환경에서의 적합성 평가

- 활동: 복지관, 가정 등에서 시스템을 사용해 보고 피드백 수집

□ 피드백 반영 및 수정
- 목적: 테스트 결과를 바탕으로 문제를 개선하고 최종 버전 완성
- 활동: 이용자 의견 기반 기능 보완, 디자인 수정, 성능 최적화

7) 배포 및 운영

검증을 마친 시스템은 실제 서비스의 형태로 배포되고 운영된다. 이처럼 '배포 및 운영'단계는 개발된 복지기술을 실제 환경에 도입하고, 지속적으로 운영하는 단계라고 할 수 있다. 이 단계에서는 기술이 현장에서 제대로 작동하는지 확인하고, 이용자 피드백을 통해 기술을 개선하는 과정을 포함하게 된다.

배포 및 운영 단계에서 고려할 사항은 첫째, 이용자 교육이다. 최종 이용자에게 기술 사용법을 교육하고 쉽게 접근할 수 있는 지원 자료를 제공해야 한다. 둘째, 기술 지원이다. 제공한 기술에 문제가 발생할 경우, 신속하게 대응할 수 있는 기술 지원 체계를 마련할 필요가 있다. 셋째, 유지 보수이다. 소프트웨어 업데이트와 오류 수정을 정기적으로 수행함으로써 제공한 기술의 지속 가능성을 담보하는 것은 매우 중요하다.

배포 및 운영을 효과적으로 하기 위해서는 다음 사항들을 숙지할 필요가 있다. 우선, 보안 및 개인정보 보호 문제이다. 기술 사용 시 발생할 수 있는 보안 문제와 개인정보 보호 방안을 반드시 인지함으로써 추후에 나타날 수 있는 윤리적 이슈를 사전에 방지할 필요가 있다. 또한, 이용자 경험을 개선하기 위한 피드백 루프를 구축하는 것은 중요하다. 이는 개발한 기술에 대한

지속적인 업데이트를 위해 필요하다. 마지막으로 운영과 유지 보수에 필요한 비용을 예측하고 관리할 수 있어야 한다. 이러한 일련의 과정을 통해 기술이 실제 이용자에게 유용하게 사용될 수 있도록 복지기술에 대한 지속적인 관리와 개선은 필요하다.

□ 사례: 노인의 디지털 접근성 증진 - 배포 및 운영

□ 시스템 배포

- 파일럿 프로그램 실행: 지역사회복지관이나 커뮤니티를 통해 소규모로 시스템 배포
- 단계적 확산: 피드백 반영 후 지역 및 국가 단위로 점진적 확대

□ 이용자 교육

- 목적: 노인이 시스템을 쉽게 배우고 활용하도록 지원
- 활동: 사용법 워크숍, 간단한 매뉴얼 제작, 영상 튜토리얼 제공

□ 지원 서비스 운영

- 고객 지원 센터: 사용 중 발생하는 문제 해결을 위한 전화 상담 운영
- 문제 대응 체계 구축: 24시간 모니터링 체계 마련

□ 운영 및 유지 보수

- 정기 점검: 시스템 안정성 유지 및 보안 업데이트 수행
- 기능 개선: 이용자 피드백 기반 지속적인 기능 추가 및 수정

8) 지속적인 평가 및 개선

복지기술을 기획하는 과정에서는 서비스 성과를 지속적으로 평가하고 개선하기 위한 계획이 요구된다. 따라서 서비스 성과를 모니터링하고 이용자 피드백을 수렴하여 시스템을 지속적으로 업데이트하여 효과를 최대화시킬 수 있도록 해야 한다. '지속적인 평가 및 개선'은 복지기술이 배포 및 운영된 후에도 그 성과와 효율성을 지속적으로 평가하고, 필요에 따라 기술을 개선하는 단계라고 할 수 있다. 이는 기술이 장기적인 관점에서 성공적으로 적용될 수 있도록 하는 중요한 과정이다.

지속적인 평가 및 개선 단계에서 고려해야 할 사항은 첫째, 효과성 평가이다. 즉, 기술이 목표한 성과를 달성하고 있는지 정기적으로 평가해야 한다. 이를 위해서는 복지기술 프로그램 및 서비스 성과를 평가하는 구체적인 평가계획 수립이 필요하다. 프로그램 및 서비스의 성과 외에 사업 진행과 관련된 운영시스템의 장단점에 대한 평가를 포함하고, 기획된 성과가 달성될 수 있도록 해야 한다. 효과성 평가에 관한 내용은 11장에 구체적으로 기술된다. 둘째, 이용자의 경험과 피드백을 수집하여 개선 사항을 도출함으로써 개발된 기기가 지속적으로 개선될 수 있도록 해야 한다. 마지막으로 기술 환경이나 대상자의 변화하는 요구에 맞게 기술을 업데이트하는 것도 필요할 것이다.

이러한 평가와 개선을 위해서는 데이터를 효과적으로 분석하고 결과를 바탕으로 개선 방향을 설정할 수 있는 능력이 필요하다. 또한, 기술의 변화와 업데이트를 빠르게 반영할 수 있는 유연한 시스템도 갖출 필요가 있다. 이러한 과정을 통해 복지기술의 지속 가능성을 담보할 수 있고, 이용자의 만족도를 높일 수 있을 것이다.

◘ 사례: 노인의 디지털 접근성 증진 - 지속적인 평가 및 개선

□ 이용자 피드백 수집

- 목적: 노인의 실제 사용 경험을 기반으로 개선점 파악
- 활동: 정기 설문조사, 인터뷰, 이용자 리뷰 수집

□ 데이터 분석

- 목적: 시스템 사용 현황과 문제 영역 파악
- 활동: 사용 빈도, 주요 기능 실행률, 오류 발생 데이터 분석

□ 기능 개선 및 추가

- 목적: 이용자 요구와 기술 발전을 반영하여 지속적으로 시스템 최적화
- 활동: 음성 인식 정확도 개선, AR 학습 콘텐츠 추가, UI/UX 조정

□ 보안 업데이트

- 목적: 이용자 데이터를 안전하게 보호하고 시스템의 최신 보안 상태 유지
- 활동: 정기적인 보안 점검 및 업데이트 배포

□ 성과평가

- 목적: 시스템의 효과성과 이용자 만족도 평가
- 활동: 디지털 접근성 향상 지표 측정

3. 복지기술 기획 과정에 따른 사례 적용

1) 독거노인을 위한 스마트홈 모니터링 시스템 기획 과정 사례

복지기술을 기획하고 개발하는 사례는 다양하다. 우선 복지기술을 가장 많이 활용하고 있는 독거노인을 대상으로 그들의 건강과 안전이라는 목적을 위

<표 6-1> 독거노인 대상 스마트홈 모니터링 시스템 사례

단계		내용
1	문제 인식 및 정의	• 독거노인들의 건강과 안전을 실시간으로 모니터링할 수 있는 기술의 필요성에 대한 인식 • 독거노인의 건강과 안전에서의 문제 정의
2	목표 설정	• 독거노인의 생활 안전을 향상시키고, 응급 상황에 신속히 대처할 수 있는 시스템을 구축하는 것을 목표로 설정
3	수요자 및 이해관계자 파악	• 독거노인, 가족, 사회복지사, 기술 제공자(예: ICT 기업), 정부 기관 등이 주요 이해관계자로 이들에 대한 욕구 및 문제 분석
4	기술 및 솔루션 탐색	• 스마트 센서, IoT 기술, 데이터 분석 솔루션 등을 활용할 수 있는 기술 탐색
5	시스템 설계 및 개발	• 센서와 네트워크를 통해 데이터 수집 • 데이터를 분석하여 이상 상황을 감지하는 시스템 설계 및 개발
6	시험 및 검증	• 시범 운영을 통해 시스템의 정확성과 안전성 검증 • 리빙랩을 활용한 사용성 평가 • 이용자 피드백 수집
7	배포 및 운영	• 시스템을 독거노인 가정에 설치 및 운영 • 이용자 교육과 지속적인 기술 지원 제공
8	지속적인 평가 및 개선	• 이용자의 건강과 안전에서의 변화를 확인하는 기술 적용의 효과성 평가 • 정기적인 시스템 성과평가 • 수집된 데이터를 바탕으로 시스템 개선 • 변화하는 요구에 맞춰 시스템을 업데이트하여, 새로운 기능 추가

해 복지기술을 기획하는 과정을 〈표 6-1〉에서는 소개하고 있다. 각각의 단계에서 어떤 점을 주요 내용으로 다루고 있는지 명확하게 이해할 필요가 있다.

2) 장애인을 위한 음성 인식 기반 스마트홈 기술 기획

〈표 6-2〉는 장애인의 생활 편의성을 높이기 위한 스마트홈 기술의 기획 과정을 보여주고 있다. 각 단계에서의 구체적인 활동과 고려 사항을 통해 기술 기획의 전체적인 흐름을 이해할 수 있다.

<표 6-2> 장애인을 위한 음성 인식 기반 스마트홈 기술 기획 사례

단계		내용
1	문제 인식 및 정의	• 신체적 제약으로 인해 가정 내에서 일상생활을 수행하는 데 어려움을 겪는 장애인들이 많음
2	목표 설정	• 음성 인식을 통해 가전기기와 조명을 제어할 수 있는 스마트홈 시스템 개발
3	수요자 및 이해관계자 파악	• 주요 수요자는 장애인과 그 가족 • 이해관계자는 복지 기관 및 기술 개발자 등 • 수요자 및 이해관계자들에 대한 욕구 및 문제 분석
4	기술 및 솔루션 탐색	• 음성인식 기술과 IoT 기반 스마트홈 솔루션 탐색
5	시스템 설계 및 개발	• 이용자의 음성 명령을 인식해 가전기기를 제어하는 시스템 설계 • 이를 스마트폰 애플리케이션과 연동
6	시험 및 검증	• 파일럿(Pilot) 가구를 대상으로 테스트를 진행하여 음성 인식의 정확성과 시스템의 안정성을 검증 • 리빙랩을 활용한 사용성 평가
7	배포 및 운영	• 장애인 복지관을 통해 시스템 배포 • 이용자 교육과 지속적인 지원 제공
8	지속적인 평가 및 개선	• 일상생활 편의성에 대한 만족도 및 기기의 효과성 평가 • 이용자 피드백을 수집하여 음성 인식의 정확도와 시스템의 사용성 개선 • 정기적인 업데이트 실시

1. 복지기술 기획의 의미

복지기술 기획은 사회문제를 해결하기 위한 목적으로 첨단기술을 활용하여 혁신적인 복지서비스에 대한 아이디어를 창출하기 위한 체계적인 계획 수립 과정이다. 따라서 복지기술 기획을 위해서는 복지기술을 체계적으로 계획하고 수립할 수 있는 기획 역량이 요구된다.

2. 복지기술 기획 절차 및 과정

복지기술을 기획하기 위해서는 8단계의 절차와 과정을 따른다. 첫째, 문제 인식 및 정의이다. 즉, 해결해야 할 사회적 문제를 인식하고 이를 명확하게 정의하는 것부터 복지기술 기획은 시작되는 것이다. 둘째는 목표 설정이다. 이 과정에서는 해결해야 하는 문제의 성격과 범위를 고려해서 목표를 설정하도록 한다. 셋째는 수요자와 이해관계자에 대한 파악이다. 즉, 서비스를 이용하는 수요자와 서비스 또는 세팅을 제공하는 이해관계자에 대해 포괄적으로 이해하는 것은 매우 중요하다. 넷째는 기술 및 솔루션 탐색이다. 이때 복지서비스의 특성, 수요자의 욕구, 이용 환경 등을 통합적으로 고려하여 최적의 기술을 선택할 필요가 있다. 다섯째, 시스템 설계 및 개발이다. 이 과정은 복지서비스를 위한 시스템을 설계하고 개발하기 위해 계획을 수립하는 과정이라고 할 수 있다. 여섯째, 시험 및 검증 단계로, 개발된 시스템을 실제 환경에서 테스트하고 검증하는 단계이다. 일곱째는 검증을 마친 시스템을 실제 서비스 형태로 배포하고 운영하게 되다. 마지막으로 지속적인 평가 및 개선이다. 이 과정에서는 서비스 성과를 지속적으로 평가하고 개선하기 위한 계획이 요구된다. 이러한 일련의 단계를 거쳐 복지기술을 기획하고 개발할 때 이용자는 더 나은 복지기술을 사용할 수 있으며 그들의 삶의 질은 향상될 수 있다.

01. 복지기술 기획이 사회적 취약계층을 돕는 데 어떤 긍정적인 영향을 미칠 수 있으며, 그 한계와 개선 방안은 무엇인가?

02. 다음의 주제를 바탕으로 복지기술 기획 과정을 만들어 보자. 각각의 과정에서 무엇을 하고 어떤 활동을 수행할지 구체적인 계획을 세워본다.

- 노인의 고독사 문제

- 장애인의 이동권 문제

CHAPTER

07

복지기술의 이용자: 복지기술은 누가 이용하는가?

CHAPTER 07 복지기술의 이용자: 복지기술은 누가 이용하는가?

1. 서비스 대상자

복지기술의 주요 수요자는 주로 고령자, 장애인, 만성질환자와 같은 건강과 생활에 지속적인 지원이 필요한 사람들이다. 이들 대상자는 일상생활에서 자립성을 유지하기 위해 다양한 복지기술을 이용한다.

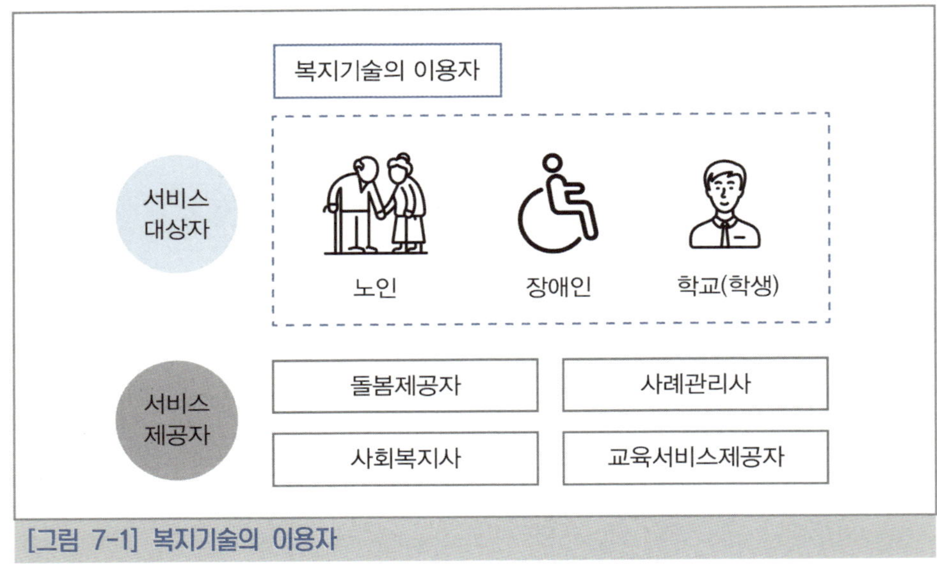

[그림 7-1] 복지기술의 이용자

1) 노인

노인들은 복지기술의 중요한 수요자 중 하나이다. 고령화사회가 진행됨에 따라 노인의 수가 급격히 증가하고 있으며, 이들은 건강과 자립성 유지에 대한 요구가 크다. 노인들은 일상생활을 보다 편리하고 안전하게 영위하기 위해 다양한 복지기술을 활용한다. 예를 들어, 전동 휠체어나 보행 보조기는 이동이 어려운 노인들에게 큰 도움을 준다. 이러한 기기들은 노인들이 보다 독립적으로 외출하고 활동할 수 있도록 도와준다.

또한, 스마트홈 기술도 노인들에게 유용하다. 스마트홈 시스템은 조명, 난방, 보안 시스템 등을 자동으로 조절하여 노인들이 편안하고 안전하게 생활할 수 있도록 돕는다. 예를 들어, 낙상 사고를 예방하기 위해 센서가 설치된 바닥이나 음성 명령으로 조작할 수 있는 조명 시스템 등이 있다. 이러한 기술들은 노인들의 자립성을 높이고, 가족들의 걱정을 덜어준다.

원격의료서비스도 노인들에게 중요한 복지기술이다. 원격의료를 통해 노인들은 집에서 편안하게 의료진과 상담할 수 있으며, 정기적인 건강 체크와 관리가 가능하다. 이는 이동이 불편하거나 병원 방문이 어려운 노인들에게 큰 도움이 된다. 웨어러블 디바이스는 노인들의 건강 상태를 실시간으로 모니터링하여 심박수, 혈압, 혈당 수치 등을 체크하고, 이상징후가 발생할 경우 즉각적인 조치를 가능하게 한다. 이러한 기술들은 노인들의 건강관리에 중요한 역할을 한다.

2) 장애인

장애인들도 복지기술의 주요 수요자이다. 이들은 신체적, 감각적, 지적 장애로 인해 일상생활에서 다양한 지원이 필요하다. 복지기술은 장애인들이 보다 독립적이고 자립적인 삶을 살 수 있도록 돕는다. 예를 들어, 휠체어를 사용하는 사람들을 위한 전동 휠체어나 계단을 오를 수 있는 특수 휠체어 등이 있다. 이러한 기기들은 장애인들의 이동성을 크게 향상시켜 준다.

청각장애인을 위한 기술로는 인공지능 기반의 음성 인식 소프트웨어가 있다. 이 소프트웨어는 음성을 텍스트로 변환하여 실시간 자막을 제공함으로써, 청각장애인들이 대화에 참여하고 중요한 정보를 놓치지 않도록 돕는다. 시각장애인을 위한 기술로는 점자 디스플레이나 음성 안내 시스템이 있다. 이러한 기술들은 시각장애인들이 디지털 기기를 사용할 수 있게 하여, 정보 접근성과 사회적 참여를 높인다.

또한, 장애인을 위한 스마트홈 기술도 있다. 음성 명령이나 터치스크린을 통해 집안의 모든 기기를 제어할 수 있는 시스템은 장애인들이 집 안에서 보다 독립적으로 생활할 수 있도록 돕는다. 예를 들어, 조명, 난방, 보안 시스템을 음성 명령으로 제어할 수 있는 스마트홈 기술은 시각장애인들에게 큰 도움이 된다. 이러한 기술들은 장애인들의 생활 편의성을 높이고, 자립적인 생활을 가능하게 한다.

3) 학교(학생)

학교와 학생들도 복지기술의 중요한 수요자이다. 특히, 교육 현장에서 복지기술은 학습 환경을 개선하고, 모든 학생들이 공평하게 교육을 받을 수 있도록 돕는다. 예를 들어, 학습 장애를 가진 학생들을 위해 특별히 설계된 학습 보조기기나 소프트웨어가 있다. 이러한 기술들은 학생들이 학습 내용을 보다 쉽게 이해하고, 학습에 대한 자신감을 가질 수 있도록 돕는다.

또한, 이동이 불편한 학생들을 위해서는 접근성이 높은 학교 환경을 조성하기 위한 다양한 복지기술이 필요하다. 예를 들어, 휠체어를 사용하는 학생들을 위한 장애인용 엘리베이터나 경사로가 설치된 학교 시설이 있다. 이러한 기술들은 학생들이 학교 생활에 적극적으로 참여할 수 있도록 돕는다.

청각장애 학생들을 위해서는 음성 인식 소프트웨어를 통해 강의 내용을 실시간 자막으로 제공할 수 있다. 이는 청각장애 학생들이 수업 내용을 놓치지 않고, 다른 학생들과 동일한 수준에서 학습할 수 있도록 돕는다. 시각장애 학생들을 위해서는 점자 디스플레이나 음성 안내 시스템을 통해 학습 자료를 제공할 수 있다. 이러한 기술들은 시각장애 학생들이 디지털 기기를 통해 학습할 수 있게 하여, 정보 접근성을 높인다.

또한, 학교에서의 복지기술은 학생들의 전반적인 학습 경험을 개선하는 데도 중요한 역할을 한다. 예를 들어, 인터랙티브 화이트보드나 가상현실(VR) 기술을 활용한 수업은 학생들의 학습 동기를 높이고, 수업 내용을 보다 생생하게 전달할 수 있다. 이러한 기술들은 학생들의 흥미를 유발하고, 학습 효과를 극대화하는 데 기여한다.

이처럼 복지기술은 다양한 서비스 대상자들의 필요를 충족시키기 위해 끊임없이 발전하고 있으며, 이를 통해 보다 많은 사람들이 보다 나은 삶을 누릴 수 있도록 돕는다. 복지기술의 지속적인 발전과 혁신은 사회 전반의 복지 수준을 높이고, 다양한 서비스 대상자들이 보다 자립적이고 만족스러운 삶을 살 수 있도록 돕는 중요한 요소로 작용한다.

2. 서비스 제공자

복지기술을 이용하는 주체는 다양하며, 이들은 각자의 역할을 통해 복지기술의 효과적인 활용과 보급에 기여한다. 서비스 제공자는 기술의 혜택을 이용하여 최종 사용자에게 서비스를 전달하는 중요한 복지기술의 이용자이다.

1) 돌봄 제공자

돌봄 제공자는 노인, 장애인, 만성질환자와 같은 취약계층의 일상생활을 지원하는 역할을 한다. 이들은 가정 내 혹은 돌봄 시설에서 직접적인 신체적, 정서적 지원을 제공하며, 복지기술을 통해 그들의 업무를 보다 효율적으로 수행할 수 있다. 예를 들어, 돌봄 제공자는 이동이 어려운 노인을 위해 전동 휠체어나 이동 보조기기를 활용할 수 있다. 이러한 기기들은 돌봄 제공자가 대상자의 이동을 돕는 부담을 줄이고, 대상자가 보다 독립적으로 생활할 수 있도록 돕는다.

돌봄 제공자는 웨어러블 디바이스와 같은 복지기술을 통해 대상자의 건강 상태를 실시간으로 모니터링할 수 있게 한다. 심박수, 혈압, 혈당 수치 등의 데이터가 실시간으로 제공되면 돌봄 제공자는 이상징후를 조기에 발견하고 즉각적인 조치를 취할 수 있다. 이러한 기술은 돌봄 제공자가 보다 전문적이고 효율적으로 건강관리를 수행할 수 있도록 돕는다.

또한, 스마트홈 기술은 돌봄 제공자의 업무를 지원한다. 예를 들어, 스마트홈 시스템을 통해 집안의 조명, 온도, 보안 시스템을 원격으로 제어할 수 있다. 이는 돌봄 제공자가 물리적으로 현장에 있지 않더라도, 대상자의 생활환경을 안전하고 편안하게 유지할 수 있도록 한다. 이러한 기술들은 돌봄 제공자의 업무 효율성을 높이고, 대상자에게 보다 높은 수준의 돌봄서비스를 제공할 수 있게 한다.

2) 사례관리사

사례관리사는 복지서비스의 효과적인 제공과 조정을 담당하는 전문인력이다. 이들은 복지기술을 통해 클라이언트의 필요를 평가하고, 적절한 서비스를 연결하는 역할을 한다. 예를 들어, 사례관리사는 클라이언트의 건강 상태, 생활환경, 사회적 지원 네트워크 등을 종합적으로 분석하여, 가장 적합한 복지기술을 추천하고 제공한다.

사례관리사는 클라이언트와의 상호작용에서 복지기술을 적극 활용할 수 있다. 예를 들어, 클라이언트의 건강 데이터를 실시간으로 모니터링할 수 있는 웨어러블 디바이스는 사례관리사가 클라이언트의 상태를 지속적으로 파악하고, 필요 시 적절한 조치를 취할 수 있도록 돕는다. 또한, 원격 상담 기술을 통해 클라이언트와 정기적으로 소통하고, 필요한 지원을 제공할 수 있다. 이는 특히 거동이 불편하거나, 원거리에 거주하는 클라이언트에게 큰 도움이 된다.

사례관리사는 또한 복지기술을 활용하여 다양한 서비스 제공자와의 협업을 조정한다. 예를 들어, 전자 건강 기록 시스템을 통해 의료진, 돌봄 제공자, 사회복지사 등 다양한 전문가들과 클라이언트의 정보를 공유하고, 협력하여 종합적인 지원을 제공할 수 있다. 이러한 협업은 클라이언트에게 보다 일관되고 통합적인 서비스를 제공하는 데 기여한다.

3) 사회복지사

사회복지사는 개인과 가족이 사회적, 경제적 문제를 극복할 수 있도록 지원하는 전문가이다. 이들은 복지기술을 활용하여 클라이언트에게 보다 효과적이고 맞춤형 서비스를 제공한다. 예를 들어, 사회복지사는 클라이언트의 생활 상황을 모니터링하고 지원 계획을 수립하기 위해 다양한 복지기술을 사용할 수 있다.

사회복지사는 클라이언트와의 소통에서 복지기술을 적극적으로 활용한다. 원격 상담 기술을 통해 클라이언트와 정기적으로 소통하고, 필요한 지원을 제공할 수 있다. 이는 특히 물리적으로 접근하기 어려운 지역에 거주하는 클라이언트에게 유용하다. 또한, 사회복지사는 복지기술을 활용하여 클라이언트의 필요와 요구를 보다 정확하게 파악할 수 있다. 예를 들어, 데이터 분석 기술을 통해 클라이언트의 생활 패턴과 요구를 분석하고, 이에 맞춤형 지원을 제공할 수 있다.

사회복지사는 또한 다양한 복지기술을 통해 클라이언트의 자립을 지원한다. 예를 들어, 스마트홈 기술을 통해 클라이언트가 자택에서 보다 안전하고 독립적으로 생활할 수 있도록 돕는다. 이러한 기술들은 클라이언트의 생활 편의성을 높이고, 자립성을 강화하는 데 기여한다. 사회복지사는 복지기술을 통해 클라이언트에게 보다 높은 수준의 서비스를 제공하고, 그들의 삶의 질을 향상시키는 데 중요한 역할을 한다.

4) 교육 서비스 제공자(교수, 교사 등)

교육 서비스 제공자는 학생들의 학습과 성장을 지원하는 역할을 한다. 이들은 복지기술을 활용하여 학습 환경을 개선하고, 모든 학생들이 공평하게 교육을 받을 수 있도록 돕는다. 예를 들어, 학습 장애를 가진 학생들을 위해 특별히 설계된 학습 보조기기나 소프트웨어가 있다. 이러한 기술들은 학생들이 학습 내용을 보다 쉽게 이해하고, 학습에 대한 자신감을 가질 수 있도록 돕는다.

교수와 교사는 복지기술을 통해 학습 자료를 보다 효과적으로 전달할 수 있다. 예를 들어, 인터랙티브 화이트보드를 사용하면 학생들이 수업 내용에 보다 적극적으로 참여할 수 있으며, 실시간으로 피드백을 받을 수 있다. 또한, 가상현실(VR) 기술을 활용한 수업은 학생들에게 생생한 학습 경험을 제공하고, 학습 동기를 높일 수 있다.

청각장애 학생들을 위해서는 음성 인식 소프트웨어를 통해 강의 내용을 실시간 자막으로 제공할 수 있다. 이는 청각장애 학생들이 수업 내용을 놓치지 않고, 다른 학생들과 동일한 수준에서 학습할 수 있도록 돕는다. 시각장애 학생들을 위해서는 점자 디스플레이나 음성 안내 시스템을 통해 학습 자료를 제공할 수 있다. 이러한 기술들은 시각장애 학생들이 디지털 기기를 통해 학습할 수 있게 하여, 정보 접근성을 높인다.

교육 서비스 제공자는 또한 복지기술을 활용하여 학생들의 학습 성과를 모니터링하고, 맞춤형 지도를 제공할 수 있다. 예를 들어, 데이터 분석 기술을 통해 학생들의 학습 패턴을 분석하고, 이를 바탕으로 개별 학생에게 맞춤형 학습 계획을 제공할 수 있다. 이러한 접근은 학생들의 학습 효과를 극대화하고, 개인의 잠재력을 최대한 발휘할 수 있도록 돕는다.

이와 같이, 서비스 제공자들은 각자의 역할을 통해 복지기술의 효과적인 활용과 보급에 기여하며, 이를 통해 다양한 서비스 대상자들이 보다 나은 삶을 누릴 수 있도록 돕는다. 서비스 제공자의 전문성과 헌신은 복지기술이 사회 전반에 긍정적인 영향을 미치는 데 중요한 역할을 한다.

3. 이용자 중심의 복지기술

복지기술의 개발과 적용에서 가장 중요한 원칙 중 하나는 이용자 중심의 접근 방식이다. 이는 기술을 사용하는 사람들의 필요와 요구를 중심으로 설계하고 개발하는 것을 의미한다. 이용자 중심의 복지기술은 사용자의 편의성과 접근성을 최우선으로 고려하며, 실제 사용자들의 삶의 질을 향상시키는 데 중점을 둔다.

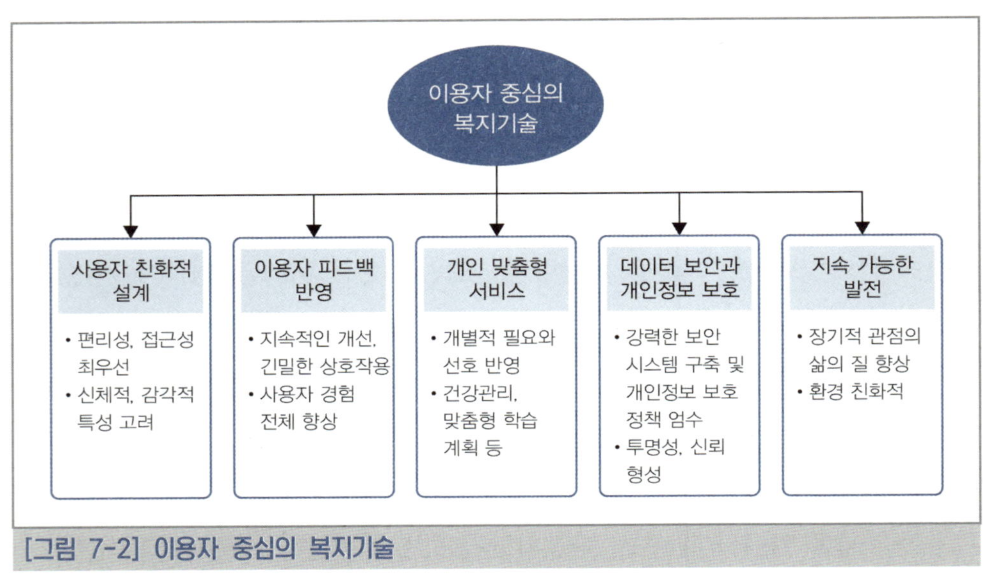

[그림 7-2] 이용자 중심의 복지기술

1) 사용자 친화적 설계

이용자 중심의 복지기술은 사용자의 편리함과 접근성을 최우선으로 한다. 이는 복지기술이 직관적이고 사용하기 쉬운 인터페이스를 갖추고 있어야 한다는 것을 의미한다. 예를 들어, 스마트폰 건강관리 앱은 사용자들이 쉽게 이해하고 조작할 수 있도록 설계되어야 한다. 복잡한 절차나 기술적인 지식이 필요 없이, 누구나 손쉽게 사용할 수 있어야 한다. 이는 특히 노인이나 장애인과 같이 기술에 익숙하지 않은 사용자들에게 매우 중요하다.

또한, 복지기술은 사용자의 신체적, 감각적 특성을 고려하여 설계되어야 한다. 예를 들어, 시각장애인을 위한 기술은 음성 안내 시스템이나 점자 디스플레이를 통해 정보를 제공해야 한다. 청각장애인을 위한 기술은 음성 인식 소프트웨어를 통해 실시간 자막을 제공하거나, 진동 알림 기능을 포함할 수 있다. 이러한 접근은 다양한 사용자의 필요를 충족시키고, 기술의 접근성을 높인다.

2) 이용자 피드백 반영

이용자 중심의 복지기술은 사용자의 피드백을 적극적으로 반영하여 지속적으로 개선된다. 이는 기술 개발 과정에서 사용자와의 긴밀한 상호작용을 통해 이루어진다. 예를 들어, 개발 초기 단계에서부터 사용자 테스트를 통해 피드백을 수집하고, 이를 바탕으로 기술을 개선한다. 이렇게 함으로써 복지기술은 실제 사용자들에게 더욱 유용하고 효과적인 도구가 될 수 있다.

사용자 피드백을 반영하는 것은 단순히 기술적인 개선뿐만 아니라, 사용자 경험 전체를 향상시키는 데 중요한 역할을 한다. 예를 들어, 한 스마트폰 건강관리 앱이 이용자들로부터 피드백을 받아 인터페이스를 개선하고, 새로운 기능을 추가하며, 기존 기능을 향상시키는 작업을 지속적으로 수행할 수 있다. 이러한 과정은 이용자들이 기술을 더욱 신뢰하고, 자주 사용할 수 있도록 하는 데 중요한 역할을 한다.

3) 개인 맞춤형 서비스

이용자 중심의 복지기술은 또한 개인화된 서비스를 제공하는 데 중점을 둔다. 이는 사용자의 개별적인 필요와 선호를 반영하여 맞춤형 솔루션을 제공하는 것을 의미한다. 예를 들어, 인공지능(AI)을 활용한 건강관리 시스템은 사용자의 건강 상태와 생활 패턴을 분석하여 개인 맞춤형 운동 프로그램이나 식단 계획을 제안할 수 있다. 이러한 개인화된 접근은 사용자의 참여도를 높이고, 더 나은 결과를 얻는 데 기여한다.

개인 맞춤형 서비스는 단순히 건강관리뿐만 아니라, 다양한 복지 분야에서 적용될 수 있다. 예를 들어, 장애인을 위한 스마트홈 기술은 사용자의 특정 필요와 선호에 맞추어 조명, 난방, 보안 시스템 등을 자동으로 조절할 수 있다. 또한, 학습 장애를 가진 학생들을 위한 교육 기술도 개별 학생의 학습 속도와 스타일에 맞추어 맞춤형 학습 계획을 제공할 수 있다. 이러한 개인화된 접근은 복지기술이 더욱 효과적이고 사용자 친화적으로 작동하게 한다.

4) 데이터 보안과 개인정보 보호

이용자 중심의 복지기술에서는 데이터 보안과 개인정보 보호가 중요한 이슈로 부각된다. 사용자의 건강 정보나 개인 데이터는 매우 민감한 정보이기 때문에, 이를 안전하게 보호하는 것이 중요하다. 복지기술을 개발하는 기업이나 기관은 강력한 보안 시스템을 구축하고, 개인정보 보호를 위한 정책을 엄격하게 준수해야 한다. 이는 사용자들이 안심하고 복지기술을 사용할 수 있도록 하는 데 필수적이다.

예를 들어, 원격의료서비스나 웨어러블 디바이스를 통해 수집된 데이터는 암호화되어 저장되고 전송되어야 한다. 또한, 사용자에게 데이터가 어떻게 사용되고 보호되는지 명확하게 설명하고, 동의를 얻는 과정이 필요하다. 이러한 투명성과 보안은 이용자 중심의 복지기술이 신뢰를 얻고 널리 사용될 수 있는 기반이 된다.

5) 지속 가능한 발전

이용자 중심의 복지기술은 지속 가능한 발전을 목표로 한다. 이는 기술이 단기적인 해결책이 아니라, 장기적으로 사용자들의 삶의 질을 향상시키는 데 기여해야 한다는 것을 의미한다. 예를 들어, 한번 도입된 기술이 지속적으로 업데이트되고, 새로운 기능이 추가되며, 사용자의 변화하는 필요에 맞춰 조정될 수 있어야 한다. 이는 기술의 유용성을 높이고, 사용자의 만족도를 지속적으로 유지하는 데 중요하다.

또한, 지속 가능한 발전은 복지기술이 환경 친화적이어야 한다는 것을 포함한다. 예를 들어, 에너지 효율성이 높은 기기나 재활용 가능한 소재를 사용하는 것이 한 방법이 될 수 있다. 이러한 접근은 기술이 환경에 미치는 영향을 최소화하면서도, 사용자들에게 높은 가치를 제공할 수 있도록 한다.

이와 같이 이용자 중심의 복지기술은 사용자들의 필요와 요구를 중심으로 설계되고 발전되어야 한다. 이는 단순히 기술적인 혁신뿐만 아니라, 사용자 경험 전체를 개선하는 데 중요한 역할을 한다. 복지기술의 지속적인 발전과 혁신은 궁극적으로 모든 사람들이 보다 나은 삶을 누릴 수 있도록 돕는 데 기여하며, 사회 전반의 복지 수준을 높이는 데 중요한 요소로 작용한다.

1. 서비스 대상자

복지기술의 주요 수요자는 노인, 장애인, 만성질환자와 같은 건강과 일상생활 지원이 필요한 사람들이다. 노인의 경우 전동 휠체어, 스마트홈, 원격의료서비스, 웨어러블 디바이스 등 다양한 복지기술을 통해 자립성과 안전성을 높인다. 장애인에 대해서는 휠체어, 음성 인식 소프트웨어, 점자 디스플레이, 스마트홈 기술 등을 활용해 자립적 생활과 사회적 참여를 촉진한다. 학교(학생)에서는 학습 장애나 신체 장애를 가진 학생들이 복지기술을 통해 학습 접근성을 높이고, 학교 환경을 개선하여 공평한 교육 기회를 제공받는다.

2. 서비스 제공자

복지기술을 효과적으로 제공하고 활용하는 다양한 주체들이 있다. 돌봄 제공자는 복지기술을 활용해 노인, 장애인 등 취약계층의 일상생활을 지원하며, 웨어러블 디바이스, 스마트홈 시스템 등을 통해 돌봄의 질을 높인다. 사례관리사는 복지기술을 통해 클라이언트의 필요를 평가하고 적절한 복지기술을 연결하며, 원격 상담과 협업을 조정한다. 사회복지사는 복지기술을 활용하여 클라이언트에게 맞춤형 서비스를 제공하고, 클라이언트의 자립을 돕는다. 교육 서비스 제공자(교수, 교사 등)는 학생들에게 학습 보조기기와 소프트웨어를 제공하고, 데이터 분석을 통해 맞춤형 학습 계획을 제공할 수 있다.

3. 이용자 중심의 복지기술

복지기술은 사용자 중심으로 설계되어야 하며, 사용자 편의성과 접근성, 개인 맞춤형 서비스, 데이터 보안이 중요하다. 먼저 사용자 친화적 설계로서, 직관적이고 쉬운 인터페이스와 다양한 사용자의 필요를 고려한 접근성 중심의 설계가 중요하다. 다음으로 이용자 피드백 반영, 사용자 피드백을 통해 복지기술을 개선하고 사용자 경험을 최적화한다. 또한 AI 등 첨단기술을 활용해 사용자의 필요에 맞춘 맞춤형 복지서비스 제공이 가능하다(개인 맞춤형 서비스). 사용자의 개인정보를 보호하고 데이터 보안이 강화된 시스템이 필수적이다(데이터 보안). 마지막으로 기술은 장기적으로 사용자 삶의 질을 향상시키고, 환경 친화적이어야 한다(지속 가능한 발전).

복지기술은 노인, 장애인, 학생 등 다양한 수요자에게 자립적이고 질 높은 삶을 제공하는 중요한 도구이다. 돌봄 제공자, 사회복지사, 교육자 등 다양한 서비스 제공자들이 복지기술을 효과적으로 활용하여 개인 맞춤형 서비스를 제공하고 있다. 또한, 사용자 중심으로 설계된 복지기술은 편리하고 안전하게 사용될 수 있으며, 지속적인 발전을 통해 사회 전체의 복지 수준을 높이는 데 기여한다.

01. 고령자와 장애인의 다양한 요구를 충족시키기 위해 현재의 복지기술이 얼마나 효과적인가?

02. 학교와 학생들이 복지기술의 수혜자가 될 때, 복지기술은 사회적 포용성을 강화하는 데 어떻게 기여할 수 있는가?

CHAPTER

08

복지기술 요구 분석

CHAPTER 08 복지기술 요구 분석

복지기술 요구[2] 분석은 복지 분야에서 기술이 어떻게 적용될 수 있는지, 어떤 기술이 필요한지를 분석하는 과정이다. 최근 초고령사회를 앞두고 발생하는 노인 돌봄 문제나 장애인 복지와 관련된 문제 등 다양한 사회문제를 해결하려는 방안으로 복지기술이 활용되고 있다. 이처럼 복지서비스의 질을 향상하고 효율적인 복지서비스 제공을 위한 기술의 도입이 중요해지면서 복지기술을 실제 사용하는 이용자에 대한 분석은 점차 강조되고 있다.

복지기술 요구 분석은 노인 및 장애인 등 복지서비스 이용자의 특성을 이해하고, 그들이 어떤 요구가 있는지, 기술을 활용할 경우, 기술의 수용성은 어느 정도 되는지 등 이용자의 욕구를 전반적으로 파악하는 것을 의미한다. 복지기술 요구 분석 단계에서는 대상자의 구체적인 요구와 현재의 문제점을 명확하게 정의해야 한다. 또한, 문제 범위를 설정하고, 이용자의 특성을 고려한 기술적 요구사항과 제약 조건 등을 함께 분석하는 것이 필요하다. 이와

2) 요구는 욕구와 유사하게 사용되지만 의미상 차이는 있다. 즉, 요구는 생존이나 일상생활을 유지하기 위해 반드시 충족해야 하는 것을, 욕구는 꼭 필요한 것은 아니지만 충족되면 만족감을 느끼는 것을 의미한다. 여기에서는 요구와 욕구의 기본적인 차이를 인정하면서 두 용어를 혼용해서 사용하도록 한다.

같은 과정을 통해 복지기술이 수요자에게 실질적인 도움이 될 수 있으며, 적합한 기술적 솔루션을 탐색하는 기초를 마련할 수 있다. 이 장에서는 복지기술 요구 분석을 위해 복지기술 수요자의 주요 욕구를 확인하고, 대상자에 따른 욕구 조사 방법들을 제시하였다. 특히, 복지기술의 주요 이용자인 노인과 장애인을 중심으로 그들에게 적합한 욕구 조사 방법을 제시했으며, 욕구 조사를 수행하는 데 있어 요구되는 주요 이슈들을 다루었다.

1. 복지기술 수요자에 대한 이해

복지기술을 이용하는 수요자는 주로 노인, 장애인, 만성질환자 등 사회적 약자를 중심으로 이루어지고 있다. 이러한 사회적 약자를 대상으로 복지기술을 기획하기 위해서는 일반적으로 건강, 안전, 생활 편의, 사회적 교류, 정보 접근 등과 관련해서 그들의 욕구가 무엇인지 명확하게 확인할 필요가 있다.

1) 건강관리

건강관리 욕구를 파악하는 것은 수요자의 건강 상태 및 수준에 적합한 맞춤형 복지기술을 개발하는 데 도움이 된다. 이러한 건강관리 욕구에 기반한 기술의 도입은 대상자의 효과적인 건강관리와 삶의 질 향상에 도움이 될 수 있으며, 실제 수요자가 필요한 영역에 대한 자원을 활용한다는 측면에서 불필요한 기능이나 서비스 개발을 줄이고, 필요한 부분에 자원을 집중함으로써 자원 활용을 극대화하는 데 도움이 된다. 또한, 수요자의 건강관리 욕구를 충족시키는 기술은 수요자가 그 기술을 더 많이 사용할 수 있도록 한다는 점에서 수용성을 높이는 데도 유용하다. 따라서, 건강관리 욕구에 기반한 복지기술의 개발은 복지기술의 활용 가능성을 높이고, 사회적 가치를 증가시키는 데에도 기여할 수 있다. 이처럼 수요자의 욕구를 반영한 기술은 장기적으로 복지기술의 지속 가능성을 높여주고, 기술 발전과 혁신을 촉진할 수도 있다.

수요자의 건강관리 욕구 파악을 통해 기획할 수 있는 복지기술로는 실시간 건강 모니터링이나 원격 진료 등이 있다. 특히, 노인과 만성질환자는 실시간으로 건강 상태를 모니터링하고, 이상징후가 발생할 경우 즉시 대응할 수 있는 시스템이 필요하다. 따라서 실시간 건강 모니터링과 관련된 복지기술은 노인과 만성질환자의 욕구에 기반한 중요한 기기가 될 수 있다. 원격 진료는 물리적으로 병원 방문이 어려운 사람을 대상으로 원격의 형태로 진료를 받는 서비스로, 이용자의 병원 접근성을 파악함으로써 복지기술 기획의 적절성 등을 확인할 수 있다.

2) 안전

일반적으로 복지기술을 필요로 하는 취약계층은 안전에 대한 욕구가 상당히 높은 편이다. 수요자의 안전 욕구를 파악하면 일상생활에서 발생할 수 있는 위험 상황을 미리 예측하고 예방할 수 있는 기술을 개발할 수 있다는 측면에서 상당한 도움이 된다. 예를 들어, 낙상 예방, 응급 상황 시 신속 대응 등의 기능을 갖춘 기술은 수요자의 안전을 보장하는 데 필수적이다. 또한, 안전에 대한 욕구가 충족될 경우, 수요자들은 복지기술을 일상생활에서 더 적극적으로 활용할 수 있으며, 복지기술에 대한 수용성을 높이는 등 사회적 신뢰감을 높일 수 있다.

안전 욕구를 기반으로 기획할 수 있는 복지기술로는 응급 상황에 대응할 수 있는 시스템이 있다. 응급 상황 발생 시 신속하게 도움을 받을 수 있는 시스템으로 낙상 감지 센서와 같은 기술이 이에 포함된다. 또한, 치매 환자 등의 실종 방지를 위한 위치 추적 기술과 알림 시스템 등도 안전 욕구에 기반한 복지기술이라고 할 수 있다.

3) 생활 편의

수요자의 생활 편의 욕구를 이해하면 실제 생활에서 불편함을 느끼는 부분을 해결하는 이용자 친화적인 기술을 개발할 수 있다. 따라서 생활 편의 욕구를 반영한 복지기술은 수요자의 일상생활을 더욱 편리하고 효율적으로 만들어 줄 수 있으며, 개인의 자립성을 높이고, 시간과 에너지를 절약하여 궁극적으로 삶의 질을 향상하는 데 기여할 수도 있다. 일반적으로 편의성을 강조하는 기술은 수요자들의 수용성과 활용도를 높일 수 있다. 생활 편의 욕구를 충족시키는 기술은 일상에서 더 자주 사용될 수 있으며, 이를 통해 복지기술이 보편화되고 사회 전반적으로 활용하는 데 도움이 된다. 이처럼 생활 편의에 대한 욕구를 파악하는 것은 복지기술 기획에서 매우 중요한 요소이며, 이를 통해 수요자들이 일상에서 편리하고 효율적으로 활용할 수 있는 기술을 개발하는 데 도움이 될 수 있다.

생활 편의 욕구에 기반해서 개발할 수 있는 복지기술은 일상생활 지원을 위한 기술이 포함될 수 있다. 즉, 고령자와 장애인을 위한 일상생활 지원 기술, 예를 들어, 음식 인식 가전기기나 자동화된 주택 시스템 등이 이에 해당한다. 또한, 이동이 불편한 사람들을 위한 전동 휠체어나 자율주행차 등의 이동성 지원 기술도 포함된다.

4) 사회적 교류

사회적 교류에 대한 욕구를 이해하는 것은 수요자가 심리적, 정서적, 사회적으로 건강하고 활기찬 삶을 살 수 있도록 지원하는 데 필수적이다. 인간은 사회적 존재로서 다른 사람들과의 교류를 통해 심리적 안정과 정서적 지지를 얻는다. 따라서 우리가 복지기술을 적용하고자 하는 수요자가 현재 어떤 사회적 교류와 관련된 이슈를 갖는지 명확하게 이해하는 것은 필요할 것이다. 특히, 노인, 장애인, 만성질환자 등 복지기술의 주요 수요자들은 사회적 고립을 경험하는 경우가 많다. 따라서 이러한 수요자들의 사회적 교류 욕구를 파악하고 충족시키는 기술은 가족, 친구, 지역사회와의 연결을 통해 고립을 예방할 수 있다.

사회적 교류와 관련된 욕구를 파악한 후, 기획할 수 있는 복지기술로는 사회적 연결을 돕는 복지기술이 포함된다. 즉, 고립감을 줄이기 위해 가족, 친구, 커뮤니티와의 연결을 돕는 소셜 네트워크(Social Network)는 매우 중요한 기술이 될 수 있다. 또한, 다양한 여가 활동을 즐길 수 있는 기술, 예를 들어, 온라인 취미 클래스나 가상현실 체험 등도 포함될 수 있다.

5) 정보 접근

수요자의 정보 접근에 대한 욕구를 파악하는 것은 수요자가 자신에게 필요한 정보를 얻고 활용하며 사회에 적극적으로 참여할 수 있는 환경을 조성한다는 측면에서 매우 중요하다. 특히, 정보 접근에 대한 욕구를 충족하면 수요자들은 스스로 필요한 정보를 찾고 결정을 내리면서 자기 결정권이 강화될 수 있다. 또한, 정보 접근성이 부족한 취약계층은 최신 정보, 복지서비스, 의료 정보 등에 대한 접근에 상당한 어려움을 겪는다. 정보 접근 욕구를 파악하고, 이러한 욕구를 충족할 수 있는 복지기술을 개발할 경우, 서비스 이용자가 지니는 정보 격차는 줄어들게 되고, 정보 활용 차원에서 공평한 기회를 가질 수 있다. 더불어 수요자가 필요한 정보에 쉽게 접근할 수 있게 되며, 자신에게 적합한 복지서비스, 의료 지원, 교육, 사회활동 등의 다양한 자원을 효과적으로 활용할 수 있다. 현대사회는 점점 디지털화되고 있으며, 다양한 정보와 서비스가 온라인을 통해 제공되고 있다. 수요자의 정보 접근 욕구를 반영한 복지기술은 이들이 디지털 사회에 참여하고 최신 정보를 얻을 수 있도록 도와준다는 측면에서 사회적 고립을 방지하고, 사회 구성원으로서의 참여와 연대감을 높이는 데 기여할 것으로 보인다.

정보 접근성에 대한 욕구를 파악한 후에는 정보 접근에 필요한 다양한 기술이 제공될 수 있다. 가령, 복지 정보나 건강 정보를 쉽게 얻을 수 있는 플랫폼도 하나의 중요한 복지기술이 될 수 있으며, 새로운 기술이나 정보에 대한 교육 및 학습을 지원하는 시스템도 정보 접근 욕구를 파악한 후 기획할 수 있는 기술이 될 수 있다.

2. 욕구 조사를 위한 방법

복지기술 수요자의 욕구를 파악하기 위해서는 다양한 조사 방법을 활용한다. 일반적으로 가장 많이 활용하는 것은 설문조사이다. 또한, 개별 또는 집단 인터뷰를 통해 수요자의 욕구를 파악하기도 한다. 이 외에 관찰 조사, 데이터 분석, 워크숍 및 세미나 등 다양한 방법을 통해 수요자의 욕구를 확인할 수 있다. 이러한 일련의 과정을 통해 복지기술 수요자에 대한 욕구를 파악하는 것은 궁극적으로 복지서비스의 향상과 취약계층의 삶의 질을 향상하는 데 중요한 역할을 하게 되는 것이다.

1) 설문조사

특정 지역에 거주하는 주민들의 전반적인 욕구를 파악하거나 특정 대상의 일반적인 욕구를 확인하기 위해 많이 사용하는 방법은 설문조사이다. 설문조사는 대면 설문 또는 온라인 설문이 있다. 대면 설문은 디지털 접근성이 낮은 수요자에게 유용하며, 직접적인 피드백을 받을 수 있다는 점에서 효과적이다. 반면 온라인 설문은 지역적으로 널리 분포된 수요자에게 접근하는 것이 용이하며, 빠른 자료 수집이 가능하다. 따라서 취약계층인 노인이나 장애인에게는 온라인 설문보다는 직접 만나서 설문조사를 하는 대면 설문이 더 적합할 수 있다. 반면, 청장년층을 대상으로 욕구 조사를 통해 복지기술을 기획한다면 온라인 설문이 더 적합할 수 있다.

2) 심층 인터뷰

심층 인터뷰는 크게 개별 인터뷰와 집단 인터뷰가 있으며, 집단 인터뷰는 포커스 그룹(focus group)의 형태로 이루어지는 경우가 많다. 개별 인터뷰는 수요자의 욕구와 감정을 깊이 있게 이해할 수 있다는 점에서 유용하며, 직접적인 대면이나 전화, 화상 통화를 통해 진행할 수도 있다. 한편, 집단 인터뷰는 유사한 문제를 지닌 다수의 대상자에게 다양한 의견을 동시에 듣고, 공통된 욕구와 문제점을 파악한다는 점에서 유용하다. 노인의 경우에는 개별 인터뷰와 포커스 그룹 인터뷰 모두 유용할 수 있으며, 장애인은 포커스 그룹 인터뷰보다는 개별 인터뷰가 개개인의 상황을 파악하는 데 더 용이할 수 있다.

3) 관찰 조사

관찰 조사는 현장 관찰과 이용자 행동 분석이 있다. 현장 관찰의 경우, 수요자가 실제 생활에서 겪는 불편함과 욕구를 직접 관찰함으로써 그들이 어떤 편리함과 불편함이 있는지 파악할 수 있다. 이용자 행동 분석은 스마트 디바이스나 센서를 통해 수요자의 행동 패턴을 분석하여 잠재적인 욕구를 파악하는 데 사용한다. 특히, 최근 다양한 형태의 센서를 활용하여 수요자의 행동 패턴, 즉 수면 시간이나 활동 시간 등을 분석하기도 한다. 이러한 결과를 바탕으로 수요자가 현재 어떤 문제를 지니고 있는지 확인할 수 있다는 점에서 유용한 방법이다. 관찰 조사는 실제 설문조사나 인터뷰 등을 하는 것이 용이하지 않을 때 활용할 수 있다는 점에서 노인이나 장애인을 대상으로 유용하게 활용할 수 있다.

4) 데이터 분석

데이터 분석 방법으로는 빅데이터 분석과 소셜 미디어 분석 등이 있다. 최근 많이 활용되고 있는 빅데이터 분석은 기존의 건강 데이터, 사회복지 데이터 등을 분석하여 수요자의 욕구를 파악하는 데 유용할 수 있다. 하지만, 이러한 데이터를 보유하고 있는 기관들의 경우 개인정보 보호 문제 등으로 인해 데이터 분석이 쉽지만은 않은 것이 현실이다. 또한, 양질의 데이터가 축적된 상태에서 데이터 분석이 효과적일 수 있다는 점에서는 빅데이터 분석은 장기적인 계획하에 이루어질 필요가 있다. 한편, 소셜 미디어 분석은 소셜 미디어상의 게시글과 댓글을 분석하여 수요자의 관심사와 문제점을 파악하는 데 도움이 된다. 따라서 소셜 미디어 분석은 특정 지역에 거주하고 있는 대상자들을 위한 수요 분석보다는 전국에 분포되어 있는 대상군 중심의 서비스를 기획할 때 유용할 수 있다.

5) 워크숍 및 세미나

워크숍이나 세미나 등을 통해서도 수요자의 욕구를 파악할 수 있다. 가령, 참여형 워크숍은 수요자와 직접 소통하며 욕구를 파악하고, 아이디어를 공유할 수 있는 기회를 제공한다는 점에서 유익하다. 한편, 세미나 및 컨퍼런스는 전문가와 수요자가 함께 모여 의견을 교환하고, 최신 정보를 공유할 수 있는 중요한 장소가 된다. 따라서 워크숍과 세미나의 유형에 따라 수요자뿐만 아니라 전문가의 의견을 모으고 전반적인 욕구를 파악할 수 있다는 점에서 워크숍 및 세미나 등을 통한 욕구 파악도 가능하다.

3. 복지기술 요구 분석 사례

1) 노인을 위한 요구 분석

노인을 위한 요구 분석을 수행하기 위해서는 노인의 삶에서 직면하는 주요 문제를 명확히 정의하는 것이 필요하다. 일반적으로 노인을 위한 서비스를 제공하는 목적은 노인이 인간으로서의 존엄성과 독립성을 유지하면서 노년 후기의 삶에 적응하고, 자신의 삶을 주도적으로 영위할 수 있도록 돕는 데에 있다. 이러한 측면에서 노인에게 서비스를 제공하는 데 고려할 사항은 다음과 같이 크게 세 가지가 있다.

첫째, 경제적 능력이다. 일반적으로 경제적 자립능력이 없는 기초생활보장 대상 노인과 자산 및 소득수준이 높은 노인이 요구하는 우선순위와 수준은 상이할 수 있다.

둘째, 가구 형태이다. 독거노인 또는 부부가 함께 지역사회에서 생활하고 있는 노인, 손자녀 양육을 책임지는 조손 가족 노인의 요구는 다를 수 있다.

셋째, 건강 상태이다. 노인의 대다수는 만성질환이 있지만, 질환의 심각성에 따라 건강 상태에 대한 그들의 요구는 달라질 수 있다.

이 외에 독거노인의 고립감 해소, 만성질환 관리의 어려움, 이동성 제한 등 노인이 직면하고 있는 문제를 명확하게 정의하고, 대상 집단을 세분화하는 것은 중요하다. 대상군에 대한 분류는 기술 적용의 적합성을 높일 수 있다.

수요자의 욕구 분석을 명확하게 하기 위해서는 수요자의 욕구를 파악할 수 있는 자료를 수집하는 것이 필요하다. 즉, 설문조사, 인터뷰, 관찰법 등 다양한 방법을 활용하여 노인의 실제 상황을 파악하는 것이다. 특히, 기술 경험이 적은 노인을 대상으로 욕구를 파악하기 위해서는 대면 인터뷰나 시연을 포함한 방법을 사용하는 것이 도움이 된다.

노인의 욕구를 분석하기 위해서는 노인의 신체적, 심리적, 사회적 기능을 확인하는 측정 도구를 활용하기도 한다. 일반적으로 노인의 신체적 기능 수준을 파악하기 위해 많이 사용하는 평가 영역은 노인의 건강 상태와 일상생활수행능력 평가이다. 우선, 노인의 건강 상태를 확인하기 위해서는 노인의 주관적인 생각을 평가하는 것과 동시에 노년기의 신체적 변화를 참고하여 노화 과정에서 나타나는 전반적인 기능 저하에 대해서도 파악할 필요가 있다. 이에 일상생활수행능력(Activities of Daily Living: ADL)과 수단적 일상생활수행능력(Instrumental Activities of Daily Living: IADL) 평가 도구를 사용해서 기능 수준을 평가하는 것은 중요하다. 이 외에 노인의 만성질환이나 장애 여부, 영양 상태에 대해 파악하는 것 또한 도움이 된다.

노인의 심리적 기능을 사정하기 위해서는 심리적 상태, 인지 기능, 인지 장애 여부 등을 파악해야 한다. 인지 장애 여부를 확인하기 위해서는 노인의 지능이나 기억력, 치매 여부를 사정할 수 있다. 또한, 노인의 다수는 우울증을 호소하는 경우가 많다. 우울증은 정상적인 기분 변화부터 병적인 기분 상태까지 연속선상에 있으며, 근심, 침울함, 무력감 및 무가치함을 나타나는 기분장애이다. 이러한 우울증을 확인하기 위해서는 GDS(Geriatric Depression Scale), SGDS(GDS 단축형), CES-D(Center for Epidemiologic Studies Depression Scale) 등과 같은 표준화된 척도를 사용할 수 있다.

일반적으로 사회적 지원을 제공하는 사회적 지원 체계는 가족, 친척, 친구, 이웃 등과 같은 사적 체계와 정부 기관이나 사회복지기관의 사회복지사와 같은 공적 체계로 구성한다. 따라서 노인이 이들과 어떤 사회적 지원을 주고받는지를 사정하는 것은 중요하며, 사회적 지원을 주고받는 사람들과 어떤 관계에 있는지를 평가하는 것 또한 필요하다. 이러한 사회적 지원에 대한 정보는 사회적 관계망 지도나 사회적 관계망 표를 통해 수집할 수 있다.

<표 8-1> 노인 평가 도구

영역	범주	측정도구
신체적 건강	환자 문제 목록	시력, 청력, 지남력, 영양, 구강, 음주, 흡연, BMI, 체중감소 등
	질환의 중증도 결정	고혈압, 당뇨, 요실금 등
전반적 기능 상태	기본적 일상생활 활동능력	ADL
	도구적 일상생활 활동능력	IADL
	보행, 균형, 운동 능력	상지, 하지 기능, 낙상
정신-심리적 건강	인지 기능(정신 상태)	간이정신진단검사(MMSE), 인지선별검사(CIST)
	정서 상태(우울)	노인우울척도(GDS, CES-D)
사회적, 환경적 조건	사회적 자원과 지지	가족관계, 사회관계 등
	경제 상태	기초생활수급, 의료급여, 의료비 부담 가능 여부
	생활환경과 안전	주거환경(계단 이용, 낙상 위험도 등)

출처: 대한노인병학회

2) 장애인을 위한 요구 분석

장애인을 위한 요구 분석을 수행하기 위해서는 장애인이 겪는 주요 문제를 구체적으로 정의하는 것이 중요하다. 예를 들어, 이동 제한, 의사소통 어려움, 일상생활 지원 부족 등은 장애인이 경험하는 대표적인 문제일 수 있다. 문제를 정의하고, 복지기술이 적용되는 범위를 확정하기 위해서는 대상 그룹을 세분화할 필요가 있다. 일반적으로 장애 유형, 장애 정도, 연령, 거주 환경 등을 기준으로 대상 그룹을 세분화한다. 특히, 장애인의 경우에는 장애 유형에 따라 서로 다른 기술적 요구를 하는 경우가 많아 장애인에 따른 맞춤형 분석이 필요하다.

장애인의 요구를 파악하기 위해서는 데이터를 체계적으로 수집해야 한다. 설문조사, 인터뷰, 관찰법, 실험적 방법 등을 활용하며, 장애인 또는 그들의 가족으로부터 직접적인 의견을 수렴하는 것도 도움이 된다. 예를 들어, 휠체어 이용자들에게는 접근 가능한 공간 설계나 스마트홈 기술 활용에 대한 피드백을 얻을 수 있다. 이 과정에서 장애인의 일상생활에서의 불편함과 기술적 요구를 심층적으로 이해할 수 있다.

장애인의 요구를 분석하기 위해서 많이 활용하고 있는 것은 장애인의 인지, 정서 행동, 의사소통, 신체적 수준 등을 판단하기 위한 '검사'이다. 일반적으로 이러한 검사는 점수 또는 다른 형태의 수량적 결과를 산출하기 위해 사전에 결정된 반응 유형을 요구하는 일련의 질문 또는 과제로 제시된다. 검사에는 크게 두 가지 형태의 검사가 있다. 첫째, 규준 참조 검사로, 검사를 받은 유사한 대상군 점수의 분포인 규준(norm)에 대상자의 점수를 비교함으로써 유사한 대상군 집단 내 대상자의 상대적 위치에 대한 정보를 제공하는 검사이다. 둘째, 준거 참조 검사로, 사전에 설정된 숙달 수준인 준거에 대상자의 점수를 비교함으로써 특정 지식이나 기술에 있어 대상자 수준에 대한 정보를 제공하는 검사이다.

또한, 장애인의 요구를 분석하기 위해 면담도 많이 이루어지고 있다. 면담은 면접자와 피면접자 간의 면대면 대화를 통해 일련의 질문에 대한 반응을 기록함으로써 자료를 수집하는 방법이다. 이러한 면담을 통해 수요자에 대한 다양한 정보를 수집할 수 있으며, 장애인이 면담이 어려우면 장애인의 보호자를 대상으로 면담이 대신 이루어지기도 한다.

관찰자의 객관적인 관찰 능력을 요구하는 '관찰'도 장애인의 요구 분석에서 많이 사용하는 방법이다. 이를 위해서는 관찰하고자 하는 사건, 행동에 대한 조작적 정의를 거쳐 적합한 기록 방법을 선택하고, 관찰자를 훈련한 후에 관찰하기 위한 장소와 시간을 선정해서 관찰을 시작하도록 한다.

1. 복지기술 수요자에 대한 이해

복지서비스의 질을 향상하고 효율적인 복지서비스 제공을 위한 기술의 도입이 중요해지면서 복지기술을 사용하는 이용자에 대한 분석은 강조되고 있다. 이처럼 복지기술 요구 분석은 복지기술을 이용하는 이용자의 특성을 이해하고, 그들이 어떤 요구가 있는지, 기술을 활용할 준비가 되어 있는지 등 이용자의 욕구를 전반적으로 파악하는 단계이다. 여기에서는 복지기술 수요자의 욕구를 파악하기 위한 영역과 방법들에 대해 학습하였다.

2. 욕구조사를 위한 방법

사회적 약자를 대상으로 복지기술을 기획하기 위해서는 그들이 어떤 욕구가 있는지 파악함으로써 복지기술 수요자에 대한 이해가 선행되어야 한다. 일반적으로 복지기술 수요자를 이해하기 위해서는 건강관리, 안전, 생활 편의, 사회적 교류, 정보 접근 등의 영역을 중심으로 이해할 필요가 있다. 이와 같은 욕구를 파악하기 위해서는 일련의 방법들을 활용하게 된다. 가장 보편적으로 사용하는 방법은 설문조사이다. 또한, 개별 또는 집단 인터뷰를 통해 수요자의 욕구를 파악하기도 한다. 이 외에 관찰조사, 데이터 분석, 워크숍, 세미나 등 다양한 방법을 통해 수요자의 욕구를 파악하게 된다. 이와 같이 수요자의 욕구를 명확하게 파악하는 것은 수요자에게 적합한 복지기술을 기획하고 개발하는 데 상당한 도움이 된다.

01. 복지기술 요구 분석 과정에서 나타나는 한계는 무엇이며, 이를 극복하기 위해 어떤 윤리적 고려가 필요할까?

02. 복지기술 요구 분석에서 이용자 참여를 어느 정도까지 확대해야 하며, 그 효과와 한계는 무엇인가? 이용자의 참여가 기술 혁신과 효율성을 제한할 가능성은 없는가?

CHAPTER

09

복지기술 적용을 위한 환경 분석

CHAPTER 09
복지기술 적용을 위한 환경 분석

1. 서비스 제공자 및 제공기관

복지기술의 성공적인 적용을 위해서는 서비스 제공자와 제공기관의 역량이 매우 중요하다. 이들은 복지기술을 실제 현장에서 활용하고, 이를 통해 서비스 대상자들에게 혜택을 제공하는 핵심 주체이다. 따라서 제공자와 제공기관이 갖추어야 할 역량과 고려사항은 다음과 같다.

1) 서비스 제공자의 역량

복지기술을 효과적으로 적용하기 위해 서비스 제공자는 다양한 역량을 갖추어야 한다.

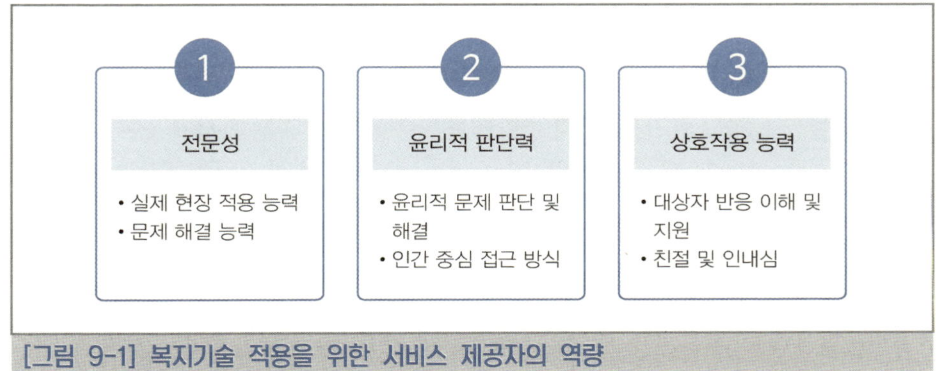

[그림 9-1] 복지기술 적용을 위한 서비스 제공자의 역량

(1) 전문성

복지기술을 이해하고 활용하는 능력은 필수적이다. 이는 새로운 기술을 빠르게 습득하고, 이를 실제 현장에서 적용할 수 있는 능력을 포함한다. 제공자는 최신 복지기술에 대한 지속적인 교육과 훈련을 통해 전문성을 강화해야 한다. 예를 들어, 원격의료기술을 사용하는 사회복지사는 해당 기술의 작동 원리와 사용법을 숙지해야 한다. 이는 환자와의 원활한 소통과 효과적인 건강 모니터링을 위해 중요하다. 또한, 기술적 문제 발생 시 이를 신속하게 해결할 수 있는 문제 해결 능력도 중요하다. 예를 들어, 웨어러블 건강 모니터링 기기가 오작동할 경우, 제공자는 이를 신속하게 진단하고 해결할 수 있어야 한다.

(2) 윤리적 판단력

복지기술을 사용하는 과정에서 발생할 수 있는 윤리적 문제를 판단하고 해결할 수 있는 능력이 필요하다. 예를 들어, 개인 정보 보호와 관련된 이슈나 기술 사용으로 인한 윤리적 딜레마를 다룰 수 있어야 한다. 이는 서비스 제공자가 기술을 활용하면서도 인간 중심의 접근 방식을 유지할 수 있도록 돕는다. 예를 들어, 환자의 건강 데이터를 수집하는 과정에서 데이터의 기밀성을 유지하고, 필요한 경우 환자의 동의를 구하는 절차를 준수해야 한다.

(3) 상호작용 능력

복지기술을 활용하는 과정에서 서비스 제공자는 대상자와의 효과적인 상호작용 능력을 갖춰야 한다. 이는 기술 사용에 대한 대상자의 반응을 이해하고, 필요 시 적절한 지원을 제공할 수 있는 능력을 포함한다. 특히, 기술 사용에 익숙하지 않은 대상자들에게 친절하고 인내심 있게 기술 사용법을 안내하는 능력이 중요하다. 예를 들어, 스마트홈 기술을 처음 사용하는 노인에게는 단계별로 사용법을 설명하고, 반복적인 연습 기회를 제공하여 익숙해질 수 있도록 돕는 것이 필요하다.

2) 제공기관의 고려사항 및 조건

복지기술을 효과적으로 적용하기 위해 제공기관은 다음과 같은 조건을 갖추어야 한다.

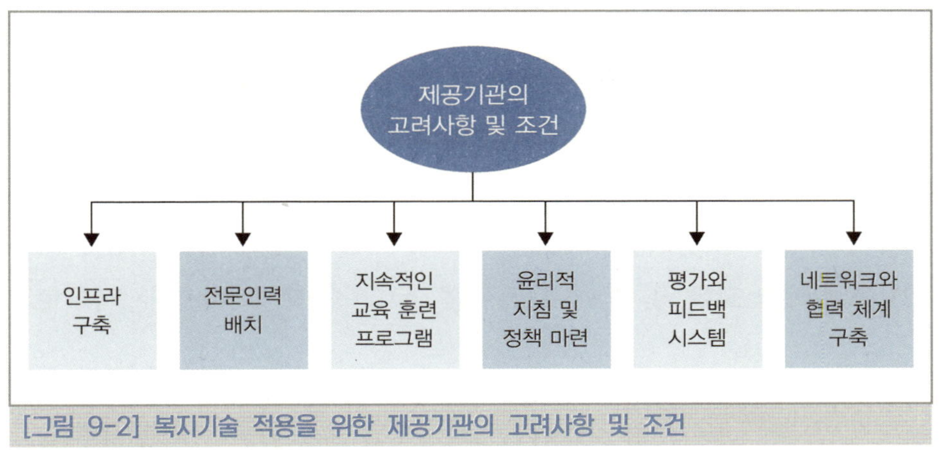

[그림 9-2] 복지기술 적용을 위한 제공기관의 고려사항 및 조건

(1) 인프라 구축

제공기관은 복지기술을 효과적으로 적용하기 위한 물리적, 기술적 인프라를 갖추어야 한다. 이는 고속 인터넷 연결, 최신 컴퓨터와 소프트웨어, 기술 지원을 위한 전문인력 등을 포함한다. 또한, 기술적 문제가 발생할 경우 신속하게 대응할 수 있는 시스템을 구축하는 것이 중요하다. 예를 들어, 전자 건강 기록 시스템(EHR)을 도입한 병원은 데이터를 안전하게 저장하고, 의료진이 언제든지 접근할 수 있도록 고속 네트워크와 보안 시스템을 갖추어야 한다.

(2) 전문인력 배치

제공기관은 복지기술을 이해하고 활용할 수 있는 전문인력을 배치해야 한다. 이는 기술적 지원을 제공할 수 있는 IT 전문가뿐만 아니라, 복지 분야의 전문 지식을 갖춘 사회복지사, 사례관리사, 돌봄 제공자 등을 포함한다. 이들은 복지기술을 효과적으로 활용하여 대상자에게 최적의 서비스를 제공할 수 있는 능력을 갖추어야 한다. 예를 들어, 스마트홈 기술을 사용하는 재활 병원에서는 기술 지원을 담당하는 IT 전문가와 환자 관리에 필요한 복지 전문가가 협력하여 환자에게 적절한 서비스를 제공해야 한다.

(3) 지속적인 교육 및 훈련 프로그램

제공기관은 서비스 제공자와 내부 직원들을 대상으로 지속적인 교육 및 훈련 프로그램을 운영해야 한다. 이는 새로운 기술의 도입과 함께 최신 정보를 지속적으로 업데이트하고, 직원들이 최신 기술을 활용할 수 있도록 돕는다. 또한, 윤리적 문제나 개인정보 보호와 관련된 교육도 포함하여 서비스 제공자가 모든 측면에서 준비된 상태로 복지기술을 활용할 수 있도록 지원한다. 예를 들어, 정기적으로 IT 기술과 윤리적 이슈에 대한 교육 세미나를 개최하여 직원들이 최신 지식을 습득하고, 이를 현장에서 적용할 수 있도록 한다.

(4) 윤리적 지침 및 정책 마련

제공기관은 복지기술 사용과 관련된 윤리적 지침과 정책을 마련해야 한다. 이는 개인정보 보호, 데이터 보안, 윤리적 딜레마 해결 등을 포함하며, 기관 내 모든 구성원이 이를 준수하도록 해야 한다. 이러한 지침과 정책은 서비스 제공자가 기술을 사용할 때 발생할 수 있는 윤리적 문제를 사전에 예방하고, 적절히 대응할 수 있도록 돕는다. 예를 들어, 병원에서는 환자의 개인정보를 보호하기 위해 데이터 접근 권한을 제한하고, 정기적으로 보안 점검을 실시하는 정책을 시행할 수 있다.

(5) 평가와 피드백 시스템

복지기술의 효과성을 평가하고, 지속적으로 개선하기 위한 평가와 피드백 시스템을 구축해야 한다. 이는 기술 사용의 효과를 모니터링하고, 사용자와 서비스 제공자의 피드백을 수집하여 기술과 서비스 제공 방식을 개선하는 데 활용할 수 있다. 이를 통해 복지기술의 실제 효과를 극대화하고, 보다 나은 서비스를 제공할 수 있다. 예를 들어, 스마트 헬스 케어 기기를 사용하는 병원에서는 환자와 의료진의 피드백을 정기적으로 수집하고, 이를 바탕으로 기기의 성능을 개선하거나 사용법을 보완할 수 있다.

(6) 네트워크와 협력 체계 구축

제공기관은 다른 기관과의 네트워크와 협력 체계를 구축해야 한다. 이는 복지기술의 개발, 보급, 적용 과정에서 다양한 기관 간의 협력을 통해 시너지 효과를 창출할 수 있도록 한다. 예를 들어, 대학이나 연구기관과의 협력을 통해 최신 기술을 도입하고, 다른 복지기관과의 협력을 통해 서비스 제공의 일관성을 유지할 수 있다. 예를 들어, 한 지역의 복지기관이 다른 지역의 복지기관과 협력하여 공통의 기술 플랫폼을 개발하고, 이를 통해 각 기관의 데이터를 공유하며 협력할 수 있다. 또한, 민간 기업과의 협력을 통해 혁신적인 복지기술을 도입하고, 이를 현장에서 효과적으로 활용할 수 있도록 한다.

이처럼 복지기술의 성공적인 적용을 위해서는 서비스 제공자와 제공기관의 역할이 매우 중요하다. 이들은 복지기술을 실제 현장에서 활용하고, 이를 통해 서비스 대상자들에게 혜택을 제공하는 핵심 주체이다. 따라서 제공자와 제공기관이 갖추어야 할 역량과 고려사항을 철저히 준비하고, 이를 통해 복지기술의 효과적인 적용을 실현하는 것이 중요하다. 이는 복지기술이 사회 전반에 긍정적인 영향을 미치고, 모든 사람이 보다 나은 삶을 누릴 수 있도록 하는 데 기여할 것이다.

2. 협업 체계

복지기술의 성공적인 적용을 위해서는 다양한 주체 간의 협업이 필수적이다. 이는 기관 간 협력, 민 · 관 · 학 협력, 중앙-지방 간 협력 등 다양한 형태로 이루어질 수 있다. 이러한 협력 체계를 통해 복지기술의 개발, 보급, 적용이 효과적으로 이루어질 수 있으며, 이를 통해 사회 전반의 복지 수준을 향상시킬 수 있다.

1) 기관 간 협력

기관 간 협력은 복지기술의 적용에서 매우 중요한 요소이다. 이는 각 기관이 가진 자원과 전문성을 결합하여 더 큰 시너지를 창출할 수 있도록 한다.

(1) 보건의료기관과 사회복지기관 간의 협력

보건의료기관과 사회복지기관 간의 협력은 환자나 클라이언트에게 통합적인 서비스를 제공하는 데 중요한 역할을 한다. 보건의료기관은 환자의 건강 상태를 모니터링하고 치료를 제공하는 역할을 하며, 사회복지기관은 환자의 사회적, 심리적 지원을 제공한다. 이 두 기관이 협력하면, 환자의 전반적인 삶의 질을 향상시키는 데 큰 도움이 된다.

예를 들어, 만성질환을 가진 환자의 경우, 병원과 사회복지기관이 협력하여 환자가 퇴원 후에도 지속적인 건강관리와 생활 지원을 받을 수 있도록 할 수 있다. 병원은 환자의 의학적 상태를 모니터링하고 치료 계획을 수립하며, 사회복지기관은 환자가 퇴원 후 일상생활에서 겪을 수 있는 문제들을 지원한다. 이들은 정기적으로 환자의 상태를 공유하고, 필요한 경우 적절한 조치를 취할 수 있다. 예를 들어, 재활 치료가 필요한 환자의 경우, 병원은 의료적 치료를 제공하고, 사회복지기관은 환자가 사회로 복귀하는 데 필요한 재활 프로그램을 제공한다.

(2) 지역사회 기관 간의 협력

지역사회 내 다양한 기관들이 협력하여 복지기술을 보급하고 적용할 수 있다. 예를 들어, 지역의 노인복지센터, 장애인복지관, 지역병원 등이 협력하여 스마트홈 기술을 보급하고, 이를 통해 대상자들이 보다 안전하고 편리한 생활을 할 수 있도록 지원할 수 있다. 이러한 협력은 지역사회 전체의 복지 수준을 향상시키는 데 기여한다.

예를 들어, 한 지역에서 스마트홈 기술을 통해 노인들의 안전을 보장하는 프로젝트가 있을 수 있다. 노인복지센터는 기술의 필요성을 파악하고, 지역병원은 건강 모니터링을 지원하며, 장애인복지관은 기술 사용법에 대한 교육을 제공할 수 있다. 이들은 정기적으로 회의를 열어 프로젝트의 진행 상황을 점검하고, 필요한 조정을 통해 협력의 효과를 극대화한다.

2) 민·관·학 협력

민간 기업, 공공기관, 학계 간의 협력은 복지기술의 혁신과 발전에 중요한 역할을 한다. 각 주체가 가진 자원과 전문성을 결합하여 보다 혁신적인 기술을 개발하고, 이를 효과적으로 보급할 수 있다.

(1) 민간 기업과 공공기관의 협력

민간 기업은 혁신적인 기술을 개발하고 상용화하는 능력을 가지고 있으며, 공공기관은 이러한 기술을 보급하고 적용하는 데 필요한 정책적 지원과 인프라를 제공할 수 있다. 예를 들어, 한 스타트업이 스마트 헬스 케어 디바이스를 개발하고, 이를 공공병원과 협력하여 환자들에게 보급하는 프로젝트를 추진할 수 있다. 공공병원은 환자들에게 디바이스를 제공하고, 이를 통해 얻은 데이터를 분석하여 환자 관리에 활용할 수 있다.

민간 기업과 공공기관의 협력은 복지기술의 보급을 촉진하고, 보다 넓은 범위의 대상자들에게 혜택을 제공할 수 있다. 예를 들어, 웨어러블 건강 모니터링 디바이스를 개발한 기업이 공공기관과 협력하여 전국적으로 디바이스를 보급하는 프로젝트를 추진할 수 있다. 이 과정에서 공공기관은 재정적 지원과 함께 정책적 지원을 제공하고, 기업은 기술 지원과 유지 보수를 담당한다. 이를 통해 대상자들은 최신 복지기술을 보다 쉽게 접근할 수 있게 된다.

(2) 학계와의 협력

학계는 새로운 기술의 연구와 개발을 주도하며, 이를 통해 복지기술의 혁신을 이끌어낼 수 있다. 학계와의 협력을 통해 민간 기업과 공공기관은 최신 연구 결과와 기술을 도입할 수 있으며, 이를 통해 보다 효과적인 복지기술을 개발하고 적용할 수 있다.

예를 들어, 대학의 연구팀이 인공지능을 활용한 건강 모니터링 시스템을 개발하고, 이를 기업과 공공기관이 협력하여 상용화하고 보급할 수 있다. 학계는 연구를 통해 기술의 효과성을 입증하고, 이를 통해 실제 현장에서의 적용 가능성을 높일 수 있다. 기업은 연구 결과를 바탕으로 제품을 개발하고, 공공기관은 이를 통해 복지서비스를 제공한다.

또한, 학계는 복지기술의 윤리적 측면과 사회적 영향을 연구하여 기술 개발과 적용에 필요한 지침을 제공할 수 있다. 예를 들어, 데이터 개인정보 보호와 관련된 연구를 통해 복지기술 사용 시 발생할 수 있는 윤리적 문제를 미리 파악하고, 이에 대한 대응 방안을 마련할 수 있다.

(3) 중앙-지방 간 협력

중앙정부와 지방자치단체 간의 협력은 복지기술의 전국적 보급과 적용을 위해 필수적이다. 중앙정부는 복지기술의 정책적 지원과 재정적 지원을 제공하며, 지방자치단체는 지역 실정에 맞는 기술 적용과 현장 지원을 담당한다.

① 중앙정부의 역할

중앙정부는 복지기술의 개발과 보급을 위한 정책적 지원을 제공한다. 이는 법적 제도 마련, 재정 지원, 연구 개발 지원 등을 포함한다. 예를 들어, 중앙정부는 복지기술 개발을 위한 연구비를 지원하고, 관련 법률을 제정하여 기술의 안전성과 효과성을 보장할 수 있다. 또한, 중앙정부는 전국적인 보급을 위해 대규모 프로젝트를 기획하고, 이를 통해 복지기술이 전국적으로 적용될 수 있도록 한다.

중앙정부는 또한 표준화된 지침과 기준을 마련하여 복지기술의 일관된 적용을 보장한다. 예를 들어, 전자 건강 기록 시스템의 표준을 제정하여 전국의 병원과 복지기관이 동일한 시스템을 사용할 수 있도록 하고, 이를 통해 데이터의 일관성과 접근성을 높일 수 있다. 또한, 중앙정부는 전국적인 교육 프로그램을 운영하여 복지기술 사용법에 대한 교육을 제공하고, 기술 사용에 따른 윤리적 문제에 대한 인식을 높인다.

② 지방자치단체의 역할

지방자치단체는 지역 실정에 맞는 복지기술의 보급과 적용을 담당한다. 이는 지역 주민의 필요를 파악하고, 이에 맞는 기술을 선택하여 보급하는 것을 포함한다. 예를 들어, 한 지방자치단체가 지역 내 노인 인구가 많다는 점을 파악하고, 이를 위해 스마트홈 기술을 도입하여 노인들이 안전하고 편리하게 생활할 수 있도록 지원할 수 있다. 지방자치단체는 중앙정부의 지원을 바탕으로 지역 내 복지기술 프로젝트를 추진하고, 이를 통해 지역 주민의 삶의 질을 향상시킬 수 있다.

지방자치단체는 또한 지역 주민들과의 긴밀한 소통을 통해 복지기술의 수용성과 효과를 높일 수 있다. 예를 들어, 기술 도입 전에 주민 설명회를 열어 기술의 목적과 사용법을 설명하고, 주민들의 의견을 반영하여 기술을 조정할 수 있다. 또한, 지방자치단체는 지역 내 복지기관과 협력하여 기술 도입 후 정기적인 피드백을 수집하고, 이를 바탕으로 기술의 개선을 추진할 수 있다.

③ 중앙-지방 간 협력의 예

중앙정부가 주도하는 전국적인 스마트 헬스 케어 프로젝트가 있을 수 있다. 이 프로젝트에서 중앙정부는 정책적 지원과 재정 지원을 제공하고, 지방자치단체는 지역 내 병원과 복지기관을 통해 기술을 보급한다. 중앙정부는 또한 전국적인 데이터베이스를 구축하여 각 지역에서 수집된 건강 데이터를 분석하고, 이를 바탕으로 보다 효과적인 복지 정책을 수립할 수 있다. 지방자치단체는 지역 주민들에게 기술 사용법을 교육하고, 기술의 현장 적용을 지원하여 실제로 복지기술이 효과를 발휘할 수 있도록 한다.

예를 들어, 한 지방자치단체가 스마트 헬스 케어 기술을 도입하여 지역 내 노인들의 건강관리를 지원하는 프로젝트를 추진할 수 있다. 이 프로젝트에서 중앙정부는 기술 도입을 위한 재정 지원과 함께 기술 표준을 제공하고, 지방자치단체는 지역 내 노인복지센터와 협력하여 기술을 보급한다. 노인복지센터는 스마트 헬스 케어 디바이스를 노인들에게 제공하고, 정기적으로 건강 데이터를 모니터링하여 필요한 지원을 제공한다. 이를 통해 노인들은 집에서도 지속적인 건강관리를 받을 수 있으며, 지역사회 전체의 건강 수준을 향상시킬 수 있다.

이와 같이, 복지기술의 성공적인 적용을 위해서는 다양한 주체 간의 협력이 필수적이다. 기관 간 협력, 민 · 관 · 학 협력, 중앙-지방 간 협력 등을 통해 각 주체가 가진 자원과 전문성을 결합하여 보다 효과적이고 혁신적인 복지기술을 개발하고, 이를 보급할 수 있다. 이러한 협력 체계를 통해 사회 전반의 복지 수준을 향상시키고, 모든 사람이 보다 나은 삶을 누릴 수 있도록 하는 것이 목표이다.

3. 복지기술 적용 시 고려사항

복지기술을 적용할 때는 다양한 관점에서 여러 가지 요소를 고려해야 한다. 이는 복지기술이 사회 전반에 걸쳐 효과적으로 작동하고, 궁극적으로 서비스 대상자들의 삶의 질을 향상시키기 위함이다. 복지 관점, 기술 관점, 사회서비스 관점, 디지털 리터러시 측면, 이용자 교육과 실무자 교육, 유지 보수 중요성 등의 세부 고려사항을 살펴보면 다음과 같다.

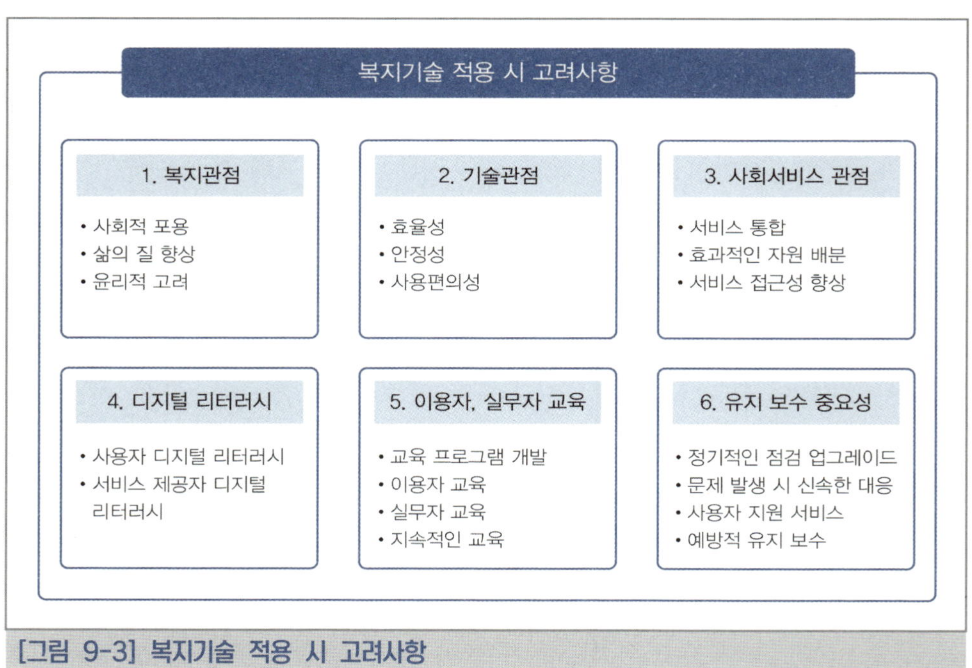

[그림 9-3] 복지기술 적용 시 고려사항

1) 복지 관점

복지 관점에서 복지기술을 적용할 때는 기술이 실제로 서비스 대상자들의 삶에 긍정적인 영향을 미칠 수 있도록 하는 것이 가장 중요하다.

(1) 사회적 포용

복지기술은 사회적 포용을 촉진해야 한다. 이는 기술이 사회의 모든 구성원, 특히 취약계층과 소외된 집단에게도 접근 가능하고 유용해야 한다는 것을 의미한다. 예를 들어, 장애인을 위한 접근성 높은 기술이나, 경제적으로 어려운 사람들도 이용할 수 있는 저렴한 기술을 개발하고 보급하는 것이 중요하다. 이를 위해 정부와 기업은 협력하여 보조금 지원 프로그램이나 저렴한 가격의 기술을 제공하는 방안을 마련할 수 있다. 기술 보급 시에는 다양한 문화적, 언어적 배경을 고려하여 다국어 지원과 문화적 차이를 반영한 사용자 인터페이스를 제공해야 한다.

(2) 삶의 질 향상

기술은 대상자들의 일상생활을 더 편리하고 안전하게 만들어야 한다. 이는 주거환경 개선, 이동성 향상, 건강관리 지원 등을 포함한다. 예를 들어, 스마트홈 기술은 노인이나 장애인의 생활을 보다 안전하게 만들어 주며, 웨어러블 건강 모니터링 기기는 만성질환자의 건강 상태를 실시간으로 체크할 수 있도록 도와준다. 이러한 기술들은 낙상 감지, 응급 호출 기능 등을 통해 긴급 상황에서 신속한 대응을 가능하게 하여 사용자의 안전을 보장한다. 또한, 헬스 케어 로봇은 물리치료나 재활 훈련을 도와 사용자의 자립을 돕고, 생활의 질을 향상시킨다.

(3) 윤리적 고려

복지기술의 적용은 항상 윤리적 기준을 준수해야 한다. 이는 개인정보 보호, 동의 없는 데이터 수집 방지, 기술 사용으로 인한 윤리적 딜레마 해결 등을 포함한다. 예를 들어, 건강 데이터를 수집할 때는 사용자의 명확한 동의를 얻고, 수집된 데이터를 안전하게 보호해야 한다. 또한, 데이터 사용 목적과 범위에 대해 투명하게 공개하고, 사용자가 언제든지 자신의 데이터를 확인하고 삭제할 수 있는 권한을 부여해야 한다. 기술 개발 단계에서도 윤리적 검토를 거쳐, 사용자에게 해가 될 수 있는 요소를 최소화하고, 기술이 인간 중심으로 설계되도록 해야 한다.

2) 기술 관점

기술 관점에서 복지기술을 적용할 때는 기술의 효율성, 안정성, 사용 편의성 등을 고려해야 한다.

(1) 효율성

복지기술은 효율적으로 작동해야 한다. 이는 기술이 사용자에게 실제로 유용하고, 문제를 효과적으로 해결할 수 있어야 함을 의미한다. 예를 들어, 원격의료 시스템은 환자와 의료진 간의 소통을 원활하게 하고, 환자의 건강 문제를 신속하게 파악하고 대응할 수 있도록 해야 한다. 효율성을 높이기 위해 인공지능(AI)과 머신러닝(ML)을 활용하여 개인 맞춤형 건강관리 서비스를 제공할 수 있다. 또한, IoT 기술을 통해 다양한 의료 기기를 연결하고 통합하여 보다 정확하고 포괄적인 건강 데이터를 수집하고 분석할 수 있다.

(2) 안정성

기술은 안정적으로 작동해야 한다. 이는 기술이 사용 중에 오류 없이 지속적으로 작동하고, 예상치 못한 상황에서도 신뢰할 수 있어야 함을 의미한다. 예를 들어, 응급 상황에서 자동으로 알림을 보내는 시스템은 항상 정확하게 작동해야 하며, 오류로 인해 중요한 알림이 누락되지 않도록 해야 한다. 이를 위해 정기적인 시스템 점검과 유지 보수를 통해 안정성을 확보하고, 기술적인 문제가 발생할 경우 신속하게 대응할 수 있는 시스템을 마련해야 한다. 또한, 안정성을 높이기 위해 백업 시스템을 구축하고, 데이터 손실을 방지하기 위한 대비책을 마련해야 한다.

(3) 사용 편의성

복지기술은 사용자가 쉽게 이해하고 사용할 수 있어야 한다. 이는 기술의 인터페이스가 직관적이고, 복잡하지 않으며, 사용법이 명확하게 안내되어야 함을 의미한다. 예를 들어, 스마트폰 앱을 사용하는 노인들을 위해서는 큰 글씨와 간단한 메뉴 구성이 필요하다. 사용자 인터페이스(UI)는 사용자의 특성을 고려하여 설계되어야 하며, 터치스크린 사용이 어려운 사람들을 위해 음성 명령이나 제스처 인식 기능을 제공할 수 있다. 또한, 사용자가 쉽게 접근할 수 있도록 매뉴얼이나 튜토리얼 비디오를 제공하고, 초기 사용 시 지원을 받을 수 있는 시스템을 마련해야 한다.

3) 사회서비스 관점

사회서비스 관점에서 복지기술을 적용할 때는 기술이 사회서비스와 통합되고, 이를 통해 서비스의 질을 향상시킬 수 있도록 해야 한다.

(1) 서비스 통합

복지기술은 기존의 사회서비스와 통합되어야 한다. 이는 기술이 사회복지사, 간병인, 의료진 등 다양한 전문가들이 제공하는 서비스와 유기적으로 결합되어야 함을 의미한다. 예를 들어, 전자 건강 기록 시스템은 의료진과 사회복지사가 환자의 정보를 공유하고, 협력하여 보다 일관된 서비스를 제공할 수 있도록 한다. 이를 통해 환자는 일관된 케어를 받을 수 있으며, 다양한 전문가가 협력하여 최적의 치료와 지원을 제공할 수 있다. 서비스 통합을 위해서는 각 기관 간의 데이터 공유와 협력이 원활하게 이루어질 수 있는 기술적, 제도적 기반을 마련해야 한다.

(2) 효과적인 자원 배분

기술은 사회서비스 자원을 효율적으로 배분하는 데 기여해야 한다. 이는 기술이 서비스 제공의 효율성을 높이고, 자원의 낭비를 줄이며, 더 많은 사람들이 혜택을 받을 수 있도록 해야 함을 의미한다. 예를 들어, AI 기반 상담 시스템은 사회복지사가 더 많은 클라이언트를 효율적으로 관리할 수 있도록 돕는다. 이를 통해 사회복지사는 보다 복잡한 사례에 집중할 수 있고, 기술은 반복적인 업무를 자동화하여 시간을 절약할 수 있다. 효과적인 자원 배분을 위해서는 기술 도입 시 자원의 효율적 사용을 계획하고, 지속적으로 평가하여 개선할 수 있는 피드백 시스템을 구축해야 한다.

(3) 서비스 접근성 향상

복지기술은 사회서비스의 접근성을 향상시켜야 한다. 이는 물리적, 경제적, 지리적 제약 없이 더 많은 사람들이 서비스를 이용할 수 있도록 하는 것을 포함한다. 예를 들어, 원격 상담 서비스는 거동이 불편하거나 먼 곳에 거주하는 사람들도 쉽게 상담을 받을 수 있도록 한다. 이를 위해 다양한 플랫폼을 통해 서비스를 제공하고, 인터넷 접근이 어려운 지역에도 기술을 보급할 수 있는 방안을 마련해야 한다. 또한, 경제적으로 어려운 사람들도 기술을 이용할 수 있도록 지원하는 프로그램을 마련하고, 기술 사용에 따른 비용을 줄이기 위한 방안을 고려해야 한다.

4) 디지털 리터러시 측면

디지털 리터러시(Digital Literacy)는 복지기술을 효과적으로 활용하기 위해 사용자와 서비스 제공자가 갖추어야 할 중요한 능력이다.

(1) 사용자 디지털 리터러시

사용자는 복지기술을 이해하고 활용할 수 있는 기본적인 디지털 리터러시를 갖추어야 한다. 이는 기기의 기본적인 사용법, 데이터 입력 방법, 문제 발생 시 대처 방법 등을 포함한다. 예를 들어, 노인들에게 스마트폰 사용법을 교육하고, 앱 설치와 사용 방법을 쉽게 안내하는 것이 필요하다. 이를 위해 지역 커뮤니티 센터나 복지기관에서 정기적인 디지털 리터러시 교육 프로그램을 운영하고, 일대일 맞춤형 교육을 제공하여 사용자의 이해를 돕는 것이 중요하다.

(2) 서비스 제공자 디지털 리터러시

서비스 제공자도 높은 수준의 디지털 리터러시를 갖추어야 한다. 이는 복지기술의 기능과 한계를 이해하고, 이를 실제로 적용할 수 있는 능력을 포함한다. 예를 들어, 사회복지사는 전자 건강 기록 시스템을 사용하여 클라이언트의 정보를 효율적으로 관리하고, 필요 시 기술 지원을 제공할 수 있어야 한다. 이를 위해 정기적인 직무 교육과 훈련을 통해 최신 기술에 대한 이해를 높이고, 기술 활용 능력을 향상시키는 것이 필요하다. 또한, 서비스 제공자는 기술 사용 중 발생할 수 있는 윤리적 문제에 대한 인식을 높이고, 이를 적절히 대처할 수 있는 능력을 갖추어야 한다.

5) 이용자 교육, 실무자 교육

복지기술을 효과적으로 적용하기 위해서는 이용자와 실무자 모두에게 적절한 교육이 필요하다.

(1) 교육 프로그램 개발

디지털 리터러시를 향상시키기 위한 체계적인 교육 프로그램이 필요하다. 이는 사용자와 서비스 제공자를 대상으로 하는 교육 과정으로, 이론과 실습을 포함하여 기술 사용 능력을 체계적으로 향상시킬 수 있어야 한다. 예를 들어, 정기적인 워크숍과 온라인 교육 프로그램을 통해 지속적인 학습 기회를 제공할 수 있다. 교육 프로그램은 다양한 수준의 사용자에게 맞춤형으로 제공되어야 하며, 기본적인 기술 사용법부터 고급 기능까지 포괄적으로 다루어야 한다. 또한, 교육 후에도 지속적인 지원과 피드백을 제공하여 학습자가 기술을 효과적으로 활용할 수 있도록 도와야 한다.

(2) 이용자 교육

이용자에게는 복지기술의 목적과 사용법을 명확하게 설명하고, 기술 사용에 대한 자신감을 심어주는 교육이 필요하다. 이는 기술의 기능, 사용 방법, 문제 발생 시 대처 방법 등을 포함한다. 예를 들어, 스마트홈 시스템을 사용하는 노인들에게는 기기의 기본적인 작동 원리와 응급 상황 시 대처 방법을 교육하는 것이 중요하다. 이를 위해 지역 복지기관이나 커뮤니티 센터에서 정기적인 교육 프로그램을 운영하고, 실습을 통해 사용자가 기술에 익숙해질 수 있도록 해야 한다. 또한, 교육 자료를 이해하기 쉬운 형태로 제공하고, 반복적인 학습을 통해 기술 사용에 대한 자신감을 높일 수 있도록 해야 한다.

(3) 실무자 교육

실무자에게는 복지기술의 전문적인 사용법과 관리 방법을 교육해야 한다. 이는 기술의 설치, 유지 보수, 데이터 관리, 사용자 지원 등을 포함한다. 예를 들어, 복지기관의 직원들에게는 전자 건강 기록 시스템의 사용법과 데이터 입력 방법, 데이터 보안 관리 방법 등을 교육하는 것이 필요하다. 실무자 교육은 이론 교육뿐만 아니라 실습을 통해 실제 상황에서 기술을 활용할 수 있는 능력을 키우는 것이 중요하다. 또한, 최신 기술 동향과 변화에 대응할 수 있도록 정기적인 업데이트 교육을 제공하고, 실무자들이 새로운 기술을 지속적으로 습득할 수 있도록 지원해야 한다.

(4) 지속적인 교육

교육은 일회성으로 끝나지 않고, 지속적으로 이루어져야 한다. 이는 새로운 기술의 도입과 기존 기술의 업데이트에 따라 지속적인 교육과 훈련이 필요함을 의미한다. 예를 들어, 정기적인 교육 세미나와 워크숍을 통해 최신 기술 동향을 공유하고, 직원들이 새로운 기술을 습득할 수 있도록 해야 한다. 이를 위해 온라인 교육 플랫폼을 활용하여 언제든지 학습할 수 있는 환경을 제공하고, 실무자들이 자신의 일정에 맞추어 학습할 수 있도록 유연한 교육 프로그램을 운영하는 것이 필요하다. 또한, 교육 후에도 지속적인 피드백을 통해 실무자들의 기술 사용 능력을 평가하고, 필요한 보완 교육을 제공하여 기술 활용의 효율성을 높여야 한다.

6) 유지 보수 중요성

복지기술의 지속적인 효과를 위해서는 유지 보수가 매우 중요하다.

(1) 정기적인 점검과 업그레이드

기술의 지속적인 기능을 보장하기 위해 정기적인 점검과 업그레이드가 필요하다. 이는 하드웨어와 소프트웨어 모두에 해당하며, 시스템의 오류를 미리 발견하고 수정하는 것이 포함된다. 예를 들어, 웨어러블 건강 모니터링 기기는 정기적으로 점검하여 배터리 상태, 센서의 정확성 등을 확인하고, 필요시 업데이트를 진행해야 한다. 정기적인 점검을 통해 기술의 안정성을 확보하고, 예기치 않은 상황에서의 위험을 최소화할 수 있다.

(2) 문제 발생 시 신속한 대응

기술 사용 중 문제 발생 시 신속하게 대응할 수 있는 시스템을 구축해야 한다. 이는 문제 발생 시 신속하게 문제를 진단하고 해결할 수 있는 기술 지원 팀을 갖추는 것을 포함한다. 예를 들어, 원격의료 시스템에서 문제가 발생할 경우, 기술 지원 팀이 신속하게 문제를 해결하여 서비스가 중단되지 않도록 해야 한다. 이를 위해 24시간 대응 가능한 기술 지원 센터를 운영하고, 문제 발생 시 즉시 대처할 수 있는 프로세스를 마련해야 한다. 또한, 사용자가 쉽게 접근할 수 있는 고객 지원 채널을 제공하여 기술 사용 중 발생하는 문제를 신속히 해결할 수 있도록 지원해야 한다.

(3) 사용자 지원 서비스

사용자가 기술 사용 중 겪는 문제를 해결할 수 있도록 지원 서비스를 제공해야 한다. 이는 기술 사용에 대한 문의 응대, 사용법 안내, 기술적 문제 해결 등을 포함한다. 예를 들어, 스마트홈 시스템을 사용하는 사용자가 기술적인 문제를 겪을 때, 24시간 지원 가능한 콜센터나 온라인 지원 서비스를 통해 신속하게 도움을 받을 수 있어야 한다. 사용자 지원 서비스는 친절하고 신속하게 제공되어야 하며, 사용자가 문제를 해결하고 기술을 원활하게 사용할 수 있도록 해야 한다. 또한, 사용자의 피드백을 수집하여 서비스 품질을 지속적으로 개선하고, 사용자 만족도를 높일 수 있는 방안을 마련해야 한다.

(4) 예방적 유지 보수

문제가 발생하기 전에 예방적 유지 보수를 통해 잠재적인 문제를 미리 방지하는 것이 중요하다. 이는 정기적인 시스템 점검과 테스트를 통해 시스템의 취약점을 발견하고, 이를 보완하는 작업을 포함한다. 예를 들어, 전자 건강 기록 시스템의 데이터 백업을 정기적으로 수행하고, 보안 취약점을 점검하여 데이터 유출을 방지하는 것이 필요하다. 예방적 유지 보수를 통해 시스템의 신뢰성을 높이고, 장기적으로 안정적인 서비스 제공을 보장할 수 있다. 또한, 예방적 유지 보수를 위해 최신 기술을 도입하고, 시스템 성능을 지속적으로 개선하는 작업을 진행해야 한다.

이와 같이 복지기술의 적용 시 다양한 측면에서 고려사항을 철저히 준비하고, 이를 통해 기술의 효과적인 활용과 지속 가능한 발전을 실현하는 것이 중요하다. 이를 통해 복지기술이 사회 전반에 긍정적인 영향을 미치고, 서비스 대상자들의 삶의 질을 향상시키는 데 기여할 수 있다.

1. 서비스 제공자 및 제공기관

복지기술의 성공적인 적용을 위해 서비스 제공자와 기관의 역량이 매우 중요하다. 서비스 제공자의 역량은 복지기술을 이해하고 사용하는 전문성, 개인정보 보호와 윤리적 문제 해결을 위한 윤리적 판단력, 기술 사용 과정에서 대상자와 소통하는 상호작용 능력을 포함해야 한다. 제공기관은 기술적 인프라 구축, 전문인력 배치, 지속적인 교육 및 훈련 프로그램, 윤리적 지침 마련, 평가와 피드백 시스템을 갖추어야 하며, 다른 기관들과 협력 체계를 구축하여 복지기술의 효과적 적용을 실현할 수 있어야 한다.

2. 협업 체계

복지기술의 성공적 적용을 위해 기관 간 협력, 민·관·학 협력, 중앙-지방 간 협력이 필수적이다. 기관 간 협력은 보건의료기관과 사회복지기관, 지역사회 기관 간의 협력을 통해 통합적인 서비스를 제공하며, 지역사회 전반의 복지 수준을 높인다. 민·관·학 협력은 민간 기업, 공공기관, 학계 간의 협력을 통해 혁신적인 복지기술을 개발하고 적용하며, 중앙정부와 지방자치단체 간의 협력은 복지기술의 전국적 보급을 촉진한다.

3. 복지기술 적용 시 고려사항

복지기술을 적용할 때는 다양한 관점에서 요소를 고려해야 한다. 복지 관점에서는 기술이 사회적 포용을 촉진하고, 대상자의 삶의 질을 향상시키며, 윤리적 기준을 준수해야 한다. 기술 관점에서는 기술의 효율성, 안정성, 사용 편의성을 중점적으로 고려해야 한다. 사회서비스 관점에서는 기술이 서비스와 통합되고, 자원을 효율적으로 배분하며, 서비스의 접근성을 높여야 한다. 디지털 리터러시는 사용자와 제공자가 기술을 효과적으로 활용할 수 있도록 교육을 통해 강화해야 한다. 이용자 및 실무자 교육은 기술 사용 능력을 높이기 위한 체계적인 교육 프로그램이 필요하며, 지속적인 교육과 피드백이 중요하다. 유지 보수는 정기적인 점검과 문제 발생 시 신속한 대응을 통해 기술의 안정성과 지속성을 보장해야 한다.

복지기술의 성공적인 적용을 위해 서비스 제공자와 제공기관의 역량, 다양한 주체 간의 협력, 그리고 기술적·윤리적 측면의 고려사항이 필요하다. 이를 통해 복지기술은 대상자의 삶의 질을 향상시키고 사회 전반에 긍정적인 영향을 미칠 수 있다.

01. 복지기술의 성공적인 적용을 위해 서비스 제공자와 기관이 갖추어야 할 역량과 인프라는 무엇인가?

02. 복지기술 적용 시 디지털 리터러시가 중요한 이유는 무엇이며, 이를 향상시키기 위해 필요한 교육적 접근은 무엇인가?

CHAPTER

10

복지기술 개발 프로세스에 대한 이해

CHAPTER 10
복지기술 개발 프로세스에 대한 이해

복지기술 개발 프로세스는 기술과 사회복지가 융합된 프로세스로, 사회복지 대상자를 지원하고 삶의 질을 향상시키는 데 중점을 둔다. 이 과정은 단순히 기술을 설계하고 구현하는 것을 넘어, 대상자의 필요를 분석하고, 이를 효과적으로 해결할 수 있는 솔루션을 개발하는 체계적인 절차로 이루어진다. 복지기술 개발은 기술적 전문성과 사회적 책임이 결합된 활동으로, 인간 중심의 접근 방식을 통해 사회적 문제를 해결하고 지속 가능한 복지 시스템 구축에 기여한다. 또, 기획과 개발 단계에서 개발 결과물이 사회서비스와 잘 연결될 수 있도록 거듭 확인하는 것이 필요하다. 이 장에서는 소프트웨어 개발을 중심으로 복지기술 개발 프로세스에 대해 설명하고자 한다.

1. 소프트웨어 개발 프로세스

소프트웨어 개발은 사용자에게 필요한 소프트웨어를 설계하고 구현하며, 유지 보수하는 과정이다. 개발 과정은 단순히 코드를 작성하는 것이 아니라, 체계적인 절차와 협업을 통해 이루어진다.

소프트웨어 개발이 중요한 이유는 사람들이 직면한 문제를 해결하고, 생산성을 높이며, 새로운 가능성을 열어주기 때문이다. 예를 들어, 온라인 은행 시스템은 금융 거래를 편리하게 해주고, 전자 상거래 플랫폼은 쇼핑 방식을 혁신했다.

일반적으로 소프트웨어 개발은 일반적으로 요구사항 분석, 설계, 구현, 테스트, 배포, 유지 보수의 단계를 거친다. 이러한 단계는 개발의 효율성을 높이고, 사용자에게 높은 품질의 소프트웨어를 제공하기 위해 필요하다.

1) 소프트웨어 개발 프로세스의 주요 단계

소프트웨어 개발은 요구사항 분석부터 유지 보수에 이르기까지 일련의 체계적인 단계를 거쳐 이루어진다. 각 단계는 소프트웨어의 품질을 보장하고, 최종 사용자에게 필요한 기능을 제공하기 위해 필수적이다.

(1) 요구사항 분석

요구사항 분석(Requirements Analysis) 단계는 소프트웨어 개발의 시작점이다. 이 단계에서는 사용자의 요구를 명확히 파악하고, 소프트웨어가 해결해야 할 문제를 정의한다. 예를 들어, 사회복지관 관리 시스템을 개발할 경우, 상담 예약, 프로그램 등록, 복지서비스 신청 절차 등 구체적인 요구사항이 정의된다. 이러한 요구사항은 개발팀이 따라야 할 명확한 기준이 된다.

(2) 설계

설계(Design) 단계는 소프트웨어의 구조와 동작 방식을 계획하는 과정이다. 이 과정에서는 소프트웨어가 어떻게 작동할지, 어떤 기술이 사용될지를 결정한다. 시스템 설계에서는 데이터가 어떻게 흐르고 처리될지를 결정하며, 사용자 인터페이스 설계에서는 상담 일정 확인, 서비스 신청 등의 화면 배치를 구상한다. 설계 결과물은 코드 작성의 청사진 역할을 한다.

(3) 구현

구현(Implementation) 단계에서는 설계된 내용을 바탕으로 실제 코드를 작성한다. 이 과정은 소프트웨어 개발자의 주요 업무로, 프로그래밍 언어와 도구를 사용하여 소프트웨어를 구체화한다. 예를 들어, 사회복지관 관리 시스템에서는 사용자가 입력한 상담 신청 정보를 데이터베이스에 저장하고, 프로그램 일정 알림 기능을 구현한다. 구현 과정에서는 팀 간의 협업이 이루어지며, 코드의 품질을 높이기 위해 코드 리뷰도 수행된다.

(4) 테스트

테스트(Test) 단계는 소프트웨어의 품질을 보장하기 위한 필수적인 과정이다. 이 단계에서는 소프트웨어가 예상대로 동작하는지 확인하고, 발견된 오류를 수정한다. 테스트는 단위 테스트, 통합 테스트, 시스템 테스트, 사용자 테스트 등으로 나뉜다. 예를 들어, 사회복지관 관리 시스템에서는 상담 예약 완료 후 사용자가 정확한 확인 메시지를 받는지, 여러 사용자가 동시에 접속해도 시스템이 안정적으로 작동하는지를 확인한다.

(5) 배포

배포(Deployment) 단계에서는 완성된 소프트웨어를 실제 사용자에게 제공한다. 소프트웨어를 서버에 설치하고, 사회복지관 직원들이 접근할 수 있도록 설정하며, 필요시 사용자 교육도 제공된다. 배포 단계는 소프트웨어가 실질적으로 가치를 발휘하는 시점으로, 사용자 피드백을 수집하여 향후 개선의 기초 자료로 삼는다.

(6) 유지 보수

마지막으로, 유지 보수(Maintenance) 단계는 소프트웨어가 사용자 환경에서 지속적으로 사용될 수 있도록 관리하는 과정이다. 배포 이후에도 새로운 요구사항이 발생하거나, 운영 환경이 변경될 경우 이에 대응하여 소프트웨어를 업데이트한다. 예를 들어, 사회복지관 관리 시스템에 새로운 서비스 기능이 추가되거나, 데이터 처리 속도를 개선할 수 있다. 유지 보수는 소프트웨어의 지속적인 가치를 유지하기 위해 필수적인 단계이다.

이처럼 소프트웨어 개발 프로세스는 각 단계가 유기적으로 연결되어 있으며, 모든 과정이 체계적으로 이루어질 때 높은 품질의 소프트웨어를 개발할 수 있다. 이 과정은 사용자 만족도를 높이고, 소프트웨어의 효율성과 안정성을 보장하는 데 기여한다.

2) 소프트웨어 개발 모델

소프트웨어 개발 모델은 개발 과정에서 체계와 방향성을 제공하는 방법론이다. 각 모델은 프로젝트의 성격과 목표에 따라 선택되며, 개발 방식과 결과물의 품질에 큰 영향을 미친다. 주요 소프트웨어 개발 모델로는 워터폴 모델, 애자일 모델, 스크럼, 칸반 등이 있다. 각각의 모델은 고유한 특징과 장단점을 가지며, 프로젝트 환경에 따라 적합한 개발 모델을 선정해야 한다.

(1) 워터폴 모델

워터폴(Waterfall) 모델은 가장 전통적인 소프트웨어 개발 방법론으로, 개발 단계를 순차적으로 진행한다. 요구사항 분석, 설계, 구현, 테스트, 배포, 유지 보수의 단계를 하나씩 완성해야 다음 단계로 넘어갈 수 있다. 이 모델은 체계적이고 구조적인 접근 방식을 제공하지만, 중간에 요구사항이 변경되면 수정이 어렵다는 단점이 있다. 주로 요구사항이 명확하고 변경 가능성이 적은 대형 프로젝트에서 사용된다.

(2) 애자일 모델

애자일(Agile) 모델은 유연하고 반복적인 개발 방식을 강조하며, 빠르게 변화하는 환경에 적합하다. 개발 과정을 짧은 주기로 나누어 실행 가능한 소프트웨어를 지속적으로 제공하며, 사용자 피드백을 반영하여 개선한다. 이 모델은 요구사항 변경에 유연하게 대응할 수 있는 장점이 있지만, 초기 계획이 명확하지 않으면 관리가 어려울 수 있다. 스타트업이나 급변하는 시장에서의 프로젝트에 효과적이다.

(3) 스크럼

스크럼(Scrum)은 애자일 모델의 하위 프레임워크 중 하나로, 팀워크와 반복적인 작업 과정을 중심으로 한다. 개발 과정은 짧은 기간(스프린트)으로 나뉘며, 매일 짧은 회의를 통해 진행 상황을 공유하고 문제를 해결한다. 스크럼은 명확한 목표 설정과 팀원 간의 협업을 강화하는 데 효과적이다. 그러나 팀의 경험과 역량에 따라 결과가 크게 달라질 수 있는 단점이 있다.

소프트웨어 개발 모델을 선택할 때는 프로젝트의 요구사항, 환경, 목표를 종합적으로 고려해야 한다. 요구사항이 명확하고 변경 가능성이 적다면 워터폴 모델이 적합하며, 빠르게 변화하는 환경에서는 애자일 모델이나 스크럼이 효과적이다. 작업 흐름을 시각적으로 관리해야 하는 경우에는 칸반이 유용하다. 적절한 모델을 선택함으로써 개발 과정의 효율성을 높이고, 품질 높은 결과물을 제공할 수 있다.

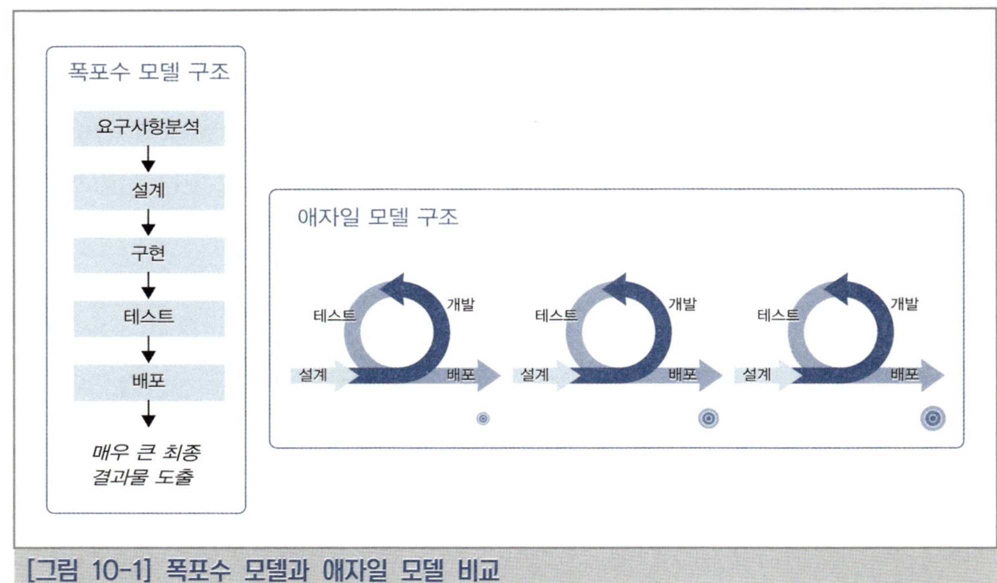

[그림 10-1] 폭포수 모델과 애자일 모델 비교

3) 소프트웨어 개발에 필요한 사람들

소프트웨어 개발은 다양한 전문가들이 협력하여 이루어진다. 각 역할은 고유한 책임과 전문성을 지니며, 이들이 조화를 이룰 때 높은 품질의 소프트웨어가 완성된다.

프로젝트 매니저는 개발 프로젝트를 전체적으로 관리하며, 일정과 자원을 조율한다. 요구사항 수집부터 배포까지 모든 단계를 감독하고, 팀 간 의사소통을 원활하게 한다.

기획자는 소프트웨어의 방향성과 목표를 설정한다. 사용자의 요구를 분석하고 시장 조사를 통해 비전과 전략을 구체화하며, 개발팀과 디자이너 간의 가교 역할을 한다.

소프트웨어 개발자는 요구사항을 분석하고 이를 코드로 구현한다. 프로그래밍 언어와 도구를 사용하여 기능을 개발하고, 오류를 수정하며 성능을 최적화한다.

디자이너는 사용자 인터페이스(UI)와 사용자 경험(UX)을 설계한다. 화면 배치, 색상, 버튼 크기 등을 통해 사용하기 편리한 소프트웨어를 만든다.

테스트 엔지니어는 소프트웨어의 오류를 발견하고 품질을 보장하기 위해 다양한 테스트를 수행한다. 단위 테스트부터 시스템 테스트까지 진행하며, 문제를 개발팀에 보고한다.

데이터 분석가는 개발 과정에서 생성되는 데이터를 분석하여 의사결정을 지원한다. 사용자 요구를 데이터로 분석하고, 인공지능이나 머신러닝 기술을 활용하여 소프트웨어의 성능을 향상시킨다.

이 외에도 시스템 관리자, 비즈니스 분석가, 기술 작가 등 다양한 역할이 소프트웨어 개발에 참여한다. 각자의 전문 분야에서 역량을 발휘하며, 팀의 협업을 통해 최종 목표를 이룬다. 소프트웨어 개발은 다양한 역할이 상호작용하며 만들어지는 과정으로, 사람과 사람의 조화로운 노력이 중요한 요소이다.

4) 소프트웨어 개발과 윤리

소프트웨어 개발은 기술적 성과를 추구하는 것뿐만 아니라, 윤리적 책임을 수반하는 활동이다. 개발자는 기술이 사회에 미치는 영향을 고려하고, 사용자의 권리를 보호하며, 공정성과 투명성을 유지해야 한다. 이 절에서는 소프트웨어 개발과 관련된 주요 윤리적 이슈를 사회복지와 연계하여 살펴본다.

소프트웨어 개발에서 데이터 보호와 개인정보 관리는 가장 중요한 윤리적 주제 중 하나다. 예를 들어, 지역사회 통합 돌봄(커뮤니티 케어) 프로그램을 위한 소프트웨어는 대상자의 건강 정보, 연락처, 생활 기록 등을 다룰 수 있다. 이 경우, 데이터가 외부로 유출되지 않도록 암호화와 접근 권한 제한을 철저히 관리해야 한다. 또한, 데이터 사용 목적을 명확히 알리고, 대상자의 동의를 받아야 한다.

공정성과 접근성도 중요한 윤리적 요소이다. 사회복지 소프트웨어는 노인, 장애인, 저소득층 등 다양한 사용자층을 고려하여 설계되어야 한다. 예를 들어, 독거노인을 위한 응급 호출 시스템은 간단하고 직관적인 사용자 인터페이스를 제공해야 하며, 음성으로 조작할 수 있는 기능도 포함되어야 한다. 장애인을 위한 경우, 화면 읽기 기능이나 키보드 조작 지원과 같은 접근성을 강화해야 한다. 이를 통해 모든 사용자가 소프트웨어를 평등하게 이용할 수 있도록 해야 한다.

사회적 책임도 소프트웨어 개발자가 고려해야 할 중요한 윤리적 측면이다. 예를 들어, 복지관에서 사용되는 예약 관리 소프트웨어가 잘못 설계되어 예약 데이터가 삭제된다면, 복지서비스 제공에 혼란이 생기고 대상자에게 불편을 초래할 수 있다. 이러한 문제를 방지하기 위해 철저한 테스트와 안정성 확보가 필요하다.

알고리즘의 투명성과 공정성도 사회복지 소프트웨어에서 중요하다. 예를 들어, 복지서비스 대상자를 선정하는 인공지능 기반 소프트웨어가 편향된 데이터를 학습하면, 특정 지역이나 그룹이 차별을 받을 수 있다. 이를 방지하기 위해 알고리즘이 공정하게 작동하도록 데이터를 다각도로 검토하고, 의사결정 과정이 투명하게 공개되어야 한다.

마지막으로, 소프트웨어 개발자는 환경적인 영향을 고려해야 한다. 예를 들어, 원격 모니터링 소프트웨어를 사용하는 경우, 데이터 센터의 에너지 소비를 줄이기 위해 효율적인 서버를 사용하거나 친환경 클라우드 서비스를 선택하는 것이 필요하다.

소프트웨어 개발은 단순히 기능적인 요구를 충족하는 것을 넘어, 윤리적 책임을 다해야 하는 과정이다. 개발자는 기술이 사회복지 분야에서 긍정적인 영향을 미치고, 사용자의 권리를 보호하며, 공정하고 투명하게 작동하도록 노력해야 한다. 이를 통해 기술 발전이 사회적 약자를 포함한 모든 사람에게 더 나은 삶을 제공할 수 있다.

2. 앱 서비스 기획

디지털 전환은 사회복지의 접근성과 효율성을 혁신적으로 변화시키고 있다. 기존에는 주민센터 방문, 전화 상담 등 오프라인 중심의 방식이 일반적이었다. 하지만 기술 발전과 스마트폰 보급으로 인해 복지 정보와 지원이 디지털 플랫폼을 통해 빠르고 편리하게 제공되고 있다. 예를 들어, 독거노인을 위한 지역 커뮤니티 지원 서비스는 앱을 통해 실시간으로 연결되고, 사용자 맞춤형 알림을 통해 정보 접근성을 높인다. 이러한 디지털화는 복지서비스의 범위를 확장하고, 보다 많은 사람에게 혜택을 제공할 기회를 창출한다.

사회복지 앱 서비스는 복지 정보 제공, 대상자 연결, 복지 행정 지원 등을 목적으로 설계된 디지털 도구다. 이를 통해 사회복지 현장에서의 효율성을 강화하고, 서비스 수혜자의 편의를 높인다. 예컨대, 복지 혜택을 조회하고 지원 신청을 할 수 있는 앱은 대상자와 복지기관 간의 연결을 단순화하며, 신청 프로세스에서 발생하는 시간적, 물리적 제약을 해소한다.

1) 문제 분석과 서비스 목표 설정

앱 기획의 출발점은 해결해야 할 문제를 구체적으로 정의하는 것이다. 예를 들어, 지역 주민들이 자신이 받을 수 있는 복지 혜택을 잘 알지 못한다는 문제를 해결하기 위해서는 지역 주민에게 맞춤형 복지 정보 제공, 지원 신청 절차 간소화를 통한 행정의 효율성 강화, 디지털 소외계층을 위한 사용자 친화적 인터페이스 제공 등 세 가지 서비스 목표를 설정할 수 있다.

2) SWOT 분석과 문제 정의

SWOT 분석은 조직이나 프로젝트의 내부 강점(Strength)과 약점(Weakness), 외부 환경의 기회(Opportunity)와 위협(Threat)을 체계적으로 분석하여 전략을 수립하는 도구이다. 이 도구는 비즈니스와 프로젝트 기획뿐만 아니라, 앱 서비스 기획에서도 널리 사용된다.

강점(S)은 내부적인 요소로, 조직이나 프로젝트가 잘 수행할 수 있는 강점이나 유리한 점을 말한다. 약점(W)은 내부적인 한계나 부족한 자원, 개선이 필요한 부분이다. 기회(O)는 외부 환경에서 긍정적으로 활용할 수 있는 트렌드나 변화이다. 위협(T)은 외부 환경에서 발생할 수 있는 위험 요소로, 프로젝트의 성과에 부정적인 영향을 미칠 수 있다. 따라서 강점을 활용하여 기회를 극대화하고, 약점을 보완하며 위협을 최소화하는 전략을 수립한다. 특히 사회복지 관련 앱을 개발할 때는 제한된 자원과 기술력 안에서 최적의 결과를 도출하기 위해 SWOT 분석이 중요한 역할을 한다. SWOT 분석을 통해 도출된 문제 정의는 이후 기획 목표와 전략 설계에 직접적으로 활용될 수 있다.

3) 페르소나 작성

사용자 경험(UX)을 설계하기 위해서는 주요 사용자를 대표하는 페르소나를 설정해야 한다. 페르소나는 특정 사용자 집단을 대표하는 가상의 인물로, 사용자의 요구와 행동을 이해하고 설계에 반영하기 위해 사용된다. 특히 사회복지 관련 앱의 경우, 다양한 사용자 집단(예: 고령자, 취약계층 보호자, 일반 사용자)의 욕구를 분석해 서비스 설계에 반영하는 것은 필수적이다. 페르소나는 단순히 가상의 사용자를 정의하는 것에서 그치지 않는다. 이는 사용자 중심 설계를 가능하게 하며, 개발 과정에서 팀의 모든 구성원이 동일한 방향성을 공유할 수 있도록 돕는 중요한 역할을 한다. 페르소나 작성 단계는 다음과 같다.

① **대상자 데이터 수집**: 서비스의 주요 대상자를 정의하기 위해 설문조사, 인터뷰, 기존 연구 자료 등을 수집한다. 이러한 데이터는 각 그룹이 앱에서 어떤 기능을 필요로 하는지 파악하는 데 사용된다.

② **사용자 그룹 분류**: 데이터를 바탕으로 주요 사용자 그룹을 분류한다.

③ **가상의 사용자 정의**: 위 분류에 따라 각 그룹을 대표하는 페르소나를 작성한다. 이 과정에서 이름, 연령, 직업, 목표, 니즈, 사용 시나리오 등을 구체화한다.

4) 정보구조도 설계

정보구조도(Information Architecture: IA)는 디지털 서비스의 정보 흐름과 서비스의 논리적 구조를 체계적으로 설계하는 작업이다. 이는 데이터의 조직, 화면 간의 관계, 사용자 흐름 등을 시각적으로 표현하여 사용자가 원하는 정보를 쉽게 찾고 작업을 효율적으로 수행할 수 있도록 돕는다.

정보구조도는 콘텐츠 분류, 내비게이션 설계, 데이터 흐름 관리, 사용자 흐름 설계로 구성된다. 콘텐츠 분류는 정보를 체계적으로 그룹화하며, 내비게이션 설계는 사용자 화면 간 이동 경로를 정리한다. 데이터 흐름 관리는 데이터의 입력, 저장, 출력 과정을 정의하고, 사용자 흐름 설계는 사용자가 앱을 처음 접속해 목표를 달성하기까지의 여정을 나타낸다.

정보구조도는 사용자 경험(UX)을 최적화하고, 개발자와 디자이너 간의 커뮤니케이션을 원활하게 하며, 서비스 구현의 기반을 제공한다. 사용자 경험이 개선되면 사용 편의성이 향상되고, 프로젝트 구성원 간 정보 흐름에 대한 공통된 이해가 가능해진다.

정보구조도 작성은 서비스의 목표 설정, 데이터 수집 및 분류, 사용자 흐름 정의, 정보 시각화 단계를 포함한다. 목표를 설정한 후 데이터를 카테고리로 분류하고, 사용자 여정을 기반으로 데이터 흐름과 화면 간 관계를 설계한다. 마지막으로 이를 시각적으로 표현하여 구현에 활용한다.

정보구조도를 설계할 때 사용자 요구를 반영하여 간결하고 직관적인 내비게이션을 제공해야 한다. 개인 정보를 보호하기 위한 보안 설계와 미래의 확장 가능성을 고려한 유연한 구조도 필수적이다. 정보구조도는 서비스의 기반을 구축하는 핵심 요소로, 사용자 경험 향상과 개발 효율성을 동시에 지원한다. 사회복지 앱에서 정보구조도는 복잡한 데이터를 체계화하고 사용자 요구를 충족시키는 데 중요한 역할을 한다. 서비스 목표와 사용자 흐름을 명확히 정의함으로써 더욱 효과적인 디지털 서비스를 설계할 수 있다.

5) 와이어프레임

와이어프레임(Wireframe)은 앱이나 웹사이트의 기본 구조와 레이아웃을 시각적으로 표현한 설계 도구이다. 화면 구성 요소(텍스트, 이미지, 버튼 등)를 간단한 선과 상자로 나타내며, 최종 디자인 이전에 정보의 흐름과 기능 요구사항을 명확히 하는 데 사용된다. 이는 기획자, 디자이너, 개발자 간의 협업을 지원하며, 프로젝트의 방향성을 구체화하는 역할을 한다.

와이어프레임은 사용자 경험(UX)을 구체화하고, 팀원 간 소통을 원활하게 하며, 시간과 비용을 절감하는 데 그 목적이 있다. 정보 배치와 화면 간 연결 구조를 명확히 정의하여 사용자가 원하는 작업을 직관적으로 수행할 수 있게 한다. 또한, 디자인 단계 이전에 설계 오류를 식별해 수정함으로써 재작업을 줄이고 개발 효율성을 높인다.

와이어프레임은 화면의 레이아웃과 기능적 요구를 시각적으로 표현하는 데 중점을 둔다. 주요 구성 요소로는 헤더와 푸터, 메인 콘텐츠 영역, 사용자 인터랙션 요소(버튼, 드롭다운 메뉴 등), 이미지와 텍스트를 위한 플레이스홀더, 화면 간 연결을 나타내는 화살표 등이 있다. 이는 디자인 디테일보다는 구조와 흐름을 설명하는 데 초점이 맞춰져 있다.

6) 스토리보드 작성

스토리보드는 사용자 여정을 시각적으로 표현하여 서비스 설계의 흐름을 명확히 하는 도구이다. 이는 와이어프레임 이후 작성되는 것이 일반적이며, 사용자가 앱을 처음 접속해 목표를 달성하기까지의 과정을 단계별로 구체화하며, 각 화면에서 사용자가 수행하는 작업과 데이터의 흐름을 시나리오 형태로 보여준다. 스토리보드는 사용자 중심 설계의 중요한 단계로, 앱 개발자, 디자이너, 기획자가 사용자 경험을 공유하고 협력할 수 있도록 돕는다.

기획자는 스토리보드를 단순히 화면 흐름을 표현하는 데 그치지 않고, 각 화면의 기능과 의도를 디자이너와 개발자가 명확히 이해할 수 있도록 설명(Description)을 추가한다. 예를 들어, 홈 화면에서는 사용자가 입력한 기본 정보를 바탕으로 맞춤형 복지 혜택을 추천한다는 기능적 목표를 설명하며, 데이터 입력 및 출력 흐름을 상세히 기술한다. "맞춤형 혜택 목록" 화면에서는 혜택이 사용자 입력 데이터에 따라 동적으로 필터링되며, 해당 조건에 맞는 결과가 리스트 형태로 출력된다는 점을 강조한다.

설명(Description)은 화면별로 수행되는 작업, 입력과 출력 데이터, 사용자가 의도한 행동 등을 상세히 기술하며, 디자이너가 이를 바탕으로 UI를 설계하고 개발자가 기능을 구현할 수 있도록 구체적인 가이드라인을 제공한다. 예를 들어, '신청 화면'의 경우, 업로드 버튼 클릭 시 사용자가 촬영한 문서가 서버로 전송되고, 전송 완료 후 확인 메시지가 표시된다는 과정을 설명한다.

스토리보드의 설명(Description)은 팀 내 소통의 중요한 도구로, 각 구성원이 동일한 방향성을 가지고 프로젝트를 진행할 수 있도록 돕는다. 이를 통해 설계 의도와 구현 결과 사이의 간극을 줄이고, 사용자가 쉽게 서비스를 이용할 수 있는 사용자 경험을 설계할 수 있다.

7) UX/UI 설계

앱 기획의 핵심 설계는 사용자의 요구를 바탕으로 주요 기능을 정의하고, 이를 효과적으로 구현할 수 있는 설계 원칙을 수립하는 과정이다. 따라서 앱 기획의 설계에서는 앱의 주요 기능과 UX/UI 요소를 상세히 설계하는 것이 필요하다.

특히, 앱 기획 설계를 할 때는 사용자 경험(UX) 중심으로 설계를 해야 한다. 사용자 여정을 기반으로 한 스토리보드와 프로토타입을 통해 각 화면의 흐름을 검증하고, 사용자 피드백을 수집하여 설계 과정을 지속적으로 개선할 필요가 있다. 앱을 사용하는 전 과정이 논리적으로 연결되도록 화면 간 이동 경로와 데이터 흐름을 설계하는 데 중점을 두는 것도 중요하다.

결론적으로, 앱 기획의 핵심 설계는 사용자의 요구를 충족하면서도 효율적이고 간소화된 기능을 제공하는 데 초점을 두어야 한다는 점이다. 이러한 설계를 통해 사용자 경험을 극대화하고, 사용자가 쉽게 문제를 해결할 수 있도록 도울 수 있다.

8) 프로토타입과 검증

(1) 와이어프레임과 스토리보드 기반 프로토타입 제작

이 프로토타입은 와이어프레임과 스토리보드를 기반으로 만들어진 앱의 초기 시뮬레이션이다. 이는 사용자 흐름과 화면 간 상호작용을 테스트하기 위해 개발되며, 최종 디자인과 완전한 기능 구현 이전에 기획과 설계의 적합성을 검증하는 중요한 단계다.

와이어프레임을 사용해 기본 화면과 버튼 위치, 정보 흐름을 설계한 후, 이를 디지털 프로토타입 도구(예: Adobe XD, Figma)로 구현할 수 있다. 프로토타입은 사용자가 홈 화면에서 기본 정보를 입력하고 특정 기능을 사용하기까지 일련의 흐름을 포함한다. 특히, 사용자 입력과 출력 간의 관계를 시뮬레이션하여 설계 오류를 조기에 발견할 수 있도록 제작하는 것이 중요하다.

(2) 사용자 피드백을 통한 기획 검증

프로토타입 제작 후, 실제 사용자를 대상으로 테스트를 진행하여 초기 설계와 기획의 적합성을 검증한다. 사용자 피드백은 단순히 UI/UX 개선뿐만 아니라 기능 추가 여부를 결정하는 데도 활용된다. 테스트 결과를 바탕으로 개선점을 반영한 새로운 프로토타입을 제작하며, 검증과 개선을 반복해 설계의 완성도를 높인다.

(3) 최종 기획서 작성

프로토타입 검증을 마친 후, 최종 기획서를 작성하여 앱 설계와 기능에 대한 종합적인 개요를 제공한다. 이 기획서는 와이어프레임, 스토리보드, 사용자 피드백 분석 결과, 수정된 프로토타입, 그리고 최종 기능 정의를 포함한다. 또한, 최종 기획서에는 개발자와 디자이너를 위한 구체적인 가이드라인이 포함된다. 이는 UI 디자인 요소(컬러 코드, 버튼 스타일)와 데이터베이스 구조(사용자 정보, 신청 데이터, 복지 혜택 목록)를 명확히 정의하여 개발 과정에서 발생할 수 있는 혼선을 줄이는 데 도움을 준다.

최종적으로, 기획서는 팀 내 모든 구성원이 동일한 목표를 공유하도록 돕는 문서로, 프로젝트 진행 중 계속 참조할 수 있는 설계와 개발의 기준점 역할을 한다. 이를 기반으로 사회복지 관련 앱은 실제 서비스로 구현될 준비를 마친다.

3. 소프트웨어 유지 보수

1) 소프트웨어 유지 보수의 개념과 중요성

소프트웨어 개발 생명주기(SDLC)는 요구사항 수집, 설계, 개발, 테스트, 배포, 유지 보수로 구성된다. 이 중 유지 보수는 최종 단계로 보이지만 가장 긴 시간 동안 지속되며, 단순히 안정성을 유지하는 것을 넘어 변화하는 요구사항에 적응하고 소프트웨어의 가치를 유지하는 활동을 포함한다. 예를 들어, 한 지역 복지센터에서 도입한 사례관리 시스템은 초기에는 데이터 입력만 지원했지만, 상담사의 요구에 따라 보고서 자동 생성과 사례 검색 기능이 추가되었다. 이러한 유지 보수가 없었다면 시스템은 점차 사용되지 않거나 대체되었을 가능성이 높다.

사회복지 소프트웨어는 민감한 데이터를 다루고 다양한 이해관계자의 협업을 지원한다. 시스템이 안정적으로 작동하지 않을 경우, 서비스 이용자에게 직접적인 피해가 발생할 수 있다. 예를 들어, 한 복지단체의 기부금 관리 시스템이 일시 중단되면서 영수증 발행이 지연되어 기부자 신뢰가 훼손된 사례가 있었다. 유지 보수는 기술적 안정성을 보장할 뿐만 아니라 조직의 생산성과 효율성을 높이는 데도 필수적이다. 복지 행정 소프트웨어가 적시에 업데이트되지 않으면 실무자들이 과도한 수작업을 해야 하거나 데이터 오류가 발생할 위험이 커진다.

2) 유지 보수의 주요 유형

(1) 수정 유지 보수

수정 유지 보수는 소프트웨어의 오류를 수정하거나 예상치 못한 문제를 해결하는 활동을 포함한다. 예를 들어, 한 복지기관에서 상담 기록 시스템의 날짜 포맷 오류로 과거 기록을 불러올 수 없는 문제가 발생했을 때, 개발팀이 이를 분석해 수정 패치를 배포했다. 이러한 수정 유지 보수는 단기적인 활동이지만, 시스템의 신뢰성과 사용성을 유지하는 데 필수적이다.

예를 들어, 노인복지센터에서 사용하는 프로그램이 특정 데이터를 입력 시 강제 종료되는 오류가 있을 때, 수정 유지 보수를 통해 오류의 원인을 찾아 코드의 안정성을 강화하였고, 이후 오류가 재발하지 않을 수 있다.

(2) 적응 유지 보수

적응 유지 보수는 소프트웨어가 외부 환경 변화에 적응하도록 하는 작업으로, 새로운 법령, 정책 변화, 혹은 기술 환경 변화에 대응하기 위해 필요하다. 예를 들어, 저소득층 지원 기준이 변경되었을 때 한 지역 복지센터는 기존 사례관리 소프트웨어의 데이터베이스 구조를 수정하고, 새로운 기준에 맞는 필터링 기능을 추가했다. 이를 통해 직원들은 변경된 정책에 따라 지원 대상자를 효율적으로 관리할 수 있었다.

예를 들어, 한 복지재단에서는 기존 시스템이 새로운 서버 환경에서 작동하지 않아 서버 마이그레이션과 소프트웨어 최적화를 진행할 수 있다. 이를 통해 시스템의 가용성을 유지하며 서비스 중단을 방지할 수 있다. 이러한 적응 유지 보수는 소프트웨어가 환경 변화 속에서도 안정적으로 작동할 수 있도록 하는 데 필수적이다.

(3) 사회복지 현장에서의 유지 보수 사례

사회복지 현장에서 소프트웨어 유지 보수는 다양한 형태로 이루어진다. 예를 들어, 복지시설 관리 시스템의 경우 시설 예약 정보를 기록하고 분석하는 데 사용되는데, 이 시스템이 예약 변경 요청을 처리하는 데 오래 걸린다는 피드백이 있었다. 개발팀은 유지 보수를 통해 처리 속도를 최적화하고, 인터페이스를 간소화하여 사용자 경험을 개선하였다. 또 다른 사례로, 지역 사회복지관은 복지 수혜자 데이터가 급증하면서 데이터베이스의 성능 저하를 겪었다. 유지 보수를 통해 데이터 압축 기술을 도입하고 검색 속도를 개선하여 문제를 해결하였다.

3) 효율적인 유지 보수 프로세스

(1) 사용자 피드백과 요구사항 관리

효율적인 유지 보수를 위해 현장 사용자로부터 피드백을 수집하고 체계적으로 관리해야 한다. 사용자 피드백은 소프트웨어의 실무 활용에 대한 중요한 정보를 제공한다.

예를 들어, 한 복지기관에서 “검색 기능이 제한적이다”는 상담사의 피드백을 받고, 유지 보수 팀이 검색 범위를 확장하고 필터링 옵션을 추가하여 시스템 활용도를 높였다.

(2) 지속적인 모니터링과 성능 개선

유지 보수는 단발적 활동이 아닌 지속적으로 시스템을 모니터링하고 개선하는 과정이다. 예를 들어, 한 복지단체의 기부금 관리 시스템에서 입력 지연 문제가 발생했을 때, 실시간 성능 모니터링 도구로 병목현상을 분석하고 데이터베이스 최적화와 서버 업그레이드를 통해 해결했다. 모니터링은 문제 발견을 넘어 시스템 안정성을 보장한다.

(3) 유지 보수 과정에서 협업과 커뮤니케이션

유지 보수는 다양한 이해관계자의 협업이 필요한 과정이다. 사회복지 현장에서는 상담사, 관리자, 개발자 간의 커뮤니케이션이 중요하다. 한 복지센터에서는 상담사들의 불편 사항을 관리자와 개발팀이 공유해 유지 보수 방향을 결정하며 현장의 요구를 효과적으로 반영했다.

(4) 제한된 자원과 예산에서 효율적 유지 보수 전략

사회복지 기관은 항상 예산과 자원이 제한적이다. 이러한 환경에서는 오픈소스 도구나 클라우드 기반 서비스를 활용해 유지 보수 비용을 절감할 수 있다. 한 복지센터는 AWS의 클라우드 서비스를 이용해 서버 비용을 30% 이상 절감하면서도 안정적인 서비스를 유지하였다.

4) 유지 보수 계약 시 유의사항

소프트웨어와 하드웨어 유지 보수 계약은 시스템의 안정성과 지속적인 운영을 보장하기 위해 중요한 역할을 한다. 계약 체결 시에는 몇 가지 핵심 사항을 꼼꼼히 검토해야 한다.

우선, 계약의 범위와 내용을 명확히 정의해야 한다. 유지 보수 서비스에 포함되는 항목, 예를 들어 소프트웨어 오류 수정, 기능 개선, 하드웨어 수리 또는 교체 등이 무엇인지 구체적으로 기술해야 한다. 또한, 계약 대상이 되는 하드웨어 모델과 소프트웨어 버전을 명시하고, 유지 보수 지원 방식이 원격 지원인지, 현장 방문인지 등을 상세히 정리해야 한다. 유지 보수에 포함되지 않는 서비스나 추가 비용이 발생할 수 있는 사항도 명확히 밝혀야 한다.

또한, SLA(Service Level Agreement)를 설정하는 것이 중요하다. SLA는 유지 보수 서비스의 응답 시간, 복구 시간, 그리고 서비스 가용성을 정의한다. 예를 들어, 문제가 발생했을 때 유지 보수팀이 몇 시간 내에 응답해야 하는지, 복구까지 소요되는 시간은 어느 정도인지, 그리고 지원 시간이 24시간인지 아니면 특정 시간대에만 가능한지 등을 구체적으로 명시해야 한다.

유지 보수 비용도 명확히 해야 한다. 정기적인 유지 보수 비용과 그 결제 방식(예: 월별 또는 연간)을 명시하고, 추가 비용이 발생할 수 있는 경우를 정의해야 한다. 예를 들어, 계약 범위를 초과한 서비스 요청이 있을 때 추가 비용이 청구될 수 있음을 계약에 포함해야 한다. 또한, 계약 기간 중 비용이 조정될 가능성이 있는 경우 이를 다룰 조건을 명확히 설정해야 한다.

문제 해결 프로세스도 중요한 요소이다. 고객이 문제를 접수하는 방식과 연락 채널(예: 이메일, 전화, 전용 포털)을 명확히 정의하고, 문제가 발생했을 때의 우선순위와 대응 절차를 구체적으로 기술해야 한다. 예를 들어, 심각도가 낮은 문제와 높은 문제를 구분하고, 각각의 처리 과정을 다르게 설정할 수 있다. 문제 해결 이후에는 고객에게 해결 과정을 기록한 보고서를 제공해야 한다.

계약 기간과 종료 조건도 신중히 고려해야 한다. 계약의 시작일과 종료일을 명시하고, 갱신 여부와 조건(예: 자동 갱신 또는 협의 필요)을 정의해야 한다. 계약 종료 후에도 한시적으로 지원이 제공되는지, 아니면 별도의 계약이 필요한지를 명확히 기술해야 한다.

보안과 데이터 보호도 유지 보수 계약에서 빠질 수 없는 요소이다. 유지 보수 과정에서 고객 데이터가 어떻게 처리될 것인지, 예를 들어 데이터 접근 권한과 암호화 방식에 대해 명시해야 한다. 고객의 데이터가 제3자에게 제공되지 않도록 비밀 유지 조항을 포함하고, 보안 사고 발생 시 대응 절차를 계약에 포함해야 한다.

책임과 보증에 대한 조항도 중요하다. 유지 보수 과정에서 발생한 문제로 고객이 입은 피해에 대해 업체의 책임 범위를 명확히 설정해야 한다. 또한, 유지 보수를 통해 교체된 하드웨어나 수정된 소프트웨어의 보증 기간과 조건을 구체적으로 명시해야 한다.

마지막으로, 고객과 업체 간의 의무와 법적 준거 사항을 명확히 해야 한다. 고객이 유지 보수팀이 작업을 원활히 수행할 수 있도록 필요한 정보를 제공하거나 작업 환경을 제공할 의무를 명시하고, 업체는 유지 보수 작업의 결과와 진행 상황을 고객에게 정기적으로 보고해야 한다. 계약에 적용되는 법률과 관할 법원을 명시하고, 분쟁 발생 시 해결 방식(예: 중재, 조정, 소송)을 정의하여 법적 문제를 사전에 방지해야 한다.

유지 보수 계약은 서비스 품질과 연속성 보장, 기관의 현재 상황과 이후 유지 보수 기간에 있을 영향을 고려하여 신중하게 작성되어야 한다.

1. 소프트웨어 개발 프로세스

소프트웨어 개발은 요구사항 분석, 설계, 구현, 테스트, 배포, 유지 보수 단계를 거쳐 사용자에게 필요한 기능을 제공한다. 워터폴, 애자일, 스크럼, 칸반 등의 개발 모델은 프로젝트 특성에 맞게 선택된다. 워터폴은 순차적 접근을, 애자일과 스크럼은 유연성을 강조한다. 개발은 프로젝트 매니저, 기획자, 개발자, 디자이너, 테스트 엔지니어 등 다양한 역할의 협력을 통해 이루어지며, 이들의 조화가 소프트웨어 완성도를 높인다.

2. 앱 서비스 기획

앱 기획 단계에서는 문제 정의와 목표를 명확히 설정하고 SWOT 분석을 통한 내부 및 외부 환경분석과 사용자 요구를 반영하기 위한 페르소나를 작성하여 사용자 중심 설계를 구현한다. 정보구조도는 데이터 흐름과 화면 관계를 설계하며, 와이어프레임과 스토리보드를 통해 구체화하고 사용자 피드백을 반영해 개선한다. 최종 기획서는 설계와 기능을 정리하여 앱 개발의 기준을 제공한다.

3. 소프트웨어 유지 보수

소프트웨어 유지 보수는 안정성과 적응성을 유지하기 위해 오류 수정, 성능 개선, 환경 변화 대응을 수행한다. 유지 보수는 오류 해결을 위한 수정 유지 보수와 정책이나 기술 변화에 대응하는 적응 유지 보수로 나뉜다. 변화하는 환경에서도 시스템의 안정성을 보장하기 위해 사용자 피드백과 지속적 모니터링이 필요하며, 유지 보수 계약에서는 서비스 범위와 데이터 보호를 명확히 정의하여 신뢰성을 확보해야 한다.

01. 디지털 소외 계층의 접근성을 높이기 위한 앱 설계 방법에 대해 논의하시오.

02. 유지 보수 단계에서 사용자 피드백을 효과적으로 수집하고 반영하는 방법에 대해 논하시오.

연습문제

1. 소프트웨어 개발 프로세스의 주요 단계를 나열하고, 각 단계에서 수행되는 작업을 간략히 설명하시오.

2. 워터폴 모델과 애자일 모델의 차이점을 비교하시오.

3. 사회복지 앱 서비스에서 SWOT 분석이 기획에 미치는 영향을 서술하시오.

4. 와이어프레임과 스토리보드의 차이점을 설명하고, 각각의 중요성을 서술하시오.

5. 유지 보수 계약 시 주요 유의사항에 대해 서술하시오.

CHAPTER

11

복지기술 평가

CHAPTER 11
복지기술 평가

복지기술 평가는 기술의 도입과 활용이 복지서비스를 이용하는 대상자에게 미치는 영향력을 체계적으로 분석하고, 이를 바탕으로 기술의 개선 방향을 제시하는 데 필요한 과정이다. 이에 복지기술의 효용성과 효과를 체계적으로 측정하고 분석하여, 기술의 가치와 개선점을 도출하는 과정을 복지기술 평가라고 한다. 이러한 복지기술 평가는 복지기술의 지속 가능성과 사회적 영향력을 증대시키기 위한 필수적인 단계이다. 복지기술의 적절성을 평가하기 위해서는 평가틀, 평가 도구, 사용성 평가, 효과성 평가를 균형 있게 활용해야 한다. 이 장에서는 복지기술 평가를 위해 사용되는 평가틀과 평가 도구에 대해 알아보고, 복지기술 평가의 중요한 영역인 사용성 평가와 효과성 평가의 필요성, 방법, 과정 등을 살펴본다.

1. 평가틀 설계

복지기술 평가를 위한 틀은 기술이 해결하고자 하는 문제와 목표에 따라 설계되며, 이러한 평가틀을 통해 성과 측정의 기본적인 기준이 제시된다. 예를 들어, 평가틀에는 기술이 얼마나 효과적으로 문제를 해결했는지 평가하는 효과성, 이용자 친화적인지 확인하는 사용성, 그리고 기술이 비용 대비 얼마나 가치가 있는지를 평가하는 경제적 타당성 등을 포함할 수 있다. 또한, 기술 도입 과정에서 윤리적 고려가 충분히 이루어졌는지도 평가틀에 포함한다. 이처럼 복지기술 평가틀 설계는 기술의 효과성과 적합성을 체계적으로 측정하고 분석하기 위한 기준과 절차를 정의하는 과정이라고 할 수 있다. 평가틀을 설계할 때는 복지기술의 목적, 사용 환경, 대상자의 특성을 충분히 반영해야 하며, 일련의 과정이 요구된다. 이러한 과정을 통해 설계된 평가틀은 복지기술이 목표한 결과를 달성하고, 대상자의 삶의 질을 향상시키는 데 중요한 역할을 한다. 평가틀은 복지기술의 객관적 가치를 입증하고, 기술의 발전 방향을 제시하는 도구로 활용될 수 있다.

1) 평가 목적과 범위 정의

평가틀을 설계하기 위해 먼저 평가의 목적을 명확히 정의하며, 복지기술이 해결하고자 하는 문제와 달성하고자 하는 목표를 구체화할 필요가 있다. 예를 들어, 기술이 독거노인의 안전을 모니터링하기 위한 것이라면, 평가 목적은 "응급 상황 탐지 정확도와 이용자 만족도 평가"로 설정할 수 있다. 이와 함께 평가의 범위를 정하여 기술의 특정 기능, 대상 집단, 또는 사용 환경에 초점을 맞추는 것이 중요하다.

2) 평가 기준 수립

평가 기준은 기술의 성과를 측정하는 잣대가 된다. 이를 위해 효과성, 사용성, 경제적 타당성, 윤리적 적합성 등 주요 평가 영역을 정의한다.

- **효과성**: 기술이 본래 목적을 얼마나 달성했는지 평가한다. 예를 들어, 재활 로봇의 경우, 사용 후 재활 속도의 향상을 측정할 수 있다.
- **사용성**: 기술이 대상자에게 얼마나 직관적이고 편리한지를 분석한다. 인터페이스의 접근성, 학습 용이성 등이 포함된다.
- **경제적 타당성**: 기술이 투입된 비용 대비 얼마나 높은 가치를 제공하는지 평가한다. 유지비와 효용 간의 균형을 분석한다.
- **윤리적 적합성**: 기술이 사회적 및 윤리적 기준에 부합하는지를 평가한다. 개인정보 보호와 기술 도입으로 인한 잠재적 부작용을 점검한다.

3) 데이터 수집 방법 설계

평가 기준을 바탕으로 적합한 데이터 수집 방법을 설계한다. 데이터는 정량적 방법과 정성적 방법을 병행하여 수집한다. 이때, 데이터 수집 방법은 대상자의 특성과 평가 목적에 따라 유연하게 조정한다. 예를 들어, 노인을 대상으로 할 경우, 기술 사용 과정을 직접 관찰하는 것이 설문조사보다 유용할 수 있다.

- **정량적 데이터**: 기술 사용 로그, 설문조사 결과, 성능 지표 등 객관적 수치를 통해 기술의 효과를 측정한다.
- **정성적 데이터**: 이용자 인터뷰, 관찰 기록, 포커스 그룹 인터뷰를 통해 기술 사용 경험과 만족도를 심층적으로 분석한다.

4) 기준 우선순위 설정

평가 기준의 중요도와 우선순위를 설정하여 평가틀에 반영한다. 모든 기준이 동일한 가중치를 갖는 것은 아니므로, 기술의 성격에 따라 우선순위를 다르게 부여한다. 예를 들어, 장애인을 위한 의사소통 보조기기의 경우, 사용성과 효과성이 경제적 타당성보다 더 높은 우선순위를 가질 수 있다.

5) 평가 절차 정의

평가의 흐름을 명확히 정의한다. 평가 절차는 다음 세 단계로 구성될 수 있다.

① 기술 도입 전 초기 상태 측정
② 기술 도입 후 중간 평가와 최종 평가
③ 평가 결과 분석 및 피드백 수집

각 단계에서 필요한 데이터와 분석 방법을 상세히 기술하고, 평가 과정에서 발생할 수 있는 문제와 해결 방안도 미리 계획한다.

6) 이해관계자 참여 유도

평가 설계 과정에 기술 이용자와 이해관계자를 적극 참여시킨다. 이용자와의 협력을 통해 기술의 실제적 문제와 요구를 더 잘 반영할 수 있다. 이해관계자 참여는 평가 결과의 신뢰성과 수용성을 높이는 데도 기여한다.

7) 지속적 검토와 수정

평가틀은 고정된 것이 아니라, 실제 평가 과정에서 얻은 피드백을 바탕으로 지속적으로 검토하고 수정할 수 있다. 기술과 대상자의 요구가 변화함에 따라 평가틀도 이를 반영하여 진화해야 한다.

2. 평가 도구 개발

평가틀을 활용하여 평가를 실제 수행하기 위해서는 평가를 실행하기 위한 도구를 설계할 필요가 있다. 이러한 평가 도구는 설문조사, 관찰법 등 다양한 조사 방법을 활용하여 연구 방법에 적합한 평가 내용을 측정하게 된다. 예를 들면, 설문조사는 이용자 만족도와 기술 사용 경험을 정량적으로 측정하는 데 효과적이다. 관찰법은 기술이 실제 환경에서 어떻게 작동하는지를 파악하는 방법으로, 이용자의 행동과 기술 상호작용을 기록한다. 기술 사용 로그 데이터는 기술 사용 빈도, 오류 발생률과 같은 객관적 정보를 제공하며, 면접과

포커스 그룹은 이용자와 이해관계자의 심층적인 의견을 수집하는 데 유용하다. 이처럼 다양한 정보 및 의견을 수집하기 위해서는 일련의 과정을 통해 개발된 신뢰성과 타당성이 확보된 평가 도구가 필요하며, 이러한 평가 도구는 복지기술의 효과성을 체계적으로 검증할 수 있는 중요한 수단이 된다. 평가 도구를 개발하는 과정은 다음과 같다.

1) 평가 목적과 대상 정의

평가 도구 개발의 첫 단계는 평가의 목적과 대상을 명확히 설정하는 것이다. 평가하고자 하는 복지기술의 핵심 가치를 무엇으로 삼을 것인지, 그리고 그 기술이 어떤 집단이나 환경에서 사용될 것인지에 대한 구체적인 정의가 필요하다. 예를 들어, 고령자를 위한 복지기술이라면, 기술이 이용자의 독립성과 삶의 질 향상에 얼마나 기여하는지를 평가해야 한다.

2) 평가 항목 설계

평가 항목은 복지기술이 가진 특성과 성과를 객관적으로 측정할 수 있도록 설계한다. 기술의 유용성, 접근성, 안정성, 비용 효과성, 이용자 만족도 등을 포함할 수 있다. 항목을 설계할 때는 복지 현장에서 실제로 발생할 수 있는 상황을 고려하고, 정량적 지표와 정성적 지표를 균형 있게 포함해야 한다.

3) 평가 방법론 선택

평가 방법은 기술의 특성과 목적에 따라 달라질 수 있다. 정량적 평가로는 설문지, 데이터 분석, 실험적 접근 등이 있으며, 정성적 평가는 인터뷰, 포커스 그룹, 관찰 등을 활용할 수 있다. 복합적인 접근을 통해 더 신뢰도 높은 평가를 도출할 수 있다.

4) 도구의 타당성과 신뢰성 검증

개발된 평가 도구가 실제로 측정하려는 대상을 정확히 평가할 수 있는지(타당성)와 일관된 결과를 도출할 수 있는지(신뢰성)를 검증해야 한다. 이를 위해 파일럿 테스트를 진행하고, 필요한 경우 전문가 검토를 받는다. 또한, 평가 도구의 반복적 수정 과정을 통해 완성도를 높이는 것은 중요하다. 한편, 평가 도구를 새롭게 개발하는 것은 상당한 시간과 노력이 필요하기 때문에 기존에 타당성과 신뢰성이 검증된 도구를 신중하게 선택해서 사용하는 것도 유용할 수 있다.

5) 이용자 중심 평가 도구 개발

복지기술 평가 도구는 이용자 중심으로 설계해야 한다. 기술의 주요 이용자인 노인, 장애인, 사회복지사 등 다양한 이해관계자의 의견을 반영해, 평가 도구가 실질적으로 현장에 활용될 수 있도록 해야 한다. 이를 위해 평가 항목이 과도하게 복잡하지 않으면서도, 핵심 지표를 놓치지 않도록 주의할 필요가 있다.

6) 평가 도구 개발 시 고려할 사항

평가 도구는 실제 복지 현장에서 사용 가능한 형태로 설계되어야 한다. 예를 들어, 기술의 평가가 빠르고 간단하게 이루어질 수 있는 모바일 앱 형태로 제공되거나, 이용자가 직접 입력할 수 있는 인터페이스를 포함하는 것도 유용할 수 있다. 현장의 접근성을 고려하여 비용 부담과 활용 용이성을 점검하는 것도 필요하다.

평가 도구를 개발할 때는 기술의 우수성을 판단하는 것을 넘어, 복지 정책 수립과 자원 배분에 기여할 수 있는 도구인지를 평가해야 한다. 따라서 도구 개발 시 정책적 시사점을 도출할 수 있는 항목을 포함하고, 이를 통해 평가 결과가 복지서비스의 개선과 확산에 기여할 수 있는지를 판단하도록 한다.

3. 사용성 평가

사용성 평가는 기술이 이용자에게 얼마나 편리하고 접근 가능한지를 확인하는 과정이다. 이는 복지기술이 대상자에게 유용하게 활용되기 위해 반드시 고려되어야 할 요소이다. 기술의 인터페이스가 직관적인지, 사용 방법이 쉽게 학습 가능한지, 장애나 고령과 같은 특수한 조건을 가진 이용자를 충분히 배려했는지 등을 평가하게 된다. 사용 과정에서 발생하는 오류를 분석하고, 이용자 만족도가 지속적으로 유지되는지 확인하는 것도 사용성 평가의 중요한 부분이다. 이러한 사용성 평가를 통해 기술의 성과를 높일 수 있으며, 이용자에게 더 유용하고 효과적인 복지기술이 제공될 수 있다.

1) 사용성 평가의 정의와 필요성

사용성 평가는 복지기술이 이용자들에게 얼마나 쉽게 이해되고 효과적으로 사용되는지를 평가하는 과정이다. 이는 기술의 궁극적인 목표인 이용자 편의성, 기기의 유용성, 효율성, 만족도 등을 확보하기 위해 반드시 필요한 과정이다. 복지기술이 다양한 이용자, 특히 노인이나 장애인 등의 취약계층을 대상으로 제공될 경우, 사용성이 부족하면 기술의 활용도는 크게 떨어진다. 따라서, 복지기술 사용성 평가는 복지기술이 실제 이용자들에게 얼마나 편리하고 효과적인지, 사용 중 발생할 수 있는 문제점이 무엇인지를 파악하는 일련의 과정이다.

2) 사용성 평가의 주요 요소

사용성 평가를 수행할 때는 다음과 같은 요소를 중점적으로 살펴본다.

- **유용성**: 기술이 이용자가 기대하는 기능을 제대로 수행하는지를 평가한다.
- **효율성**: 이용자가 기술을 통해 얼마나 적은 시간과 노력을 들여 목적을 달성할 수 있는지를 측정한다.
- **만족도**: 기술을 사용하는 과정에서 이용자가 느끼는 심리적 만족감을 평가한다.
- **접근성**: 신체적, 환경적, 또는 디지털 접근성 측면에서 모든 이용자가 기술을 활용할 수 있는지를 검토한다.
- **오류 허용성**: 이용자가 실수했을 때 이를 쉽게 수정하거나 극복할 수 있는지를 살펴본다.

3) 사용성 평가 방법

사용성 평가는 다음과 같은 다양한 방법을 통해 수행할 수 있다.

- **관찰법**: 실제 이용자가 기술을 사용하는 과정을 직접 관찰하여 문제점을 파악한다. 사용 중 발생하는 문제점이나 불편한 점을 실시간으로 파악하는 것이 필요하며, 관찰 기록지를 통해 이용자의 행동기록, 분석 및 해석, 특이사항 등을 작성하도록 한다.
- **이용자 설문조사**: 이용자의 경험과 의견을 수집하기 위해 설문지를 배포한다. 설문조사를 통해 이용자의 만족도, 사용 빈도, 문제점 등을 양적으로 측정한다. 만족도 평가에 포함될 수 있는 영역은 기기의 적절성, 기기에 대한 전반적인 만족도, 운영 시간과 방법의 적절성, 노인 친화성, 인지 기능 향상 효과, 여가 개선 기여도, 게임의 수준, 필요성 정도 등이다.
- **이용자 인터뷰**: 이용자의 심층적인 피드백을 얻기 위해 인터뷰를 진행한다. 이용자들과 직접 대화하여 기술에 대한 경험, 장점, 단점 등을 심층적으로 탐구하며, 이용자가 기술을 어떻게 사용하고 있는지, 어떤 어려움을 겪고 있는지 이해한다.
- **이용자 테스트**: 대표적인 이용자 집단에게 특정 작업을 수행하도록 요청하고, 이를 통해 기술의 사용성을 분석한다.
- **로그 분석**: 기술 사용 중 발생하는 데이터나 오류 로그를 분석하여 이용자의 행동 패턴과 문제를 도출한다. 일반적으로 로그 분석은 기기를 개발하는 개발자 관점에서 진행하게 된다.

4) 사용성 평가 과정

- **평가 목표 설정**: 평가의 구체적인 목적과 범위를 정의한다.
- **이용자 선정**: 실제로 기술을 사용할 가능성이 큰 이용자를 선정하여, 그들의 욕구와 기대수준을 이해한다.
- **시나리오 개발 및 작성**: 이용자들이 기술을 어떻게 사용할 것인지에 대한 시나리오를 작성한다. 일반적으로 사용성 평가는 이용자가 일정 시간 프로그램을 활용하도록 하고, 그 때의 만족감 등을 평가할 수 있도록 한다.
- **프로토타입 테스트**: 초기 버전의 기술이나 기기를 사용하여 이용자 테스트를 실시한다.
- **관찰 및 인터뷰**: 이용자가 기술을 사용하는 동안의 행동을 관찰하고, 이후 인터뷰를 통해 상세한 피드백을 수집한다.
- **분석 및 개선 방향 제시**: 수집된 데이터를 분석하여 문제점을 파악하고 이를 바탕으로 기술을 개선한다. 기기에 대한 구성, 기기 설명, 제품 성능, 제품 사양, 보급 및 확산, 활용도 등에 대한 전반적인 개선 방향을 제시할 수 있다.

사용성 평가 과정에서 중요한 점은 이용자 중심의 접근 방식을 취해야 한다는 점이다. 즉, 기술을 개발하는 초기 단계부터 실제 이용자들의 의견을 반영하여 설계하고, 반복적인 테스트와 피드백을 통해 지속적으로 개선해 나가는 것이 중요하다. 또한, 기획자와 개발자가 사용성 평가 과정에서 관심을 두는 영역과 관점이 다를 수 있기 때문에 기획자와 개발자는 지속적인 소통을 통해 개선 방향을 다각적이면서도 일관되게 유지할 필요가 있다.

5) 사용성 평가 결과의 활용

사용성 평가에서 도출된 결과는 복지기술 개발 과정에서 중요한 피드백으로 작용한다. 이를 기반으로 기술의 인터페이스를 개선하거나 이용자 경험을 향상하기 위한 기능을 추가할 수 있다. 또한, 사용성 평가 결과는 기술의 신뢰도를 높이고, 복지 현장에서 기술 채택을 유도하는 근거 자료로 활용할 수 있다.

4. 효과성 평가

복지기술이 목표한 성과를 얼마나 달성했는지 평가하는 것이 효과성 분석이다. 이를 위해 기술 사용 전후의 변화를 비교하거나, 기술을 사용한 집단과 사용하지 않은 집단 간의 차이를 분석하게 된다. 예를 들어, 독거노인을 대상으로 한 스마트 모니터링 시스템이 고립감을 감소시키고 응급 상황 대응 능력을 향상시켰는지 측정할 수 있다. 또한, 기술의 단기적 성과뿐만 아니라 장기적 영향력도 함께 검토하여 기술의 지속 가능성을 평가하는 것이 중요하다. 효과성 평가는 복지기술의 성공 여부를 판단하는 핵심적인 과정이며, 이를 통해 기술이 이용자와 사회에 미치는 긍정적 영향을 극대화할 수 있다.

1) 효과성 평가의 개념과 중요성

효과성 평가는 복지기술이 목표로 한 성과를 실제로 달성했는지를 검증하는 과정이다. 이는 기술이 이용자에게 미친 긍정적 영향을 측정하고, 기술 개발과 개선의 방향성을 제시하기 위해 필수적이다. 특히 복지기술은 인간의 삶의 질과 직결되기 때문에, 효과성 평가를 통해 기술이 실제로 사회적 가치를 창출하는지 확인해야 한다.

2) 효과성 평가의 주요 요소

효과성을 평가할 때는 다음과 같은 요소를 중심으로 측정한다. 특히, 기능적 성과는 개발자가 개발된 기기의 기술적 특성을 고려하여 효과성을 평가할 수 있으며, 삶의 질 향상과 사회적 영향력, 경제적 효과는 기획자가 기획 초기에 목표로 설정한 내용을 중심으로 기기의 효과성을 평가하게 된다.

- **기능적 성과**: 기술이 설계된 목적에 따라 제대로 작동하고, 이용자에게 실질적인 도움을 제공하는지 평가한다.
- **삶의 질 향상**: 기술을 통해 이용자의 신체적, 정신적, 사회적 삶의 질이 얼마나 개선되었는지 확인한다.
- **사회적 영향**: 기술이 사회적 포용성 증진, 불평등 해소 등 사회적 변화를 얼마나 유도했는지 분석한다.
- **경제적 효과**: 기술의 비용 대비 효과를 분석하여 지속 가능성을 평가한다.

3) 효과성 평가 방법

효과성 평가를 위해 다음과 같은 다양한 방법을 사용한다.

- **정량적 평가**: 기술 도입 전후의 변화나 결과를 수치화하여 평가한다. 예를 들어, 생산성 향상 비율, 의료비 절감률, 기술 이용 빈도 등을 분석한다.
- **정성적 평가**: 이용자의 경험과 의견을 심층적으로 분석하여 기술이 삶에 미친 영향을 이해한다. 인터뷰, 포커스 그룹 인터뷰 등이 여기에 해당한다.
- **실험적 접근**: 대조군과 실험군을 설정하여 기술 사용의 결과를 비교한다. 이는 기술 효과의 인과성을 확인하는 데 유용하다.
- **빅데이터 및 AI 분석**: 기술 사용 과정에서 발생한 대량의 데이터를 분석하여 효과성을 파악한다.

4) 효과성 평가 과정

복지기술에 대한 효과성 평가는 복지기술이 목표로 했던 성과를 달성했는지 확인하는 것으로, 기술 개발과 개선의 방향성을 제시하기 위한 필수 과정이다. 이를 체계적으로 진행하기 위해서는 다음과 같은 과정을 따른다.

- **평가 목표 설정**: 먼저 평가의 구체적인 목표를 정의한다. 기술이 해결하고자 하는 문제와 이를 평가할 지표를 명확히 설정해야 한다.

> 예: 노인의 독립성을 높이는 기술이라면 일상생활 수행 능력의 개선 정도를 목표로 삼을 수 있다.

- **기준선 데이터 수집(사전조사)**: 기술 도입 이전의 상태를 측정하여 비교 기준을 마련한다. 이를 통해 기술 도입 후의 변화를 명확히 파악할 수 있다. 기준선 데이터는 설문조사, 인터뷰, 기존 데이터 분석 등을 통해 수집한다.

> 예: 기술을 사용하기 전에 노인의 일상생활 수행 능력을 평가하기 위해 ADL 평가도구를 활용하여 노인의 현재 일상생활 수행 능력 수준을 평가한다.

- **평가 설계**: 평가 대상, 기간, 방법을 구체적으로 설계한다. 평가 방법으로는 설문조사와 실험적 비교를 병행할 수 있다.

> 예: 평가 대상을 65세 이상 노인 50명으로 선정하고, 댁내 기기를 설치한 이후, 스스로 기기 활용을 통해 일상생활 수행을 잘하는지 6개월 동안 결과를 추적한다.

- **데이터 수집**: 기술이 사용되는 동안 이용자 경험, 기술 이용 빈도, 성과 변화 등을 체계적으로 수집한다. 이 과정에서 관찰, 설문조사, 인터뷰, 로그 데이터 분석 등의 방법을 활용할 수 있다.

> 예: 설문조사를 활용해서 3개월 중간 평가를 하고, 평가가 끝나는 시점인 6개월에 사후 평가를 한다. 또한, 효과성 평가를 하는 동안 정기적으로 대상자를 방문하여 기기 사용에 대해 관찰을 한다. 필요할 경우, 6개월 실험이 끝난 시점에서 몇 명의 대상자를 중심으로 인터뷰를 할 수도 있다.

- **데이터 분석 및 해석**: 수집된 데이터를 분석하여 기술의 효과를 측정한다. 정량적 데이터는 통계 분석을 통해, 정성적 데이터는 이용자의 피드백을 바탕으로 해석한다. 이 단계에서는 기술의 강점과 약점이 도출된다.

- **결과보고**: 분석 결과를 바탕으로 기술의 성과와 개선점에 대한 보고서를 작성한다. 결과는 개발자, 정책 결정자, 이용자 등 다양한 이해관계자와 공유한다.
- **개선 방향 제시**: 평가 결과를 토대로 기술 개선과 향후 개발 방향을 제안한다. 효과성이 낮은 경우 문제를 해결하기 위한 구체적인 전략을 수립한다.

5) 효과성 평가의 활용

효과성 평가 결과는 복지기술의 지속 가능성을 판단하고, 정책적 지원과 예산 배분의 근거 자료로 활용된다. 또한, 복지 현장에서 기술의 채택을 촉진하고, 개발자와 이용자 간 신뢰를 구축하는 데 기여한다. 평가를 통해 기술이 단순한 혁신을 넘어 실제적인 가치를 제공하고 있음을 증명할 수 있다.

1. 평가틀 설계

복지기술 평가는 복지기술의 지속 가능성과 사회적 영향력을 증대시키기 위해 필수적인 단계로써, 복지기술의 효용성과 효과를 체계적으로 측정하고 분석하여, 기술의 가치와 개선점을 도출하는 과정이다. 이 장에서는 복지기술 평가를 위해 요구되는 평가틀 설계, 평가 도구 개발, 사용성 평가, 효과성 평가 등에 대해 알아봄으로써 복지기술을 평가하는 방법을 제시하였다.

복지기술 평가틀 설계는 기술의 효과성과 적합성을 체계적으로 측정하고 분석하기 위한 기준과 절차를 정의하는 과정이다. 평가틀을 설계하기 위해서는 복지기술의 목적, 사용 환경, 대상자의 특성을 충분히 반영해야 하며 일련의 과정이 요구된다. 먼저 평가를 수행하는 목적과 범위를 정해야 하며, 기술의 성과를 측정하는 잣대가 되는 평가 기준을 수립한다. 평가 기준을 바탕으로 적합한 데이터 수집 방법을 설계한 후, 평가 기준의 중요도와 우선 순위를 설정하여 평가틀에 반영한다. 이후, 평가 절차를 정의하고, 이해관계자의 참여를 유도하며, 지속적 검토와 수정을 통해 평가틀을 완성한다.

2. 평가도구 개발

평가를 실행하기 위해서는 설문조사, 인터뷰, 관찰법 등 다양한 도구를 설계하고 개발해야 한다. 평가 도구를 개발하는 첫 번째 단계는 목적과 대상을 명확히 설정하는 것이다. 이후, 평가 항목 설계, 평가 방법론 선택, 도구의 타당성과 신뢰성 검증, 이용자 중심 평가 도구 개발 등의 과정을 통해 평가도구를 개발한다.

3. 사용성 평가

사용성 평가는 기술이 이용자에게 얼마나 편리하고 접근 가능한지를 확인하는 것으로 복지기술이 대상자에게 실질적으로 활용되기 위해서 반드시 거쳐야 하는 중요한 과정이다. 사용성 평가에서는 유용성, 효율성, 만족도, 접근성, 오류 허용성 등을 중점적으로 살펴봐야 한다. 또한, 사용성 평가는 평가 목표 설정, 이용자 선정, 시나리오 개발 및 작성, 프로토타입 테스트, 관찰 및 인터뷰, 분석 및 개선 방향 제시 등의 과정을 거쳐서 수행한다.

4. 효과성 평가

효과성 평가는 복지기술이 목표로 한 성과를 실제로 달성했는지 검증하는 과정으로, 효과성 평가의 주요 요소는 기능적 성과, 삶의 질 향상, 사회적 영향, 경제적 효과 등의 요소를 중심으로 측정한다. 효과성 평가 결과는 복지기술의 지속 가능성을 판단하고, 단순한 혁신을 넘어 실제적인 가치를 제공하고 있음을 증명할 수 있다.

01. 복지기술을 평가할 때 가장 중요한 기준은 무엇이며, 이를 설정하는 데 우선순위를 어떻게 정해야 할까?

02. 복지기술 평가 결과를 실질적인 정책 및 서비스 개선으로 연결하기 위해 어떤 노력이 필요한가?

CHAPTER

12

복지기술의 실제

CHAPTER 12
복지기술의 실제

복지기술은 사물인터넷(IoT), 인공지능(AI) 등 첨단정보통신기술(ICT)을 활용하여 복지서비스의 품질을 향상하고, 사용자에게 더 나은 삶의 질을 제공하는 것을 목적으로 한다. 특히, 고령화와 같은 사회적 변화와 복잡한 복지 수요 증가에 대응하기 위해 복지기술은 필수적인 도구로 자리 잡고 있다. 복지기술은 단순한 서비스 제공을 넘어 사용자 중심의 기술 설계와 평가를 통해 개인화된 솔루션을 제공한다는 점에서 중요한 의미가 있다.

복지기술은 단순히 아이디어에서 끝나는 것이 아니라 구체적인 기획, 사용자 욕구 분석, 기술의 실험 및 검증 등을 포함하는 체계적인 과정을 거친다. 특히, 복지기술 개발 과정은 기획자의 관점과 개발자의 관점이 상호 보완적으로 작용해야 하며, 두 역할 간의 긴밀한 소통이 필수적으로 이루어질 필요가 있다.

일반적으로 복지기술을 개발하기 위해 기획자는 사용자 중심의 문제를 정의하고, 그 문제를 해결하기 위한 구체적인 서비스와 기능을 설계하는 데 초점을 둔다. 이 과정에서 기획자는 이용자의 욕구와 디지털 접근성을 깊이 이해하고, 기술로 해결 가능한 문제를 도출해야 하며, 이용자의 사회적 맥락,

복지 정책, 서비스 체계를 충분히 고려할 필요가 있다. 이를 통해 기술이 단순한 편의성을 넘어 실제적인 사회적 가치를 제공하는 목적으로 기획 방향을 설정하는 것이다. 개발자의 관점에서 복지기술 개발은 기획자가 제안한 서비스와 기능을 구현 가능한 기술로 변환하는 과정이다. 이러한 과정에서 개발자는 소프트웨어 또는 하드웨어를 개발하기 위한 기술적 관점에서의 기획을 하게 되고, 기술적 가능성을 평가하며, 최적의 방법을 선택하여 사용자 경험을 고려한 시스템을 구축하게 된다. 또한, 이용자의 디지털 환경 접근성을 높이기 위한 UI 설계와 데이터 보안을 위한 기술적 조치를 병행할 필요가 있다. 이러한 과정을 통해 개발된 복지기술은 기획자와의 협력을 통해 사용성 및 효과성 평가가 이루어진다.

이 장에서는 복지기술을 기획하고 개발하는 과정에서 기획자와 개발자의 관점 및 협력적 소통이 필요한 주요 단계를 제시하고, 복지기술 기획 및 개발 전반의 과정을 명확하게 이해할 수 있도록 '우리동네 복지' 앱 개발 사례를 활용하여 설명한다.

1. 복지기술 기획 및 개발 과정의 핵심 단계

복지기술 기획 및 개발의 전 과정은 체계적인 접근을 통해 진행되어야 하며, 이는 ① 아이디어 및 목표 설정, ② 욕구 및 문제 분석, ③ 복지기술 소프트웨어 기획 및 설계, ④ 개발 및 구현, ⑤ 테스트 및 평가, ⑥ 운영 및 유지보수라는 여섯 개 핵심 단계로 구성된다. 이러한 일련의 과정에서 기획자는 아이디어 및 목표 설정, 욕구 및 문제 분석, 테스트 및 평가, 운영에서 주요 역할을 하게 되며, 개발자는 소프트웨어 기획 및 설계, 개발 및 구현, 테스트 및 평가, 유지 보수 등에서 주요 역할을 한다. 특히, 소프트웨어 기획 및 설계 단계에서는 개발자의 관점에서 주요 문제에 대한 기획을 하기 때문에 기획자가 접근하는 아이디어 설정 및 욕구 분석 등의 기획과는 다른 방법을 활용하기도 한다. 또한, 테스트 및 평가에서는 기획자와 개발자가 관심을 두는 영역이 각각 다르기 때문에 평가해야 하는 영역을 구체화해서 포괄적으로 진행하는 것이 필요하다. 무엇보다 각 단계에서 기획자와 개발자는 지속적인 소통을 통해 협력하고, 체계적이고 유기적인 기술 기획 및 개발 과정을 지닐 때 완성도 높은 복지기술이 구현될 수 있다. 각각의 단계는 앞서 복지기술 기획 및 개발 과정을 설명하면서 자세하게 다루었기 때문에 여기에서는 간략하게 설명한다.

1) 아이디어 및 목표 설정

아이디어 및 목표 설정은 복지기술 개발의 출발점으로 사회적 문제나 복지 현장에서의 어려움을 식별하고, 이를 해결할 수 있는 기술적 아이디어를 도출하는 것이다. 아이디어를 구체화하기 위해서 문제 정의, 목표 설정, 기술 활용 가능성 검토를 체계적으로 진행해야 한다. 아이디어 설정 및 목표 설정은 주로 기획자가 초점을 두는 영역이지만, 기술 개발을 위한 기획 단계 과정을 단축하거나 팁을 얻기 위해서는 이 과정부터 기획자와 개발자가 함께 협력해서 진행하는 것이 중요하다.

2) 욕구 및 문제 분석

기획자는 기술 개발 전에 반드시 사용자와 이해관계자의 욕구를 분석해야 한다. 이를 위해 설문조사, 심층 인터뷰, 포커스 그룹 인터뷰 등을 활용한다. 이 과정은 기술이 사용자 중심으로 설계되도록 하는 것을 보장하는 중요한 과정이다. 개발 단계의 기획에서 수행하는 욕구 및 문제 분석에 비해 일반적으로 대규모 데이터를 확보하게 되며, 대상자 및 대상자가 거주하는 지역 등에 대한 보다 폭넓은 지식을 확보하는 계기가 된다.

3) 기획 및 설계

기획 및 설계 단계에서 개발자는 기획자가 제안한 기능과 요구사항의 기술적 실현 가능성을 검토하면서, 서비스 목표를 설정하고, 문제에 대한 SWOT 분석을 통해 문제를 정의하는 과정과 페르소나 과정을 거친다. 이후, 정보 구조도를 설계하여 데이터 흐름과 서비스의 논리적 구조를 설계하고, 와이어프레임을 통해 사용자 경험(UX)의 구현 방안을 논의하며, 디자이너와 개발자와 소통을 위한 스토리보드 작성, 앱 기획 상세 등을 설계한다. 이처럼 기획 및 설계 단계에서는 개발자가 복지기술을 개발하기 위한 사전 작업이 포함되며, 기획 과정을 보다 체계적으로 진행하기 위해 기획자와 긴밀히 소통하여 현실적이고 효율적인 기술적 기반을 마련할 필요가 있다.

4) 개발 및 구현

복지기술의 개발 및 구현 단계에서 개발자는 사용자와 이해관계자의 요구사항을 분석하고, 일련의 절차를 통해 제작된 개발 기획서를 토대로 기술적 설계를 하며, 프로토타입을 제작하여 초기 기능을 검증한다. 이후 본격적인 기술 개발을 진행하면서 성능을 최적화하고, 사용자 피드백을 수집하여 수정과 개선 작업을 통해 기술을 구현하게 된다. 이러한 개발 및 구현 단계는 다음 단계인 테스트 및 평가를 통해 기술의 품질을 검증하고, 업그레이드하기 때문에 개발 및 구현, 테스트 및 평가는 선형적 관계라기보다는 순환적 관계로 진행된다고 할 수 있다.

5) 테스트 및 평가

테스트 및 평가 단계는 기획자와 개발자가 모두 관여하여 개발된 기술(산출물)의 적합성을 확인하는 과정이라고 할 수 있다. 이 단계에서 기획자는 테스트 계획을 수립하고, 사용자 관점에서 기술의 사용성과 효과성을 평가하기 위한 기준을 정의하며, 사용자 피드백을 수집하여 이를 분석하여 개선 방향을 제시하게 된다. 테스트 과정에서 기술(산출물)이 목표와 요구사항에 부합하는지 확인하며, 평가 결과를 종합하여 문서화하고, 주요 이해관계자와 공유해 의사결정을 지원한다. 한편, 개발자는 기술의 기능, 성능, 안전성을 점검하고, 사용성 평가를 통해 기술이 실제 사용자에게 직관적이고 유용하게 설계되었는지를 확인한다. 발견된 문제를 수정하여, 효과성 평가를 통해 기술이 기대된 결과를 달성했는지 검증하고, 필요한 기술적 개선 작업을 수행한다. 테스트 결과를 기반으로 기술적 완성도를 높이고, 최종적으로 시스템이 모든 요구사항을 충족하는지 확인하게 된다.

일반적으로 테스트 및 평가 단계에서 기획자는 이용자의 욕구 충족 여부, 만족도 수준, 기능 수준에서의 변화 등에 초점을 두며, 개발자는 기술적 완성도에 관심을 갖는다. 따라서 기획자와 개발자가 초점을 두는 영역에 대한 포괄적인 검토가 필요하다.

6) 운영 및 유지 보수

복지기술의 운영 및 유지 보수는 기술의 지속 가능성과 관련이 있으며, 이 단계에서는 관리 역량이 요구된다고 할 수 있다. 기획자가 관리 역량을 기반으로 복지기술의 지속적인 운영에 관여할 수도 있으며, 복지기술이 활용되는 기관 담당자가 새롭게 관리자로서 역할을 하면서 기획자 및 개발자와 함께 소통할 수도 있다.

이 단계에서 관리자는 기술 운영의 전반적인 방향을 관리하고, 사용자 피드백을 수집하여 서비스 개선 방향을 도출하며, 유지 보수와 관련된 요구사항을 정리하여 개발자와 협의할 필요가 있다. 운영 데이터를 분석하여 기술의 성과를 평가하고, 새로운 기능 추가나 개선 필요성을 판단하며, 관련 내용을 문서로 만들어 팀과 공유하는 것도 중요하다. 개발자는 기술 운영 중 발생하는 문제를 해결하고, 안정적인 시스템 동작을 유지하며, 기술 업데이트와 기능 개선 작업을 수행한다. 사용자 피드백과 기획자 및 관리자의 요청을 반영하여 기술을 수정하고 최적화하며, 보안 및 성능 점검을 통해 시스템의 신뢰성을 확보하도록 한다. 필요하면 정기적인 유지 보수 일정을 수립하고, 이를 수행하여 기술이 지속해서 효과적으로 활용되도록 하는 것이 중요하다.

2. 복지기술 서비스 기획 사례

복지기술 서비스 기획 사례에서는 복지기술을 기획하고 개발하는 전 과정을 '우리동네 복지' 앱을 개발하는 과정을 통해 설명하였다. 사례 적용을 통해 아이디어를 설정하는 것부터 시작해서 운영 및 유지 보수를 하는 과정에 이르기까지 전 과정을 확인할 수 있다.

□ 사례: 지역 복지 지원 앱 '우리동네 복지'

- 저소득층과 취약계층이 지역사회 내 복지서비스를 쉽게 찾고 이용할 수 있도록 돕는 '우리동네 복지'라는 신규 앱을 기획하는 과정을 예시로 복지기술 기획 및 개발의 전 과정을 설명하고자 한다. '우리동네 복지'는 실재하지 않는 앱 서비스이다. 이 앱의 주요 기능으로는 ① 복지서비스 정보 제공, ② 맞춤형 지원 추천, ③ 온라인 신청 등의 기능이 있다.

1) 아이디어 및 목표 설정

아이디어 및 목표를 설정하기 위해서는 다양한 접근 방식을 이용할 수 있다. 본 사례에서는 앞에서 제시했던 디자인씽킹 방법론을 활용해서 아이디어 및 목표를 설정하였다. 아이디어 및 목표 설정은 '우리동네 복지' 앱이 해결하고자 하는 문제를 바탕으로 앱의 기능과 방향성을 정의하는 과정이다. 이 과정은 디자인씽킹의 창의적 문제 해결과 사용자 중심 목표 설정의 특징을 활용한다.

먼저 아이디어를 제시하기 위해 브레인스토밍을 실시한다. 팀원들과 함께 문제를 해결할 수 있는 다양한 아이디어를 자유롭게 제시하는 것이다. 사용자의 불편함을 해결할 수 있는 구체적인 기능으로 복지 정보 검색, 맞춤 추천, 신청 절차의 단순화 등에 대한 의견이 나올 수 있고, 이를 목록화하게 된다. "만약 앱에서 ________를 제공한다면?"과 같은 질문을 통해 창의적인 아이디어를 유도할 수 있다.

다음은 아이디어를 평가하고 우선순위를 설정하는 것이다. 제시된 아이디어를 바탕으로 사용자의 욕구를 충족시킬 가능성, 기술적 구현 가능성, 자원 소요 등의 기준으로 평가한다. 가장 효과적인 해결책이 무엇인지 논의하고, 초기 버전에 포함할 핵심 기능을 선정한다. 이러한 과정을 통해 초기 목표는 '복지서비스 정보 제공'과 '맞춤형 추천'에 중점을 두고, '온라인 신청'은 차후 업데이트에 포함하도록 설정할 수 있다.

이후, 앱이 달성해야 할 구체적인 목표를 다음과 같이 정의한다. 설정한 목표는 SMART 원칙(Specific, Measurable, Achievable, Relevant, Time-bound)을 준수하여 명확히 한다.

□ 서비스 목표 정의

- 정보 제공 목표: 지역 복지서비스의 최신 정보를 쉽게 검색하고 확인할 수 있도록 한다.
- 맞춤형 지원 목표: 사용자의 상황과 필요에 맞는 복지서비스를 추천한다.
- 온라인 신청 목표: 복잡한 신청 절차를 간소화하고, 앱 내에서 신청서를 작성하고 제출할 수 있도록 한다.

마지막으로 설정된 목표가 사용자의 주요 욕구를 반영하고 있는지 다시 확인하며, 사용자가 앱을 통해 얻게 될 가치를 명확히 정의한다. "정보를 쉽게 찾고, 복지 혜택을 놓치지 않도록 돕는다."

2) 욕구 및 문제 분석

욕구 및 문제 분석은 사용자가 겪는 어려움과 욕구를 깊이 이해하고, 이를 해결하기 위한 구체적인 문제를 정의하는 과정이다. 디자인씽킹의 특징에 맞추어 다음과 같이 진행한다.

(1) 사용자 조사

먼저, 사용자 조사를 실시한다. 이를 위해 인터뷰를 진행한다. 지역 주민, 복지서비스 제공자, 관련 공무원을 대상으로 심층 인터뷰를 통해 복지서비스 이용 경험, 불편사항, 개선 요구를 조사한다. 또한, 설문조사를 활용할 수도 있다. 온라인 설문 또는 오프라인 설문을 통해 광범위한 데이터를 수집하고, 복지서비스에 대한 주요 불편 요인을 정량적으로 분석한다. 관찰을 통해 문제를 확인할 수도 있다. 노인, 장애인, 다문화 가정 등 디지털 접근성이 낮은 계층이 복지서비스를 이용하는 과정을 관찰하여 실질적인 문제를 도출하도록 한다.

(2) 데이터 분석

사용자와 관련된 조사 후에는 데이터 분석을 실시한다. 이때 통계적 분석을 통해 사용자가 경험하는 주요 문제와 욕구 등을 양적으로 제시할 수 있다. 이 외에 공감 맵(Empathy Map)을 작성하기도 한다. 즉, 사용자가 복지서비스에 접근하면서 말하는 것(Say), 행동(Do), 생각하는 것(Think), 느끼는 것(Feel)을 시각적으로 정리하여 요구사항을 파악하는 것이다. 또한, 사용자가 복지서비스를 탐색하고 신청하는 전체 과정을 단계별로 분석하고, 각 단계에서 발생하는 문제를 정의한다.

(3) 환경 분석

복지기술 기획 및 개발을 위해서는 사용자뿐만 환경에 대한 분석도 중요하다. 우선, 기술 환경 분석을 실시한다. 지역 내 스마트폰 보급률과 인터넷 사용률을 파악하여 앱 이용 가능성을 평가한다. 또한, 위기 기반 서비스, 데이터 분석 알고리즘 등 최신 기술을 활용할 방안을 검토한다. 둘째, 정책 환경을 분석한다. 지역 복지서비스의 정책적 제약과 데이터 연계 가능성을 확인한다. 특히, 정부와 지자체가 제공하는 복지서비스 목록과 정책적 지원 범위를 조사한다. 개인정보 보호법과 같은 법적 요건을 준수할 방안을 검토한다. 셋째, 경쟁 환경을 분석한다. 기존 복지 앱의 기능과 한계를 분석하여, 차별화 요소를 도출한다. 가령, 기존 복지 앱의 강점은 특정 대상에 맞춘 맞춤형 서비스를 제공하고 있지만, 반면 사용자 인터페이스가 복잡하고, 최신 정보가 부족하다는 단점이 있음을 확인할 수 있다. 이에 기존 앱이 해결하지 못한 문제를 '우리동네 복지' 앱에서 해결할 방안을 모색하는 것이다. 마지막으로, 지역 환경 분석이다. 지역 특성 조사를 통해 복지서비스 수요가 높은 지역과 대상층을 파악하며, 디지털 기기 접근성이 낮은 계층을 위해 오프라인 홍보 및 교육 프로그램의 필요성을 분석한다. 이러한 환경 분석을 통해 기술적, 사회적, 정책적 요인을 이해하고, 이를 바탕으로 앱의 방향성을 설정한다.

(4) 욕구 정의 및 문제의 구체화

데이터 분석을 통해 사용자가 경험하는 주요 욕구를 정의할 수 있다.

첫째, 정보 제공에 대한 욕구로 사용자가 쉽게 지역 복지 정보를 탐색하고, 이해할 수 있도록 돕는다.

둘째, 맞춤형 추천에 대한 욕구로 개인 상황(연령, 소득, 가족 구성원 등)에 맞는 복지서비스를 자동으로 추천한다.

셋째, 신청 과정 단순화에 대한 욕구로 복잡한 신청 절차를 간소화하고, 신청 상태를 실시간으로 확인할 수 있도록 지원한다.

또한, 문제를 명확하게 정의하는 것도 필요하다. 데이터를 기반으로 앱이 해결해야 할 문제를 다음과 같이 정의할 수 있다. 문제를 정의할 때는 "사용자가 _______때문에 _______하지 못한다"와 같은 구문을 사용하여 명확하게 표현하도록 한다.

- 사용자가 분산된 복지 정보를 한 곳에서 검색하지 못한다.
- 개인의 상황에 맞는 복지서비스가 추천되지 않아 필요한 정보를 놓칠 위험이 있다.
- 복지 신청 과정이 복잡하고, 진행 상황을 확인하기 어렵다.

3) 기획 및 설계/개발 및 구현

소프트웨어 개발 전에 소프트웨어 기획 단계가 있으며, 기획 단계에서 소프트웨어 개발 방향을 설정하는 것은 매우 중요하다. 한편, 프로토타입과 검증은 기획 및 설계 단계, 또는 개발 및 구현, 테스트 단계에 포함하기도 한다. 즉, 기획 및 설계, 개발 및 구현, 테스트 단계는 하나의 복지기술을 개발하기 위한 순환적 과정임을 확인할 수 있다. 이 절에서는 기획 및 설계와 개발 및 구현 단계를 통합해서 기술하였다.

(1) 사회복지 문제 분석과 서비스 목표 설정

'우리동네 복지'는 지역 주민들이 자신이 받을 수 있는 복지 혜택을 잘 알지 못한다는 문제를 해결하기 위해 설계되었다. 따라서 서비스 목표는 다음과 같이 설정할 수 있다.

- **목표** 1: 지역 주민에게 맞춤형 복지 정보를 제공
- **목표** 2: 지원 신청 절차를 간소화하여 행정의 효율성 강화
- **목표** 3: 디지털 소외계층을 위한 사용자 친화적 인터페이스 제공

(2) SWOT 분석과 문제 정의

'우리동네 복지' 사례에 대한 SWOT 분석은 [그림 12-1]과 같다. SWOT 분석에 기반해서 문제를 정의하면, '우리동네 복지'는 정보 접근성과 디지털 소외계층의 문제를 해결하며, 동시에 정부 정책의 지원과 비대면 복지 수요 증가라는 기회를 활용해야 한다. 이를 위해 강점과 기회를 극대화하고, 약점과

위협을 최소화하는 전략이 필요하다. SWOT 분석을 통해 다음과 같이 문제를 정의할 수 있다.

우선, 복지 정보의 단편적 제공으로 인해 사용자들이 적합한 서비스를 찾지 못하고 있다는 점이다. 이를 해결하기 위해 디지털 소외계층의 앱 접근성을 개선할 필요가 있으며, 개인정보 보호와 보안 문제에 대한 신뢰를 확보해야 한다. SWOT 분석을 통해 도출된 문제 정의는 이후 기획 목표와 전략 설계에 직접적으로 활용된다. 즉, 디지털 소외계층 접근성 문제를 해결하기 위해, '우리동네 복지'는 고령 사용자 친화적인 UI와 오프라인 지원 프로그램을 포함한 접근성 개선 방안을 포함하게 된다.

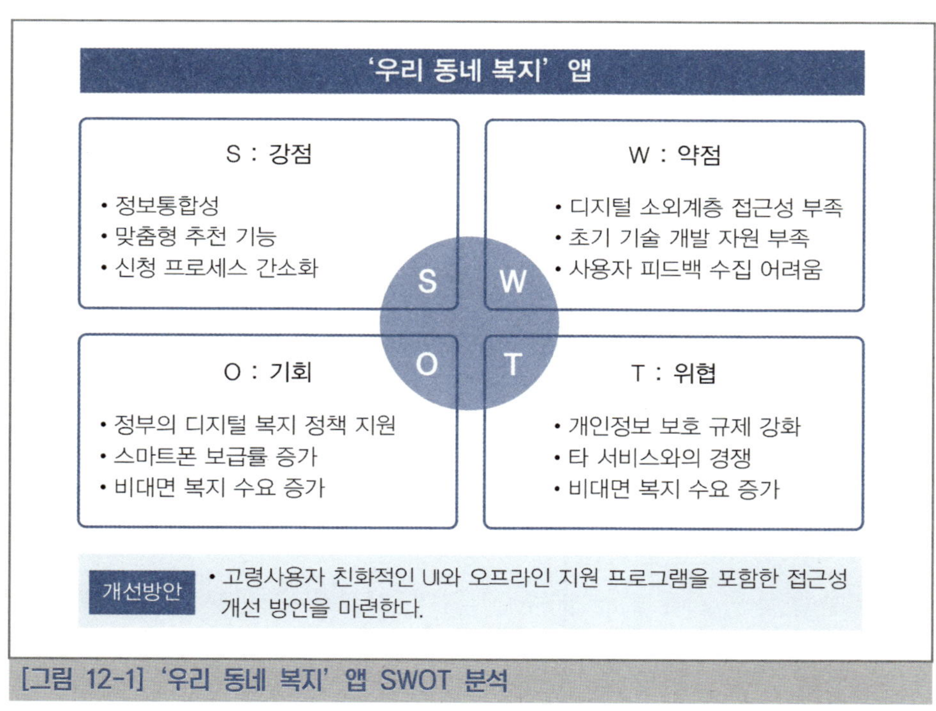

[그림 12-1] '우리 동네 복지' 앱 SWOT 분석

(3) 페르소나 작성: '우리동네 복지'의 주요 사용자 정의

페르소나는 특정 사용자 집단을 대표하는 가상의 인물이나 캐릭터를 의미한다. '우리동네 복지'에 적합한 대상자를 찾기 위해 설문조사, 인터뷰, 기존 연구 자료 등을 통해 서비스의 주요 대상자를 저소득층, 고령자, 장애인 가족들로 설정하고, 각 집단이 어떤 기능을 필요로 하는지 파악하는 것이 중요하다. 이를 위해 사용자 그룹을 다음과 같이 세 개의 집단으로 분류한다.

- **고령자**: 복지 혜택에 대해 잘 모르거나 디지털 기술 사용에 익숙하지 않은 사용자
- **취약계층 보호자**: 장애인이나 노인을 돌보는 가족 구성원
- **일반 사용자**: 자신의 복지 혜택 자격을 확인하고 간단히 신청하려는 사람

이후, 각 집단을 대표하는 페르소나를 작성한다. 이 과정에서 이름, 연령, 직업, 목표, 욕구, 사용 시나리오 등을 구체화한다. 〈표 12-1〉은 대표적인 페르소나 사례이다.

<표 12-1> 앱 기획을 위한 페르소나 작성

김희정 (62세, 여성)	
특성	• 저소득층 은퇴자로, 홀로 생활하며 지역 복지 지원에 크게 의존한다. • 스마트폰을 사용하긴 하지만 통화와 문자 외에는 거의 사용하지 않으며, 복지 혜택에 대한 정보가 부족하다.
목표와 욕구	• 김희정 씨는 복지 혜택을 쉽게 찾아보고 신청하고 싶어 한다. • 특히, 복잡한 절차나 작은 글씨로 된 정보를 싫어하며, 간단하고 직관적인 인터페이스를 선호한다.

사용 시나리오	• 김희정 씨는 앱에 접속해 기본 정보를 입력한 뒤, 자신이 받을 수 있는 복지 혜택 목록을 확인한다. • 특정 혜택에 대해 더 알고 싶으면 세부 내용을 클릭하여 조건과 신청 방법을 읽고, 서류를 준비해 신청을 완료한다.
UX 설계 고려 사항	• 김희정 씨와 같은 사용자를 위해 글씨 크기를 크게 하고, 사용자가 단순히 클릭만으로 주요 정보를 탐색할 수 있도록 설계해야 한다. • 음성 가이드나 튜토리얼 기능을 추가해 사용자가 앱 사용법을 쉽게 익힐 수 있도록 지원해야 한다.
박수민 (35세, 남성)	
특성	• 장애가 있는 아버지를 돌보는 보호자로, 일과 돌봄을 병행하며 항상 시간에 쫓긴다. • 디지털 기술에 능숙하며, 복지서비스를 효율적으로 탐색하고 신청하기를 희망한다.
목표와 욕구	• 박수민 씨는 아버지를 위한 복지 혜택을 빠르게 검색하고, 필요한 서류를 업로드하여 최소한의 시간으로 신청 과정을 끝내고 싶다. • 특히, 신청 절차가 간소화된 앱을 선호한다.
사용 시나리오	• 박수민 씨는 앱의 검색 기능에서 "장애인 의료비 지원"을 선택한 뒤, 신청 조건과 필요 서류를 확인한다. 이후 서류를 촬영하여 업로드하고, 신청 버튼을 클릭하여 신청 상태를 확인한다.
UX 설계 고려 사항	• 박수민 씨와 같은 사용자를 위해 검색 기능을 세부 카테고리별로 설계하고, 실시간 상태 확인 및 알림 기능을 제공해야 한다. • 서류를 사진으로 찍어 바로 업로드할 수 있는 기능이 필수적이다.
이영호 (45세, 남성)	
특성	• 중소기업 직원으로, 가계 지출 절감을 위해 복지 혜택을 적극적으로 탐색한다. • 디지털 기기에 익숙하며, 복지 정책 정보에 민감하게 반응한다.
목표와 욕구	• 이영호 씨는 가족 구성원별로 받을 수 있는 복지 혜택을 한눈에 확인하고, 새로운 정책 정보나 혜택 변동 사항을 빠르게 알고 싶어 한다.
사용 시나리오	• 이영호 씨는 앱에 접속해 "자녀 교육 지원" 혜택을 검색한 뒤, 필요한 서류를 확인하고 바로 신청한다. • 이후, 새로운 혜택 정보가 알림으로 도착하면 앱에서 내용을 확인한다.
UX 설계 고려 사항	• 이영호 씨와 같은 사용자를 위해 정책 공지사항 알림 기능과 가족 구성원별 필터링 기능을 추가해야 한다. • "즐겨찾기" 기능을 통해 관심 있는 복지 혜택을 저장하고 관리할 수 있도록 설계해야 한다.

〈표 12-1〉에서 제시한 페르소나를 통해 다음과 같은 결론을 내릴 수 있다.

- 김희정 사례는 디지털 소외계층을 위한 접근성에 초점을 둔 UI 설계의 중요성을, 박수민 사례는 효율성과 기능성을 강조한 설계를, 이영호 사례는 정보를 빠르게 탐색하고 관리할 수 있는 기능이 필요하다는 점이다.

이에 '우리동네 복지'는 이러한 다양한 페르소나의 요구를 충족하기 위해 맞춤형 UX/UI 설계를 진행한다. 이 과정에서 페르소나는 모든 의사결정의 기준이 된다.

(4) 정보 구조도 설계: 데이터 흐름과 서비스의 논리적 구조

'우리동네 복지' 앱에서는 사용자가 기본 정보를 입력하면 맞춤형 복지 혜택 목록을 제공한다. 사용자는 검색 기능을 통해 복지 혜택을 탐색하고, 세부 조건과 필요한 서류를 확인한 뒤, 서류를 업로드하고 신청 상태를 점검할 수 있다. 이 과정은 정보 구조도를 통해 명확히 설계되며, 엑셀이나 다이어그램 형태로 시각화될 수 있다.

(5) 와이어프레임: 앱 설계의 기본 틀

'우리동네 복지' 앱의 와이어프레임은 복지서비스를 직관적으로 탐색하고 신청할 수 있는 사용자 중심 설계를 목표로 한다. 즉, 홈 화면에서는 사용자가 이름, 나이, 소득 수준 등의 기본 정보를 입력하는 간단한 양식이 화면 상단에 배치되고, 하단에는 맞춤형 복지 혜택 목록이 표시된다. 검색 화면에서는 검색 키워드 입력 창이 상단에 위치하고, 필터 옵션과 결과 목록이 세로로 정렬된다. 신청 화면에서는 서류 업로드 버튼과 신청 상태 확인 버튼이 눈에 잘 띄는 위치에 배치되어, 사용자가 최소한의 클릭으로 작업을 완료할 수 있다. 각 화면 간 이동 경로는 화살표로 표시되며, 사용자가 원하는 작업을 수행할 때 불필요한 단계가 없도록 설계한다.

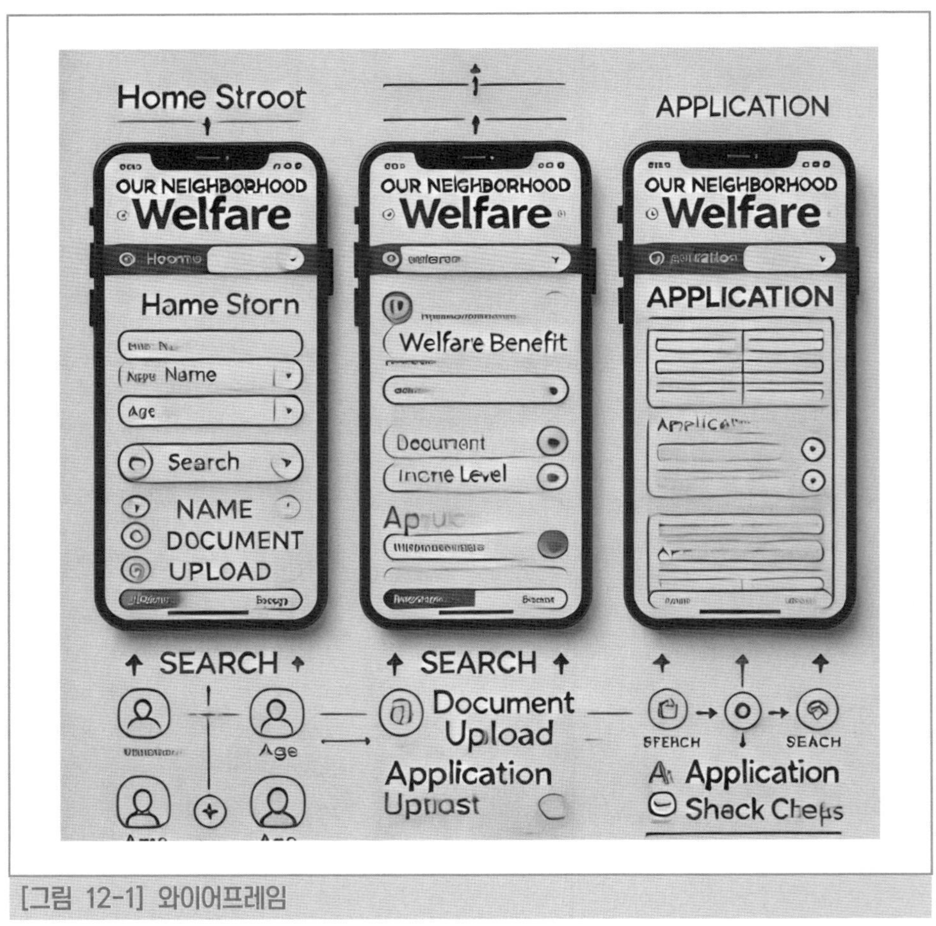

[그림 12-1] 와이어프레임

와이어프레임 작성 시 사용자 요구를 중심으로 설계해야 하며, 특히 사회복지 앱에서는 고령 사용자와 디지털 소외계층을 고려해야 한다. 간단한 내비게이션, 직관적인 배치, 적절한 텍스트와 버튼 크기를 통해 접근성을 강화한다. 또한, 개발자와 디자이너 간 소통을 위해 각 화면의 기능적 목적과 데이터 흐름을 명확히 설명하는 문서를 함께 제공하는 것이 중요하다.

와이어프레임은 앱 설계의 기본 틀로, 사용자 경험을 최적화하고 설계 오류를 사전에 방지하며, 프로젝트 진행을 효율적으로 돕는 핵심 도구이다. '우리동네 복지'와 같은 사회복지 앱에서는 접근성과 편의성을 강조한 와이어프레임 설계를 통해 사용자가 복지서비스를 쉽고 빠르게 이용할 수 있도록 지원한다.

(6) 스토리보드 작성

'우리동네 복지' 앱의 스토리보드 작성은 김희정 씨와 같은 페르소나를 중심으로 구성될 수 있다. 예를 들어, 사용자는 앱에 접속해 홈 화면에서 기본 정보를 입력한 후, 맞춤형 복지 혜택 목록을 제공받는다. 이 목록에서 '의료비 지원' 항목을 선택하면, 사용자는 세부 정보 화면에서 해당 혜택의 조건과 필요 서류를 확인하게 된다. 이후 신청 화면으로 이동해 서류를 업로드하고 신청 절차를 완료하면, 신청 완료 메시지가 표시된다. 마지막으로 신청 상태 화면에서 진행 상태를 실시간으로 확인할 수 있다.

홈 화면에서는 사용자가 입력한 기본 정보를 바탕으로 맞춤형 복지 혜택을 추천한다는 기능적 목표를 설명하며, 데이터 입력 및 출력 흐름을 상세히 기술한다. "맞춤형 혜택 목록" 화면에서는 혜택이 사용자 입력 데이터에 따라 동적으로 필터링되며, 해당 조건에 맞는 결과가 리스트 형태로 출력된다는 점을 강조한다.

(7) UX/UI 설계

'우리동네 복지'는 복지서비스를 쉽게 탐색하고 신청할 수 있도록 설계되었으며, 이를 위해 주요 기능과 UX/UI 요소를 다음과 같이 상세히 설계한다.

'우리동네 복지'의 핵심 기능은 크게 세 가지로 구분된다. 첫 번째는 복지 정보 제공으로, 사용자가 필요한 정보를 빠르게 찾을 수 있도록 데이터를 체계적으로 분류하고 사용자 맞춤형 추천 시스템을 도입한다. 예를 들어, 사용자가 자신의 기본 정보를 입력하면, 앱은 입력된 데이터를 바탕으로 지역과 소득 수준에 적합한 복지 혜택 목록을 추천한다. 이러한 정보는 사용자의 탐색 시간을 줄이고, 적합한 복지서비스를 쉽게 찾을 수 있도록 돕는다.

두 번째는 복지 혜택 신청 관리 기능이다. 사용자가 선택한 혜택에 대해 조건과 필요 서류를 확인한 후, 앱에서 바로 신청할 수 있는 프로세스를 제공한다. 이를 위해 서류 업로드 기능과 신청 진행 상태 확인 기능이 설계되었다. 예를 들어, 사용자는 스마트폰으로 필요한 서류를 사진으로 찍어 업로드할 수 있으며, 신청이 접수되면 알림 메시지로 진행 상태를 실시간으로 확인할 수 있다. 이러한 기능은 신청 과정을 간소화하고, 사용자의 시간과 노력을 절약한다.

세 번째는 데이터 보안과 사용 편의성을 고려한 기술 설계이다. 앱은 사용자 개인 정보를 다루기 때문에, 데이터 암호화와 인증 시스템을 통해 보안을 강화한다. 동시에, 사용자 편의성을 위해 UI를 직관적으로 설계하며, 글씨 크기와 버튼 크기 등 세부 요소를 고령자와 디지털 소외 계층도 쉽게 이용할 수 있도록 조정한다. 예를 들어, 홈 화면에서는 최소한의 정보 입력만으로도 서비스를 탐색할 수 있도록 하고, 모든 주요 작업은 세 번 이내의 클릭으로 완료될 수 있도록 설계되었다.

결론적으로, '우리동네 복지'의 앱 기획 핵심 설계는 사용자의 욕구를 충족하면서도 효율적이고 간소화된 기능을 제공하는 데 초점을 맞추고 있다. 복지 정보 제공, 신청 관리, 보안 및 편의성을 모두 아우르는 설계를 통해 사용자 경험을 극대화하고, 사용자가 복잡한 복지 혜택 탐색과 신청 과정을 쉽게 해결할 수 있도록 돕는다.

(8) 프로토타입과 검증

'우리동네 복지' 앱의 경우, 와이어프레임을 사용해 기본 화면과 버튼 위치, 정보 흐름을 설계한 후, 이를 디지털 프로토타입 도구(예: Adobe XD, Figma)로 구현할 수 있다. 프로토타입은 사용자가 홈 화면에서 기본 정보를 입력하고 맞춤형 복지 혜택을 확인하며, 신청 상태를 점검하는 일련의 흐름을 포함한다. 특히, 사용자 입력과 출력 간의 관계를 시뮬레이션하여 설계 오류를 조기에 발견할 수 있도록 제작하였다. 즉, 복지 혜택 목록이 올바르게 필터링되지 않거나, 버튼 위치가 직관적이지 않은 경우 프로토타입 단계에서 이를 수정하게 된다.

프로토타입 제작 후, 실제 사용자를 대상으로 테스트를 진행하여 초기 설계와 기획의 적합성을 검증한다. '우리동네 복지' 앱에서는 고령자, 취약계층 보호자, 일반 사용자로 분류된 페르소나 그룹을 초대하여 주요 기능을 사용해 보게 하고, 그들의 피드백을 수집한다. 김희정 씨는 홈 화면의 글씨 크기가 작고, 복지 혜택 목록의 탐색 과정이 복잡하다는 의견을 제시하였다. 이 피드백을 바탕으로 글씨 크기를 키우고 탐색 과정을 단순화한다. 박수민 씨는 신청 진행 상태를 확인하는 기능이 실시간으로 업데이트되지 않으면 불편하다고 피드백하였고, 이를 기반으로 실시간 알림 기능을 강화하였다. 테스트 결과를 바탕으로 개선점을 반영한 새로운 프로토타입을 제작하며, 검증과 개선을 반복해 설계의 완성도를 높이는 것이다.

4) 테스트 및 평가

테스트 및 평가는 '우리동네 복지' 앱이 사용자 욕구를 충족하며 기술적으로 안정적인지 확인하는 과정이다. 이 단계에서는 기획에서의 접근과 개발에서의 접근으로 나누어 앱의 완성도를 검증한다.

(1) 기획에서의 접근

기획 단계에서는 앱의 사용성과 효과성을 중심으로 평가한다. 우선, 사용성 평가에서는 사용자 테스트 계획을 수립한다. 앱의 주요 사용자 그룹(노인, 장애인, 저소득층 가구 등)을 대상으로 테스트 대상을 선정한 후, 사용자 중심으로 테스트 시나리오를 작성하여 실제 사용 상황을 재현한다. 예를 들어, 사용자가 복지서비스 정보를 검색하고 맞춤형 추천을 확인한 뒤, 신청서를 작성하는 과정을 직접 수행하도록 한다. 이처럼 재현된 상황을 관찰하면서 UI/UX 평가를 진행하기도, 연구자가 앱을 직접 실행하면서 평가하기도 한다. 즉, 사용자에게 인터페이스가 직관적이고 사용하기 쉽게 되어 있는지를 주로 평가하며, 이 외에 메뉴 가독성, 버튼 배치, 검색 기능의 편리성 등의 항목을 평가한다. 마지막으로 상황 재현을 통해 사용자 피드백을 수집한다. 테스트 참여자에게 설문조사나 심층 인터뷰를 수행하고, 이를 통해 앱 사용 경험을 평가한다. 가령, "어떤 부분이 불편했는가?" 또는 "어떤 기능이 가장 유용했는가?"와 같은 구체적인 질문을 포함하도록 한다.

효과성 평가는 앱의 사용을 통해 사용자의 욕구가 충족되고 목표가 달성되었는지를 평가하는 과정이다. 우선적으로, 기능 적합성 평가를 진행한다. 즉, 앱의 주요 기능인 정보 제공, 맞춤 추천, 온라인 신청이 사용자의 욕구를 충족했는지 확인하는 것이다. 두 번째는 목표 달성도를 검토한다. 검색 소요 시간 단축이나 추천 정확도 향상 등 설정한 목표를 기준으로 성과를 측정함으로써 목표 달성 정도를 검토하게 된다. 정성적 평가로써 정보 제공, 맞춤형 지원, 온라인 신청 등의 목표 달성이 실제 사용자의 서비스 접근 가능성을 높이고, 일상생활 편의성이 향상되며, 삶의 질이 증진되었는지 등을 장기 목표로 평가하기도 한다.

(2) 개발에서의 접근

개발 단계에서는 앱의 기능적 완전성과 기술적 안정성을 검증한다. 우선, 기능 테스트를 진행한다. 개별 기능 테스트를 통해 각각의 기능(검색, 추천, 신청)이 독립적으로 작동하는지 확인한다. 또한, 통합 테스트를 수행하여 개별 기능이 통합된 상태에서 제대로 작동하는지 검증한다. 즉, 맞춤형 추천 결과가 검색 기능과 연동되어 정확하게 표시되는지 확인한다. 다음은 기술적 안정성을 점검한다. 호환성 테스트를 통해 다양한 디바이스(Android, iOS)와 해상도에서 정상 작동하는지 확인한다. 부하 테스트를 실시하여 동시 사용자 수 증가 시 앱이 안정적으로 작동하는지 검토한다. 또한, 오류 및 예상 상황 테스트를 통해 예기치 않은 사용 패턴에도 앱이 올바르게 동작하는지 점검한다. 마지막으로 보안 테스트를 수행한다. 개인정보 보호 및 데이터 암호화와 같은 보안 요구사항을 충족하는지 확인하며, 네트워크 통신 보안과 데이터 저장소의 안전성을 검증한다.

이처럼 기획과 개발 단계에서 수집된 테스트 결과와 피드백을 바탕으로 문제를 수정하고, 앱을 최적화한다. 또한, 반복적인 테스트와 검토 과정을 통해 앱의 품질을 보장한다.

5) 운영 및 유지 보수

운영 및 유지 보수는 '우리동네 복지' 앱이 안정적으로 서비스되도록 관리하며, 변화하는 사용자 욕구와 기술 환경에 맞춰 지속적으로 개선하는 단계이다.

우선, 서비스 운영 체계를 확립할 필요가 있다. 이를 위해 앱 관리, 데이터 업데이트, 사용자 문의 처리 등의 절차를 상세히 정리한 운영 매뉴얼을 작성한다. 또한, 사용자 지원 시스템 구축을 통해 FAQ, 1:1 문의, 알림 기능 등을 통해 사용자의 문제를 빠르게 해결하며, 사용자 요청 및 피드백을 체계적으로 관리할 수 있는 CRM(Customer Relationship Management) 시스템을 도입한다.

데이터 및 콘텐츠를 정기적으로 갱신하는 것도 중요하다. 지역 복지 정책 변경, 신규 서비스 추가 등을 반영하여 최신 데이터를 제공하는 등 복지서비스 정보를 주기적으로 업데이트한다. 또한, 사용자 행동 데이터를 정기적으로 분석함으로써 사용 빈도가 높은 기능, 사용자가 어려움을 겪는 기능을 파악하여 앱을 개선하고, 데이터 기반으로 새로운 기능 추가와 기존 기능의 최적화를 진행한다.

기술적 유지 보수를 수행하는 것도 필수적이다. 사용자로부터 보고된 오류를 신속히 해결하고, 기능 개선 작업을 수행하는 등 버그 수정 및 기능 개선을 진행한다. 또한, Android, iOS 등 운영체계 업데이트에 맞춰 앱을 최적화함으로써 플랫폼의 호환성을 유지한다. 정기적인 보안 점검과 업데이트를 통해 데이터 유출과 같은 위험을 예방하는 등의 보안 관리를 강화할 필요가 있다.

마지막으로 관리자와 개발자는 사용자와 지속적인 소통을 하도록 한다. 사용자의 피드백을 분석하고 적극 반영하여 서비스 품질을 높이고, 기능을 개선한다. 또한, 사용자 간 경험을 공유할 수 있는 커뮤니티를 활성화하여 참여도를 높이며, 공지사항, 서비스 업데이트 알림을 통해 사용자의 신뢰를 유지하도록 한다. 이러한 일련의 단계를 통해 '우리동네 복지' 앱의 품질을 높이고, 안정적인 서비스 제공 및 지속적인 발전을 추구할 수 있다.

1. 복지기 기획 및 개발 과정의 핵심 단계

복지기술은 첨단기술을 활용하여 복지서비스의 질을 향상하고, 사용자에게 더 나은 삶의 질을 제공하는 것을 목적으로 한다. 복지기술은 구체적인 기획, 사용자 욕구 분석, 기술의 실험 및 검증 등을 포함하는 체계적인 과정을 거칠 때 개인 또는 사회문제를 해결하는 솔루션을 제공할 수 있다. 복지기술 개발 과정의 핵심 단계는 기술이 해결할 문제와 목표를 정의하는 아이디어 및 목표 설정 단계, 사용자와 사회적 환경의 욕구를 분석하고 이를 바탕으로 문제 해결 방안을 설계하는 욕구 및 문제 분석 단계, 기획자가 제안한 기능과 요구사항의 기술적 실현 가능성을 검토하면서 실제 기술을 설계하고 개발하는 소프트웨어 기획 및 설계와 개발 및 구현 단계, 사용자와의 협력을 통해 기술을 실험하고, 평가와 피드백을 통해 개선하는 테스트 및 평가 단계, 완성된 복지기술을 운영하고 지속적으로 모니터링하는 운영 및 유지 보수 단계로 구성될 수 있다.

2. 복지기술 서비스 기획 사례

이 장에서는 이러한 여섯 개의 단계를 각각 설명하고, 지역복지 지원 앱인 '우리동네 복지'라는 앱을 하나의 사례로 활용하여 실제 앱을 기획하고 개발하는 과정을 제시하였다.

01. 복지기술이 실제로 적용된 사례에서 성공과 실패를 결정짓는 핵심 요인은 무엇이라고 생각합니까?

02. 복지기술이 현장에서 효과적으로 작동하지 못할 때, 기술과 현장에서 발생하는 기술 격차 문제를 해결하기 위한 방안은 무엇이라고 생각합니까?

03. '우리동네 복지' 앱의 주요 기능을 바탕으로 사용자 경험(UX)을 향상시키기 위한 설계 전략을 논하시오.

CHAPTER

13

복지기술 적용에서의 도전과 대응

CHAPTER 13
복지기술 적용에서의 도전과 대응

1. 윤리적 이슈

복지기술의 적용에는 다양한 윤리적 이슈가 수반된다. 특히, 개인정보 보호와 관련된 문제는 매우 중요한 쟁점이다. 복지기술이 발전함에 따라 사용자의 민감한 데이터가 대규모로 수집되고 처리되기 때문에 이러한 데이터를 보호하는 것이 필수적이다. 윤리적 이슈를 적절히 다루지 않으면 기술의 신뢰성이 떨어지고, 궁극적으로 사용자의 삶에 부정적인 영향을 미칠 수 있다.

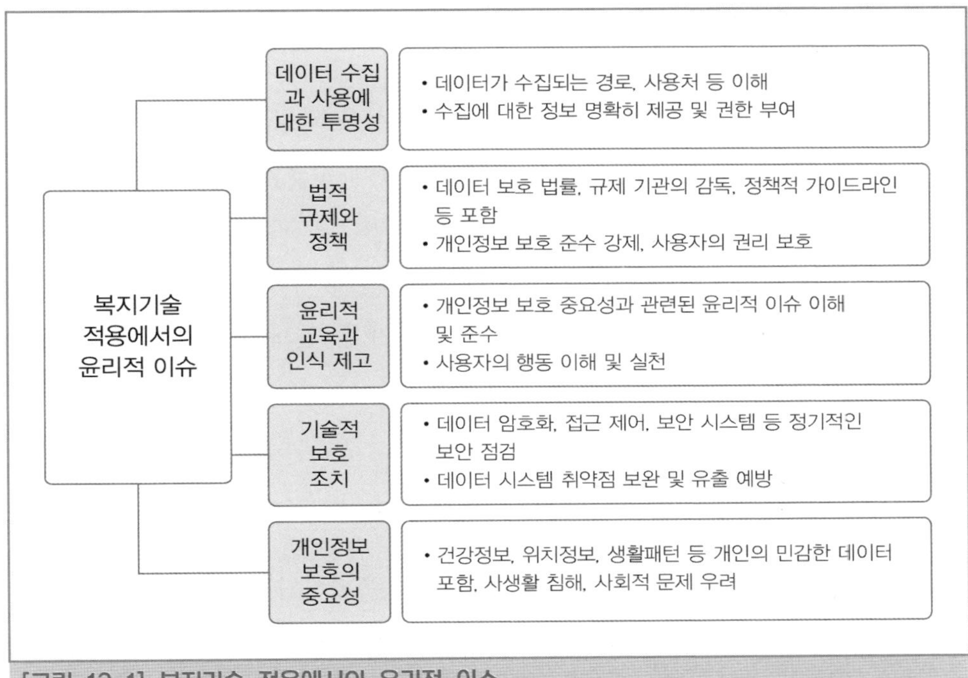

[그림 13-1] 복지기술 적용에서의 윤리적 이슈

1) 개인정보 보호의 중요성

복지기술의 사용에는 건강 정보, 위치 정보, 생활 패턴 등 개인의 민감한 데이터가 포함된다. 이러한 정보가 유출되거나 오용될 경우, 사용자의 사생활이 침해될 수 있으며, 이는 심각한 법적, 사회적 문제로 이어질 수 있다. 예를 들어, 스마트 헬스 케어 디바이스는 사용자의 심박수, 혈압, 혈당 등의 건강 데이터를 수집하고, 이를 기반으로 건강 상태를 모니터링한다. 이러한 데이터가 유출될 경우, 개인의 건강 상태가 외부에 노출되어 프라이버시가 침해될 수 있다.

(1) 데이터 수집과 사용에 대한 투명성

개인정보 보호를 위해서는 데이터 수집과 사용 과정의 투명성이 보장되어야 한다. 이는 사용자가 자신의 데이터가 어떻게 수집되고, 사용되며, 보호되는지 명확히 이해할 수 있도록 하는 것을 의미한다. 예를 들어, 복지기술 제공자는 사용자가 기술을 사용할 때 동의 과정을 통해 데이터 수집에 대한 정보를 명확히 제공하고, 사용자가 자신의 데이터를 언제든지 확인하고 삭제할 수 있는 권한을 부여해야 한다.

(2) 법적 규제와 정책

개인정보 보호를 위한 법적 규제와 정책이 중요하다. 이는 데이터 보호 법률, 규제 기관의 감독, 정책적 가이드라인 등을 포함한다. 예를 들어, 유럽연합의 GDPR(General Data Protection Regulation)은 개인 데이터의 수집, 처리, 저장에 대한 엄격한 규제를 통해 개인정보 보호를 강화하고 있다. 이러한 법적 규제는 복지기술 제공자가 개인정보 보호를 준수하도록 강제하며, 사용자의 권리를 보호하는 역할을 한다.

(3) 기술적 보호 조치

개인정보를 보호하기 위해서는 기술적 보호 조치가 필수적이다. 이는 데이터 암호화, 접근 제어, 보안 시스템 등을 포함한다. 예를 들어, 복지기술 제공자는 사용자의 데이터를 저장할 때 강력한 암호화 기술을 사용하여 외부로부터의 접근을 차단하고, 데이터 접근 권한을 제한하여 특정 인원만이 데이터에 접근할 수 있도록 해야 한다. 또한, 정기적인 보안 점검과 업데이트를 통해 시스템의 취약점을 보완하고, 데이터 유출을 예방해야 한다.

(4) 윤리적 교육과 인식 제고

윤리적 이슈를 다루기 위해서는 복지기술 제공자와 사용자 모두에게 윤리적 교육과 인식 제고가 필요하다. 이는 개인정보 보호의 중요성과 관련된 윤리적 이슈에 대한 이해를 높이고, 이를 준수하도록 하는 것을 의미한다. 예를 들어, 복지기술 제공자는 직원들에게 정기적인 윤리 교육을 실시하여 데이터 보호의 중요성을 강조하고, 사용자는 개인정보 보호를 위해 필요한 행동을 이해하고 실천할 수 있도록 해야 한다.

2) 사례 연구: 스마트 헬스 케어 시스템의 윤리적 문제 해결

스마트 헬스 케어 시스템의 도입 과정에서 발생할 수 있는 윤리적 문제를 해결하기 위한 사례를 살펴보자. 한 복지기관은 스마트 헬스 케어 디바이스를 통해 노인의 건강 상태를 모니터링하는 프로젝트를 진행했다. 초기 단계에서 개인정보 보호 문제에 대한 우려가 제기되었고, 이를 해결하기 위해 다음과 같은 조치를 취했다.

① **데이터 암호화**: 모든 건강 데이터는 강력한 암호화 기술을 사용하여 저장되었으며, 데이터 전송 시에도 암호화된 채널을 사용했다.

② **사용자 동의**: 데이터 수집 전에 사용자의 명확한 동의를 받았으며, 데이터 사용 목적과 범위에 대해 상세히 설명했다.

③ **접근 제어**: 데이터 접근 권한을 제한하여 지정된 의료진과 사회복지사만

이 데이터에 접근할 수 있도록 했다.

④ **정기적인 보안 점검**: 시스템의 보안을 정기적으로 점검하고, 최신 보안 패치를 적용하여 취약점을 보완했다.

⑤ **윤리 교육**: 프로젝트에 참여하는 모든 직원에게 개인정보 보호와 관련된 윤리 교육을 실시하여 윤리적 인식을 높였다.

이러한 조치를 통해 개인정보 보호 문제를 해결하고, 노인들은 스마트 헬스 케어 시스템을 신뢰하고 사용할 수 있었다.

복지기술의 적용에서 개인정보 보호와 관련된 윤리적 이슈는 매우 중요한 요소이다. 데이터의 안전한 수집과 관리, 투명한 사용, 법적 규제 준수, 기술적 보호 조치, 윤리적 교육 등을 통해 이러한 문제를 효과적으로 해결할 수 있다. 이를 통해 복지기술은 사용자에게 신뢰받는 도구로 자리잡을 수 있으며, 궁극적으로 서비스 대상자들의 삶의 질을 향상시키는 데 기여할 수 있다.

2. 디지털 역량

복지기술의 성공적인 적용과 활용을 위해서는 서비스 제공자와 이용자 모두가 높은 수준의 디지털 역량을 갖추는 것이 필수적이다. 디지털 역량은 단순히 기술을 사용하는 능력뿐만 아니라, 기술을 통해 문제를 해결하고, 데이터를 분석하며, 이를 통해 보다 나은 서비스를 제공할 수 있는 능력을 포함한다. 다음은 디지털 역량의 중요성과 이를 향상시키기 위한 다양한 전략을 상세히 설명한다.

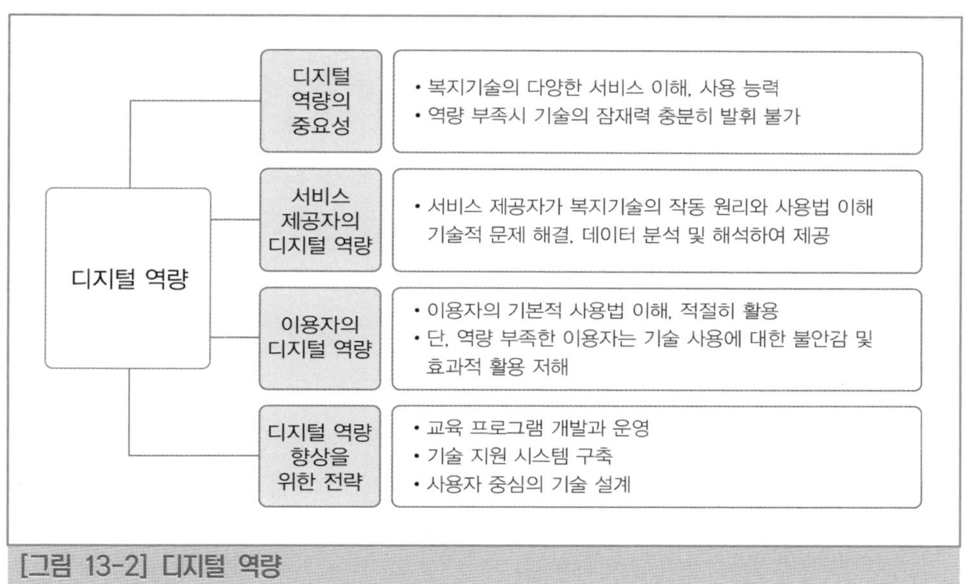

[그림 13-2] 디지털 역량

1) 디지털 역량

디지털 역량은 복지기술을 효과적으로 활용하는 데 필수적이다. 이는 복지기술을 통해 제공되는 다양한 서비스를 이해하고, 이를 적절히 사용할 수 있는 능력을 의미한다. 디지털 역량이 부족하면 기술의 잠재력을 충분히 발휘할 수 없으며, 이는 서비스의 질 저하로 이어질 수 있다. 예를 들어, 원격의료기술을 사용할 때, 사용자가 기술을 이해하지 못하면 제대로 된 건강 모니터링과 진단을 받기 어려울 수 있다.

(1) 서비스 제공자의 디지털 역량

서비스 제공자는 높은 수준의 디지털 역량을 갖추어야 한다. 이는 복지기술의 작동 원리와 사용법을 이해하고, 기술적 문제를 신속하게 해결할 수 있는 능력을 포함한다. 또한, 데이터를 분석하고 해석하여 서비스 제공에 활용할 수 있는 능력도 중요하다. 예를 들어, 사회복지사가 전자 건강 기록 시스템을 통해 클라이언트의 건강 데이터를 분석하고, 이를 바탕으로 맞춤형 서비스를 제공할 수 있어야 한다.

(2) 이용자의 디지털 역량

이용자도 기본적인 디지털 역량을 갖추어야 한다. 이는 복지기술의 기본적인 사용법을 이해하고, 기술을 통해 제공되는 서비스를 적절히 활용할 수 있는 능력을 포함한다. 예를 들어, 노인이 스마트홈 시스템을 사용할 때, 기본적인 사용법을 이해하고, 긴급 상황 시 적절히 대응할 수 있어야 한다. 디지털 역량이 부족한 이용자는 기술 사용에 대한 불안감을 느낄 수 있으며, 이는 기술의 효과적인 활용을 저해할 수 있다.

(3) 디지털 역량 향상을 위한 전략

디지털 역량을 향상시키기 위해서는 다양한 전략이 필요하다. 이는 교육 프로그램, 기술 지원, 사용자 중심의 설계 등을 포함한다.

① 교육 프로그램 개발과 운영

서비스 제공자와 이용자 모두를 대상으로 한 체계적인 교육 프로그램이 필요하다. 이는 이론 교육과 실습을 포함하여 기술 사용 능력을 체계적으로 향상시킬 수 있어야 한다. 예를 들어, 복지기관은 정기적인 교육 세미나와 워크숍을 통해 직원들에게 최신 기술 동향과 사용법을 교육할 수 있다. 또한, 노인이나 장애인을 대상으로 한 디지털 리터러시 교육 프로그램을 운영하여, 이들이 기술을 효과적으로 활용할 수 있도록 지원할 수 있다. 교육 프로그램은 다양한 수준의 사용자를 고려하여 기초부터 고급까지 포괄적으로 제공되어야 한다.

② 기술 지원 시스템 구축

기술 지원 시스템을 구축하여 사용자가 기술 사용 중 겪는 문제를 신속히 해결할 수 있도록 해야 한다. 이는 전화 상담, 온라인 지원, 방문 지원 등을 포함한다. 예를 들어, 스마트홈 시스템을 사용하는 노인이 기술적인 문제를 겪을 때, 24시간 지원 가능한 콜센터나 온라인 지원 서비스를 통해 신속하게 도움을 받을 수 있어야 한다. 또한, 기술 지원 팀을 통해 복지기술의 설치와 유지 보수를 지원하고, 사용자가 기술을 원활하게 활용할 수 있도록 해야 한다.

③ 사용자 중심의 기술 설계

기술은 사용자가 쉽게 이해하고 사용할 수 있도록 설계되어야 한다. 이는 직관적인 인터페이스, 명확한 사용법 안내, 사용자의 피드백 반영 등을 포함한다. 예를 들어, 스마트폰 앱을 사용하는 노인을 위해 큰 글씨와 간단한 메뉴 구성을 제공하고, 음성 명령 기능을 추가할 수 있다. 또한, 사용자 경험(UX) 디자인을 통해 기술 사용 시의 불편함을 최소화하고, 사용자의 요구와 기대를 반영하여 지속적으로 개선해야 한다.

2) 디지털 역량 향상을 위한 사례 연구

디지털 역량 향상을 위한 효과적인 전략을 적용한 사례를 살펴보자. 한 복지기관은 노인들을 대상으로 스마트 헬스 케어 시스템을 도입하면서, 디지털 역량 향상을 위해 다음과 같은 전략을 채택했다.

① **기초 디지털 교육 프로그램 운영**: 노인들을 대상으로 스마트폰 사용법, 앱 설치 방법, 기본적인 인터넷 사용법 등을 교육하는 기초 디지털 교육 프로그램을 운영했다. 이를 통해 노인들은 스마트 헬스 케어 시스템을 사용하는 데 필요한 기본적인 디지털 역량을 갖추게 되었다.

② **실습 중심의 워크숍**: 스마트 헬스 케어 시스템의 사용법을 실습을 통해 배우는 워크숍을 정기적으로 개최했다. 노인들은 직접 기기를 사용해 보고, 발생할 수 있는 문제 상황에 대처하는 방법을 배웠다.

③ **기술 지원 팀 구성**: 기술 지원 팀을 구성하여 노인들이 기술 사용 중 겪는 문제를 신속하게 해결할 수 있도록 지원했다. 기술 지원 팀은 24시간 콜센터와 온라인 지원 서비스를 운영하고, 필요 시 방문 지원을 제공했다.

④ **사용자 피드백 반영**: 노인들의 피드백을 수집하여 스마트 헬스 케어 시스템의 인터페이스와 기능을 지속적으로 개선했다. 예를 들어, 노인들이 사용하기 어렵다고 느낀 부분을 개선하고, 새로운 기능을 추가하여 사용자 경험을 향상시켰다.

이러한 전략을 통해 노인들은 스마트 헬스 케어 시스템을 효과적으로 활용할 수 있었으며, 이를 통해 건강관리와 삶의 질이 크게 향상되었다.

디지털 역량은 복지기술의 성공적인 적용과 활용을 위해 필수적이다. 서비스 제공자와 이용자 모두가 높은 수준의 디지털 역량을 갖추어야 하며, 이를 위해 체계적인 교육 프로그램, 기술 지원 시스템, 사용자 중심의 설계가 필요하다. 이를 통해 복지기술은 사용자에게 신뢰받는 도구로 자리잡을 수 있으며, 궁극적으로 서비스 대상자들의 삶의 질을 향상시키는 데 기여할 수 있다.

1. 윤리적 이슈(개인정보 보호 등)

복지기술 적용에는 개인정보 보호와 관련된 윤리적 문제가 수반되며, 이는 매우 중요한 쟁점이다. 개인정보 보호는 사용자 데이터가 대규모로 수집되는 만큼 프라이버시 침해의 위험이 크다. 건강 정보나 생활 패턴 등이 유출되면 심각한 문제가 발생할 수 있다. 데이터 수집과 사용의 투명성이 보장되어야 하며, 사용자는 자신의 데이터가 어떻게 관리되는지 명확하게 이해하고, 필요 시 삭제할 수 있는 권한을 가져야 한다. 법적 규제와 정책은 개인정보 보호를 위한 법적 장치로, 유럽의 GDPR과 같은 엄격한 규제가 대표적이다. 이는 복지기술 제공자가 개인정보를 안전하게 관리하도록 강제한다. 기술적 보호 조치로 데이터 암호화, 접근 통제, 보안 시스템 등을 마련하고, 정기적인 보안 점검을 통해 기술적 취약점을 보완해야 한다. 윤리적 교육을 통해 서비스 제공자와 사용자의 윤리 의식을 높이는 것이 중요하다.

2. 디지털 역량

복지기술의 성공적인 적용을 위해서는 서비스 제공자와 사용자의 디지털 역량이 필수적이다. 디지털 역량의 중요성은 기술을 적절히 이해하고 사용할 수 있는 능력으로, 부족하면 기술의 효과적인 활용이 어렵다. 서비스 제공자의 디지털 역량은 기술적 문제를 신속하게 해결하고 데이터를 분석해 서비스에 반영할 수 있는 능력을 요구한다. 이용자의 디지털 역량도 중요하며, 복지기술 사용법을 이해하고 활용할 수 있어야 한다. 디지털 역량 향상 전략으로 교육 프로그램, 기술 지원 시스템, 사용자 중심의 설계가 필요하다. 예를 들어, 사용자 경험(UX)을 고려한 직관적인 인터페이스와 실습 중심의 교육이 도움이 된다.

복지기술의 성공적인 적용을 위해서는 개인정보 보호와 같은 윤리적 이슈와 더불어 디지털 역량 강화가 필수적이다. 윤리적 문제를 예방하고, 서비스 제공자와 사용자의 디지털 역량을 체계적으로 향상시킴으로써 복지기술의 신뢰성을 높이고, 궁극적으로 사용자들의 삶의 질을 향상시키는 데 기여할 수 있다.

01. 개인정보 보호와 관련된 윤리적 이슈는 복지기술 적용에서 어떻게 다루어져야 하는가?

02. 디지털 역량의 격차가 복지기술 적용에서 어떤 도전을 제공하며, 이를 극복하기 위한 전략은 무엇인가?

부록

ICT 주요 용어 설명

1. 컴퓨터 하드웨어 및 운영체제

CPU (중앙처리장치)

CPU는 컴퓨터의 두뇌와 같은 역할을 하는 장치로, 주 기억장치인 메모리에서 명령어를 읽어 들여 이를 해석하여 명령을 실행한다. CPU는 산술 및 논리 연산을 수행하는 ALU, 명령어의 순서와 순서를 제어하는 제어장치(Control Unit), 중간 결과와 작업 상태를 저장하는 레지스터(Register)로 구성된다.

ALU

ALU(Arithmetic Logic, 산술논리연산장치)는 CPU의 일부로, 산술 연산(덧셈, 뺄셈)과 논리 연산(AND, OR)을 수행하는 장치다. 데이터를 계산하거나 비교하여 명령을 실행한다. 컴퓨터가 숫자를 다루고 논리적인 결정을 내리는 데 중요한 역할을 한다. 프로세서의 연산 성능에 직접적인 영향을 미친다.

제어장치

제어장치는 제어 유닛이라고도 불리며 CPU의 일부로, 프로그램 명령을 해석하고 실행 순서를 결정한다. 메모리에서 명령을 가져오고 CPU 내부의 다른 부품과 하드웨어 장치를 조율한다. 데이터를 어디로 보내야 할지 지시하고, 연산 결과를 저장하거나 전달하도록 관리한다. 컴퓨터 작업의 흐름을 조정하며, CPU의 두뇌 역할을 하는 핵심 부품이다.

멀티코어 CPU

멀티코어 CPU는 여러 개의 코어(프로세서)를 하나의 칩에 통합한 CPU다. 동시에 여러 작업을 처리할 수 있어 성능이 크게 향상된다. 멀티태스킹이나 고성능 작업에 특히 유리하다. 현대 컴퓨터에서 흔히 사용되는 프로세서 기술이다.

그래픽 카드

그래픽 카드(GPU)는 컴퓨터에서 화면에 이미지를 표시하는 데 필요한 장치다. 게임, 동영상 편집, 3D 작업 등 고해상도 그래픽 처리가 필요한 작업에 사용된다. GPU라는 특별한 프로세서를 탑재하여 빠르게 그래픽을 처리한다. 모니터에 출력될 데이터를 생성하는 데 핵심적인 역할을 한다.

네트워크 카드

네트워크 카드는 컴퓨터를 인터넷이나 다른 네트워크에 연결하는 장치다. 데이터를 주고받을 수 있게 하며, 유선 또는 무선 네트워크를 지원한다. NIC(Network Interface Card)라는 약자로도 불리며, 네트워크 성능을 결정짓는 중요한 부품이다. 컴퓨터 간 통신과 파일 공유에 필수적이다.

샘플링 속도

샘플링 속도(Sampling rate)는 소리나 신호를 디지털 데이터로 변환할 때 초당 얼마나 많은 샘플을 추출하는지를 나타내는 값이다. 예를 들어, 44,100Hz(헤르츠)의 샘플링 속도는 초당 44,100번의 샘플을 추출한다는 의미다. 샘플링 속도가 높을수록 원래 아날로그 신호를 더 정확하게 재현할 수 있지만, 데이터 크기도 커진다. 일반적으로 CD 음질은 44.1kHz, 스튜디오 음질은 96kHz를 사용한다.

신호대 잡음비

신호대 잡음비(Signal-to—Noise Ratio: SNR)는 원하는 신호(유용한 정보)와 잡음(원치 않는 간섭) 간의 비율을 나타내는 값이다. SNR이 높을수록 신호가 잡음보다 강해 더 깨끗하고 명확한 데이터를 얻을 수 있다. 예를 들어, 음악을 들을 때 잡음이 거의 없으면 SNR이 높은 상태다. 주로 데시벨(dB) 단위로 측정되며, 높은 SNR은 더 좋은 품질을 의미한다.

디바이스

디바이스(Device)는 스마트폰, 컴퓨터, 태블릿 같은 여러 전자기기를 일컫기 위해 두루 사용되는 용어입니다. 전자 기술이 적용된 기계나 장치를 모두 디바이스라고 부를 수 있습니다. 일상생활에서 사용하는 대부분의 전자제품이 디바이스에 해당됩니다.

멀티태스킹

멀티태스킹은 컴퓨터가 여러 작업을 동시에 처리할 수 있는 기능이다. 운영체제가 프로세스를 빠르게 전환하여 사용자는 여러 프로그램이 동시에 실행되는 것처럼 느낀다. 예를 들어, 음악을 들으며 문서를 작성할 수 있다. 멀티코어 CPU와 함께 성능이 더욱 향상된다.

가상 메모리

가상 메모리는 실제 메모리가 부족할 때 디스크 공간을 메모리처럼 사용하는 기술이다. 프로그램이 필요로 하는 메모리보다 실제 RAM이 작아도 작업이 가능하게 한다. 운영체제가 데이터 일부를 하드디스크로 이동시켜 RAM을 확장한다. 이를 통해 여러 작업을 동시에 처리할 수 있다.

장치 드라이버

장치 드라이버(Device Driver)는 컴퓨터와 하드웨어 장치(예: 프린터, 키보드, 그래픽 카드)가 서로 소통할 수 있게 해주는 소프트웨어다. 운영체제가 하드웨어를 인식하고 제어할 수 있도록 명령을 전달하는 역할을 한다. 예를 들어, 프린터 드라이버가 없으면 컴퓨터가 프린터를 제대로 사용할 수 없다. 각 장치에 맞는 드라이버를 설치하면 장치가 정상적으로 작동한다.

GUI

GUI(Graphical User Interface, 그래픽 사용자 인터페이스)는 아이콘, 버튼, 창 같은 그래픽 요소를 사용해 컴퓨터와 소통하는 방식이다. 사용자가 마우스나 터치로 클릭하며 작업을 수행할 수 있어 직관적이고 배우기 쉽다. Windows나 macOS 같은 운영체제의 시각적인 화면이 대표적인 예다. 일반 사용자에게 편리하며, 복잡한 명령 없이 쉽게 컴퓨터를 사용할 수 있다.

CLI

CLI(Command Line Interface, 명령줄 인터페이스)는 키보드로 명령을 입력해 컴퓨터를 조작하는 방식이다. 예를 들어, 명령 프롬프트나 터미널에서 명령을 입력해 프로그램을 실행하거나 파일을 관리한다. 직관적이지는 않지만, 빠르고 강력한 제어가 가능해 개발자나 IT 전문가들이 선호한다. 사용법을 배우면 반복 작업이나 시스템 설정을 효율적으로 처리할 수 있다.

Windows

Windows는 Microsoft에서 개발한 운영체제로, 전 세계에서 가장 널리 사용되는 데스크톱 운영체제다. GUI 기반으로 쉽게 사용할 수 있으며, 다양한 소프트웨어와 호환된다. 개인용, 비즈니스용, 서버용 등 다양한 버전이 제공된다. Windows 10, 11이 최신 주요 버전으로 많은 사람들이 사용하고 있다.

macOS

macOS는 Apple에서 만든 컴퓨터 운영체제로, MacBook, iMac 같은 Apple 컴퓨터에서 사용된다. 깔끔하고 직관적인 그래픽 사용자 인터페이스(GUI)를 제공하며, 안정성과 보안성이 높다. Apple의 다른 제품(예: iPhone, iPad)과 잘 연동되어 편리한 생태계를 구성한다. 디자인 작업, 영상 편집 등 전문 작업에 특히 강점을 가진 운영체제다.

리눅스

리눅스(Linux)는 오픈소스 기반의 무료 운영체제로, 개발자와 IT 전문가들이 많이 사용하는 시스템이다. Windows나 macOS와 달리 누구나 수정하거나 커스터마이징할 수 있어 서버, 개발 환경, 데스크톱 등 다양한 용도로 사용된다. Ubuntu, Fedora, CentOS 같은 다양한 배포판이 있으며, 안정성과 보안성이 뛰어나다. 터미널을 통한 명령줄 사용이 일반적이지만, 그래픽 환경도 지원한다.

유닉스

유닉스(Unix)는 컴퓨터 운영체제 중 하나로, 1970년대에 개발되어 강력하고 안정적인 시스템으로 알려져 있다. 서버, 슈퍼컴퓨터, 기업 시스템 등에서 주로 사용되며, 멀티태스킹과 다중 사용자 환경을 지원한다. Linux와 macOS 같은 현대 운영체제의 기초가 된 시스템이다. 명령줄 기반으로 동작하며, 신뢰성과 확장성이 뛰어난 것이 특징이다.

Android

Android는 Google에서 개발한 모바일 운영체제로, 스마트폰과 태블릿에서 가장 널리 사용된다. 오픈 소스 기반으로 제조사들이 맞춤화할 수 있으며, Google Play 스토어를 통해 다양한 앱을 제공한다. 사용자 친화적인 인터페이스와 많은 기능을 제공한다. 삼성, 샤오미, 화웨이 등 여러 제조사에서 사용한다.

iOS

iOS는 Apple에서 만든 모바일 운영체제로, iPhone과 iPad 같은 Apple 기기에서 사용된다. 간편하고 직관적인 디자인으로 누구나 쉽게 사용할 수 있으며, App Store를 통해 다양한 앱을 다운로드할 수 있다. 뛰어난 보안성과 Apple 생태계와의 완벽한 연동이 특징이다. 안정성과 성능이 좋아 전 세계적으로 많은 사용자를 보유하고 있다.

프로세스 스케줄링

프로세스 스케줄링은 운영체제가 CPU 자원을 효율적으로 분배하기 위해 실행할 작업의 순서를 결정하는 기능이다. 우선순위와 실행 시간을 고려해 작업을 배치한다. 이를 통해 여러 프로그램이 동시에 원활히 실행될 수 있다. 멀티태스킹의 핵심 기술 중 하나다.

2. 네트워크 및 통신

서버

서버는 데이터를 저장하고, 요청에 따라 다른 컴퓨터(클라이언트)에게 데이터를 제공하는 역할을 하는 컴퓨터이다. 예를 들어, 웹사이트에 접속하면 서버가 그 웹사이트의 정보를 사용자에게 보낸다. 주로 강력한 성능과 안정성을 갖춘 컴퓨터가 서버로 사용된다. 클라이언트와 데이터를 주고받으며, 인터넷 서비스의 핵심 역할을 한다.

파일 서버

파일 서버는 서버 중에서도 파일을 저장하고 공유하는 데 특화된 서버이다. 예를 들어, 회사에서 직원들이 한 대의 파일 서버에 문서나 데이터를 저장하고 이를 공유할 수 있다. 파일 서버를 사용하면 중앙에서 파일을 관리하고, 여러 사용자가 동시에 접근할 수 있어 편리하다. 네트워크를 통해 연결된 사용자들에게 파일을 제공하는 역할을 한다.

Wi-Fi

Wi-Fi는 무선 네트워크 기술로, 인터넷을 케이블 없이 사용할 수 있게 한다. 스마트폰, 태블릿, 노트북 등 다양한 장치와 연결 가능하다. 고속 데이터 전송을 지원하며, 주로 가정, 공공장소, 회사에서 사용된다. 무선으로 인터넷에 연결하는 가장 보편적인 방식이다.

블루투스

블루투스(Bluetooth)는 짧은 거리에서 데이터를 무선으로 전송하는 기술이다. 주로 헤드폰, 키보드, 마우스 등 장치를 연결하는 데 사용된다. 배터리 소모가 적고 간단한 데이터 전송에 적합하다. PAN 기술의 대표적인 예다.

NFC (Near Field Communication)

NFC는 매우 가까운 거리(약 10cm 이내)에서 데이터를 전송하는 무선 통신 기술이다. 스마트폰의 간편 결제나 전자기기 간 파일 전송에 사용된다. 블루투스보다 더 짧은 거리에서 빠르게 작동한다. 교통카드나 모바일 결제에서 자주 쓰인다.

ISP

SP는 Internet Service Provider의 약자로, 인터넷 연결 서비스를 제공하는 회사나 조직을 뜻한다. 예를 들어, 가정에서 Wi-Fi를 사용하려면 ISP를 통해 인터넷을 연결한다. ISP는 고객에게 인터넷 속도와 데이터 용량에 따라 다양한 요금제를 제공한다. 대표적인 ISP로는 KT, SK브로드밴드, LG유플러스 등이 있다.

이더넷

이더넷(Ethernet)은 유선 네트워크 기술로, 컴퓨터와 장치들이 물리적 케이블로 연결된다. 안정성과 빠른 데이터 전송이 특징이며, 주로 LAN에서 사용된다. Wi-Fi보다 안정적인 연결을 제공한다. 네트워크 케이블을 통해 데이터를 주고받는다.

광섬유

광섬유(Optical Fiber)는 빛을 이용해 데이터를 전송하는 초고속 통신 기술이다. 일반 케이블보다 속도가 빠르고, 먼 거리에서도 신호가 잘 전달된다. 인터넷 서비스나 데이터 센터에서 주로 사용된다. 데이터 전송량이 많고 신뢰성이 높은 네트워크를 제공한다.

셀룰러 네트워크

셀룰러 네트워크는 휴대폰이나 태블릿 같은 이동 장치가 무선으로 인터넷이나 전화 서비스를 사용할 수 있게 해주는 네트워크이다. 기지국(셀 타워)을 통해 신호를 주고받으며, 여러 개의 "셀(Cell)"로 나뉜 영역에서 연결이 이루어진다. 4G나 5G 같은 기술이 셀룰러 네트워크의 대표적인 예라 할 수 있다. Wi-Fi 없이도 인터넷에 접속할 수 있어 이동 중에도 편리하게 사용할 수 있습니다.

LTE

LTE는 Long Term Evolution의 약자로, 4세대(4G) 이동통신 기술 중 하나이다. 빠른 인터넷 속도를 제공하여 스마트폰으로 동영상 스트리밍, 온라인 게임, 웹 서핑 등을 원활히 수행할 수 있게 한다. 이전 세대(3G)보다 훨씬 빠르고 안정적인 연결을 제공한다. 전 세계적으로 널리 사용되며, 5G가 보급되기 전까지 가장 일반적인 무선 인터넷 기술이었다.

5G

5G는 5세대 이동통신 기술로, 초고속 데이터 전송과 낮은 지연 시간을 제공한다. 자율주행, 원격 의료 등 빠른 연결이 필요한 서비스에 적합하다. 기존 4G보다 최대 100배 빠른 속도를 자랑한다. 스마트폰과 사물인터넷(IoT) 장치 연결에 널리 사용된다.

라우터

라우터(Router)는 여러 네트워크를 연결하고 데이터를 목적지로 전달하는 장치이다. 집에서 사용하는 인터넷 공유기가 대표적인 라우터다. 데이터를 분석해 가장 빠르고 효율적인 경로로 전송한다. 네트워크 간 통신을 가능하게 하는 중요한 장치이다.

스위치

스위치(Switch)는 네트워크 내 장치들을 연결하고 데이터를 올바른 장치로 전달한다. 허브와 비슷하지만, 데이터를 특정 목적지로만 보내 효율적이다. LAN 네트워크에서 자주 사용되며, 데이터 전송을 최적화한다. 네트워크 성능과 안정성을 높이는 데 도움을 준다.

허브

허브(Hub)는 네트워크 장치로, 여러 컴퓨터와 장치를 연결하여 데이터를 주고받게 해주는 역할을 한다. 데이터를 수신하면 연결된 모든 장치로 동일한 데이터를 전달한다. 단순한 구조로 작동하지만, 효율성이 낮아 현대 네트워크에서는 스위치로 대체되는 경우가 많다. 소규모 네트워크에서 사용하기에 적합한 장치이다.

게이트웨이

게이트웨이(Gateway)는 서로 다른 네트워크를 연결하고 데이터를 주고받을 수 있도록 중개하는 장치다. 예를 들어, 로컬 네트워크와 인터넷처럼 서로 다른 프로토콜을 사용하는 네트워크 간의 통신을 가능하게 한다. 데이터를 적절한 형식으로 변환하거나 필터링해 전달하는 역할을 한다. 네트워크 통신에서 중요한 다리 역할을 하며, 라우터와 함께 사용되기도 한다.

TCP

TCP는 Transmission Control Protocol의 약자로, 인터넷에서 데이터를 안정적으로 주고받을 수 있도록 돕는 통신 규약이다. 데이터를 작은 조각(패킷)으로 나누어 전송하며, 도착한 데이터가 정확하고 순서대로 있는지 확인한다. 만약 데이터가 손실되면 재전송을 요청해 신뢰성을 보장한다. 이메일, 웹 브라우징 같은 중요한 데이터 전송에 널리 사용된다.

IP

IP는 Internet Protocol의 약자로, 인터넷에서 데이터를 전송할 때 사용하는 주소 체계와 규칙을 의미한다. 데이터를 보내는 장치와 받는 장치가 각각 고유한 IP 주소를 가지며, 이를 통해 데이터가 정확한 목적지에 도달하도록 한다. 인터넷에서 주소 역할을 하는 IP 주소는 집 주소처럼 데이터의 출발지와 목적지를 나타낸다. TCP와 함께 작동하며, 인터넷 통신의 핵심 역할을 한다.

FTP

FTP는 File Transfer Protocol의 약자로, 인터넷을 통해 파일을 주고받는 데 사용하는 프로토콜이다. 예를 들어, 웹사이트에 파일을 업로드하거나 다운로드할 때 FTP를 사용할 수 있다. 사용자는 FTP 클라이언트를 통해 서버에 접속하여 파일을 쉽게 전송하거나 관리할 수 있다. 파일 공유와 전송을 위해 널리 사용되는 방식으로, 로그인과 암호 인증을 통해 보안을 제공한다.

프론트엔드

프론트엔드(Front-end)는 사용자가 직접 보고 상호작용하는 웹사이트나 애플리케이션의 화면 부분을 말한다. HTML, CSS, JavaScript 같은 기술을 사용해 사용자 인터페이스(UI)를 설계하고 구현한다. 브라우저에서 실행되며, 버튼 클릭, 애니메이션, 데이터 표시 등 사용자 경험(UX)을 담당한다. 쉽게 말해, 사용자가 웹이나 앱에서 "보는 부분"을 만드는 역할이다.

백엔드

백엔드(back-end)는 웹사이트나 애플리케이션의 서버, 데이터베이스, 비즈니스 로직 등 보이지 않는 부분을 처리한다. Python, Java, Node.js 같은 언어를 사용해 데이터를 관리하고 클라이언트 요청을 처리한다. 데이터 저장, 인증, 서버 간 통신 등을 담당하며, 프론트엔드와 연결해 사용자에게 서비스를 제공한다. 즉, "작동하는 부분"을 만드는 역할을 한다.

3. 데이터베이스 및 보안

Oracle DBMS

Oracle DBMS는 오라클(Oracle)사가 개발한 데이터베이스 관리 시스템으로, 대규모 데이터를 효율적으로 저장하고 관리할 수 있는 소프트웨어이다. 기업에서 널리 사용되며, 복잡한 데이터 처리와 높은 안정성을 제공한다. 특히 금융, 의료, 제조업 등 중요한 데이터를 다루는 분야에서 많이 활용된다. SQL을 사용해 데이터를 저장, 조회, 수정할 수 있으며, 대규모 사용자와 시스템을 지원한다.

MySQL

MySQL은 오픈소스 기반의 데이터베이스 관리 시스템(DBMS)으로, 데이터를 저장하고 관리할 수 있게 도와주는 소프트웨어이다. 가볍고 빠르며, 설치와 사용이 쉬워 개인, 중소기업, 대규모 웹사이트까지 널리 사용된다. 특히 WordPress 같은 웹 애플리케이션에서 데이터를 저장하는 데 자주 활용된다. SQL 언어를 사용해 데이터를 관리하며, 무료로 사용할 수 있어 개발자들에게 인기가 많다.

PostgreSQL

PostgreSQL은 오픈소스 관계형 데이터베이스 관리 시스템(RDBMS)으로, 데이터를 저장하고 관리할 수 있는 강력한 소프트웨어이다. 복잡한 쿼리와 대규모 데이터를 처리하는 데 최적화되어 있으며, JSON 같은 비정형 데이터도 지원한다. 높은 안정성과 확장성을 제공하며, 대기업부터 스타트업까지 다양한 규모의 프로젝트에서 사용된다. 무료로 제공되며, 오픈소스 커뮤니티에 의해 꾸준히 발전하고 있다.

SQL

SQL(Structured Query Language)은 데이터베이스와 상호작용하기 위한 표준 언어다. 데이터를 조회, 삽입, 삭제, 수정할 때 사용된다. 예를 들어, "SELECT * FROM users;"로 사용자 데이터를 검색할 수 있다. SQL은 관계형 데이터베이스 관리에 필수적이다.

NoSQL

NoSQL은 전통적인 관계형 데이터베이스가 아닌 다른 방식으로 데이터를 저장하는 시스템이다. 구조가 유연하며, 문서, 키-값, 그래프 등 다양한 데이터 형식을 지원한다. MongoDB, Cassandra 등이 대표적이다. 빅데이터와 같은 대규모 데이터를 처리할 때 적합하다.

MongoDB

MongoDB는 NoSQL 데이터베이스 중 하나로, 데이터를 테이블이 아닌 문서(Document) 형식으로 저장하는 소프트웨어이다. JSON과 유사한 형태로 데이터를 저장해 유연하고, 비정형 데이터나 대규모 데이터를 처리하는 데 적합하다. 스키마를 미리 정의하지 않아 구조가 자주 바뀌는 프로젝트에서 유용하다. 확장성과 속도가 뛰어나며, 빅데이터와 현대 웹 애플리케이션에서 널리 사용된다.

DB 정규화

DB 정규화(Normalization)는 데이터베이스에서 중복 데이터를 제거하고 구조를 효율적으로 설계하는 과정이다. 데이터를 여러 테이블로 나누어 저장해 데이터 무결성을 유지한다. 검색 속도는 다소 낮아질 수 있지만, 데이터 관리가 쉬워진다. 데이터 일관성을 높이는 데 중요한 기법이다.

참조 무결성

참조 무결성(Referential Integrity)은 데이터베이스에서 서로 연결된 테이블 간의 데이터 일관성을 유지하기 위한 규칙이다. 예를 들어, 자식 테이블이 부모 테이블의 외래 키(Foreign Key)를 참조할 때, 부모 테이블에 없는 값을 자식 테이블에 입력하지 못하도록 한다. 이를 통해 데이터의 신뢰성과 일관성을 유지할 수 있다. 데이터 삭제나 수정 시에도 연결된 데이터가 적절히 처리되도록 보장한다.

Key

Key는 데이터베이스에서 데이터를 고유하게 식별하거나 테이블 간 관계를 연결하는 데 사용되는 값이다. Primary Key(기본 키)는 테이블 내에서 각 행을 고유하게 식별하며, 중복되지 않는다. Foreign Key(외래 키)는 다른 테이블의 Primary Key를 참조하여 두 테이블 간 관계를 설정한다. Key를 사용하면 데이터 검색, 정렬, 관계 설정이 효율적으로 이루어진다.

방화벽

방화벽은 네트워크 트래픽을 감시하고 유해한 데이터가 들어오지 못하게 차단하는 장치 또는 소프트웨어다. 컴퓨터와 외부 네트워크 사이에서 보호막 역할을 한다. 허용된 데이터만 통과시키며, 해커나 악성 코드로부터 시스템을 보호한다. 네트워크 보안의 기본 요소이다.

IDS

IDS(Intrusion Detection System, 침입 탐지 시스템) 는 네트워크와 시스템 활동을 감시하여 비정상적이거나 악의적인 행동을 탐지하는 시스템이다. 해커의 침입 시도를 탐지하고 관리자에게 경고를 보낸다. 데이터를 직접 차단하지는 않지만, 보안 위협을 감지하는 데 유용하다. 보안 시스템의 중요한 구성 요소이다.

IPS

IPS(Intrusion Prevention System, 침입 방지 시스템)는 IDS의 기능에 더해 보안 위협을 직접 차단하고 대응하는 시스템이다. 비정상적인 트래픽을 감지하면 즉시 차단해 네트워크를 보호한다. 실시간으로 보안 위협을 방어하며, 데이터 유출과 시스템 손상을 예방한다. IDS와 함께 사용되기도 한다.

바이러스

바이러스(Virus)는 컴퓨터 시스템에 피해를 주기 위해 설계된 악성 프로그램이다. 감염된 파일을 통해 퍼지며, 데이터를 삭제하거나 시스템을 느리게 만든다. 백신 소프트웨어를 사용해 이를 예방하고 제거할 수 있다. 주기적인 업데이트와 점검이 필요하다.

랜섬웨어

랜섬웨어(Ransomware)는 사용자의 데이터를 암호화한 후, 복구 대가로 금전을 요구하는 악성 프로그램이다. 이메일 첨부 파일이나 악성 웹사이트를 통해 전파된다. 데이터를 복구하려면 비용을 지불해야 하므로 큰 피해를 줄 수 있다. 예방을 위해 백업과 보안 소프트웨어 사용이 중요하다.

피싱

피싱은 이메일, 메시지 등을 통해 사용자 정보를 속여 빼앗는 사기 수법이다. 주로 은행, 쇼핑몰 등 신뢰할 수 있는 기관을 사칭해 비밀번호나 금융 정보를 요구한다. 사용자는 URL과 이메일 출처를 확인하여 피싱을 방지해야 한다. 보안 교육이 중요한 대응 방법이다.

안티바이러스

안티바이러스는 바이러스, 악성 코드 등을 탐지하고 제거하는 소프트웨어다. 시스템을 실시간으로 보호하며, 주기적으로 업데이트해야 효과적이다. 바이러스뿐 아니라 스파이웨어, 랜섬웨어 등 다양한 위협도 방어한다. 컴퓨터 보안을 위한 필수 도구다.

4. 인공지능, 사물인터넷, 빅데이터

자율주행

자율주행은 자동차가 사람의 도움 없이 스스로 도로를 인식하고, 주행하며 목적지까지 이동할 수 있게 만드는 기술이다. AI는 카메라, 레이더, 라이다 같은 센서를 통해 주변 환경(차선, 차량, 보행자 등)을 감지하고 데이터를 실시간으로 처리한다. 이를 바탕으로 자동차는 속도 조절, 차선 변경, 장애물 회피 등을 자동으로 수행한다. 자율주행 기술은 교통사고를 줄이고, 운전의 편리함을 높이는 데 기여한다.

추천 시스템

인공지능 기반 추천 시스템(Recommendation System)은 사용자 데이터를 분석하고 학습하여 개인화된 추천을 제공하는 기술이다. 머신러닝과 딥러닝 같은 AI 기술을 활용해 사용자의 취향, 행동 패턴, 관심사를 파악한다. 예를 들어, 유튜브는 사용자가 본 영상 데이터를 학습해 비슷한 영상을 추천한다. AI는 대규모 데이터를 실시간으로 처리해 더 정교하고 정확한 추천을 가능하게 한다. 이를 통해 사용자 경험을 향상시키고 기업의 서비스 품질을 높인다.

강화학습

강화학습은 인공지능(AI)의 학습 방법 중 하나로, 행동을 통해 보상을 받으며 스스로 최적의 행동을 찾아가는 기술이다. 마치 사람이 시행착오를 통해 문제를 해결하는 것처럼, AI도 다양한 상황에서 행동을 시도하고 결과에 따라 학습한다. 예를 들어, 로봇이 장애물을 피해 목적지에 도달하거나 게임에서 최적의 전략을 배우는 데 활용된다. 강화학습은 자율주행, 로봇 제어, 게임 AI 등 다양한 분야에서 사용된다.

신경망

신경망(Neural Network)은 인간의 뇌 구조를 본떠 만든 인공지능(AI) 모델로, 데이터를 학습하고 패턴을 인식하는 데 사용된다. 여러 개의 노드(뉴런)가 층(layer)으로 연결되어 입력 데이터를 처리하고 결과를 도출한다. 예를 들어, 이미지를 보고 고양이인지 강아지인지 구분하거나, 음성을 인식해 텍스트로 변환하는 작업에 활용된다. 신경망은 딥러닝의 핵심 기술로, 음성 인식, 이미지 처리, 자연어 처리 등 다양한 분야에서 중요한 역할을 한다.

인공지능 모델

인공지능 모델은 데이터를 학습해 문제를 해결하거나 예측하는 데 사용되는 알고리즘 또는 수학적 구조이다. 다양한 종류의 모델이 있으며, 예를 들어 선형 회귀는 데이터를 기반으로 값을 예측하고, 신경망은 복잡한 패턴을 학습한다. 인공지능 모델은 학습 데이터를 통해 점점 더 정확해지며, 추천 시스템, 이미지 인식, 음성 인식 같은 다양한 작업에 활용된다. 데이터와 문제 유형에 따라 적합한 모델을 선택해 사용한다.

LPWAN

LPWAN은 Low Power Wide Area Network의 약자로, 낮은 전력으로 넓은 범위에서 데이터를 전송할 수 있는 네트워크 기술이다. IoT(사물인터넷) 기기에서 주로 사용되며, 전력 소모가 적고 통신 거리가 길어 배터리로 작동하는 장치에 적합하다. 스마트홈, 스마트시티, 산업용 IoT 같은 분야에서 센서 데이터를 전송하는 데 활용된다. 대표적인 LPWAN 기술로 LoRa, Sigfox, NB-IoT 등이 있다.

Zigbee

Zigbee는 스마트홈 같은 곳에서 기기들끼리 무선으로 데이터를 주고받게 해주는 기술이다. 전기를 적게 쓰고, 짧은 거리에서 여러 기기를 연결할 수 있어 스마트 전구나 온도 조절기 같은 작은 기기들에 많이 사용된다. 배터리로도 오래 사용할 수 있어 효율적이다. 기기들이 서로 연결된 네트워크를 만들어 안정적으로 작동한다.

데이터 마이닝

데이터 마이닝(Data Mining)은 대규모 데이터에서 유용한 패턴이나 정보를 발견하는 과정이다. 예를 들어, 쇼핑몰에서 고객 구매 패턴을 분석해 추천 상품을 제공한다. 머신러닝과 통계 기법을 활용한다. 비즈니스 의사결정과 예측에 중요한 역할을 한다.

로그 데이터

로그 데이터는 컴퓨터나 프로그램이 작업이나 활동을 기록해 놓은 데이터이다. 예를 들어, 웹사이트에 누가 접속했는지, 언제 어떤 버튼을 눌렀는지 같은 정보가 로그 데이터로 저장된다. 문제를 찾거나 성능을 분석할 때 유용하게 사용된다. 컴퓨터의 "활동 일지"라고 생각하면 된다.

ETL

ETL은 데이터를 추출(Extract), 변환(Transform), 적재(Load)하는 과정을 의미한다. 데이터를 다양한 소스에서 가져와 정리한 후 데이터베이스에 저장한다. 예를 들어, 여러 시스템의 데이터를 통합해 분석할 수 있도록 준비한다. 데이터 분석과 통합에서 필수적인 과정이다.

5. 메타버스, 클라우드 컴퓨팅

VR HMD

VR HMD는 Virtual Reality Head-Mounted Display의 약자로, 가상현실을 체험할 수 있게 해주는 헤드셋 형태의 장치이다. 이 장치는 사용자의 눈앞에 3D 가상 세계를 보여주며, 사용자가 고개를 돌리거나 움직일 때 화면이 함께 반응해 몰입감을 높인다. HMD는 VR 게임,

영화, 교육 등 다양한 분야에서 사용된다. 간단히 말해, VR을 체험하기 위한 "스마트 안경"이라고 할 수 있다.

AR 글래스

AR 글래스는 증강현실(AR) 기술을 적용한 스마트 안경이다. 현실 세계를 보면서 동시에 눈앞에 가상 정보나 이미지를 겹쳐 보여준다. 예를 들어, 길을 걸을 때 안경에 내비게이션 화살표가 표시되거나, 작업 중 필요한 정보를 눈앞에 보여주는 식이다. 스마트폰 없이도 화면과 정보를 확인할 수 있어 미래적인 기술로 주목받고 있다.

혼합현실 (Mixed Reality: MR)

증강현실(AR)은 현실 위에 가상의 정보를 덧붙이는 기술이지만, 혼합현실(MR): AR보다 더 발전된 기술로, 가상 요소가 현실 세계와 상호작용할 수 있는 기술이다. 예를 들어, 가상의 가구를 현실 공간에 배치하고 실제로 그 주위를 돌아다니며 여러 각도에서 볼 수 있다. 가상과 현실이 자연스럽게 융합되어 보이고, 사용자가 가상 물체를 직접 조작할 수도 있다. 혼합현실은 가상 요소가 현실 환경에 깊이 통합되어, 더욱 몰입감 있는 경험을 제공한다는 점에서 증강현실과 차별화된다.

블록체인

블록체인은 데이터를 안전하게 저장하고 관리하는 기술로, 정보를 여러 컴퓨터에 나누어 기록하는 분산형 시스템이다. 각 정보는 "블록"에 저장되고, 이 블록들이 줄줄이 연결된 형태라 "체인"이라고 한다. 데이터가 한 번 기록되면 수정하거나 삭제하기 어렵기 때문에 안전성이 높다. 비트코인 같은 암호화폐뿐 아니라, 금융, 물류, 인증 등 다양한 분야에서 활용되고 있다. 쉽게 말해, 데이터를 안전하고 투명하게 관리하는 디지털 장부라고 할 수 있다.

NFT

NFT는 Non-Fungible Token의 약자로, 블록체인 기술을 기반으로 한 디지털 자산이다. "Non-Fungible"은 대체할 수 없다는 뜻으로, NFT는 각각 고유한 가치를 가지며 복제할 수 없다. 예를 들어, 디지털 그림, 음악, 게임 아이템 같은 것을 NFT로 만들어 사고팔 수 있다. 소유권과 거래 기록이 블록체인에 저장되어 안전하게 관리된다. 디지털 세상에서 소유권을 증명하는 새로운 방식으로 주목받고 있다.

홀로그램

홀로그램(Hologram)은 3D 이미지를 공중에 떠 있는 것처럼 보여주는 기술이다. 특별한 장비나 화면 없이도, 마치 실제 물체가 눈앞에 있는 것처럼 입체적으로 보인다. 홀로그램은 빛의 반사와 굴절을 이용해 입체적인 이미지를 만들어낸다. 이 기술은 과학, 의료, 엔터테인먼트 등 다양한 분야에서 사용되며, 미래형 디스플레이 기술로 주목받고 있다.

클라우드 스토리지

클라우드 스토리지는 인터넷을 통해 데이터를 저장하고 접근할 수 있는 서비스이다. 물리적인 하드디스크나 USB 대신, 데이터를 클라우드 서버에 저장하고 언제 어디서나 인터넷만 있으면 데이터를 불러올 수 있다. 대표적인 서비스로는 Google Drive, Dropbox, OneDrive 등이 있다. 클라우드 스토리지는 용량을 쉽게 확장할 수 있고, 여러 장치에서 동시에 데이터를 관리할 수 있어 매우 편리하다.

가상화

가상화는 하나의 물리적인 컴퓨터나 서버를 여러 개의 가상 컴퓨터처럼 나누어 사용하는 기술이다. 예를 들어, 하나의 컴퓨터에서 여러 개의 운영체제나 프로그램을 동시에 실행할 수 있게 해준다. 이를 통해 하드웨어 자원을 더 효율적으로 사용하고, 시스템을 유연하게 관리할 수 있다. 가상화 기술은 클라우드 컴퓨팅이나 서버 관리에서 많이 사용된다.

참고문헌

강창욱, 강현우, 김수완, 김은하, 김호연, 김혜성 외 (2018). **복지와 테크놀로지**. 양서원.

김성은 (2023). **디지털 콘텐츠 기획 2판**. 한빛아카데미.

김수완, 최종혁 (2019). 사회서비스 기술혁신 모델로서 복지기술 리빙랩의 쟁점과 유형. **사회복지정책, 46**(3), 257-295.

김은하, 임정원, 한지혜 (2022). 발달장애인을 위한 디지털 기술 활용에 대한 인식 및 기대: 부모 및 현장전문가의 경험을 중심으로. **한국장애인복지학, 57**(57), 211-237.

김정근 (2018). 고령층을 위한 복지기술과 복지기술영향평가에 대한 연구. **한국콘테츠학회논문지, 18**(5), 156-166.

김치수 (2021). **쉽게 배우는 소프트웨어 공학 2판**. 한빛아카데미.

넬로 크리스티아니니 (2023). **기계의 반칙**. 한빛미디어.

박상혁, 오승희 (2017). 사회혁신 프로젝트 수행을 위한 디자인 씽킹과 비즈니스 모델 젠 연계 방법론. **디지털산업정보학회논문지, 13**(1), 185-196.

박소영, 이영석, 강창욱, 박화옥, 배성근, 이재욱, 최승숙 (2017). 노인과 장애인을 위한 국내 복지기술 동향 분석. **한국융합학회논문지, 8**(10), 295-304.

배기련, 양정연, 송경신, 김재민, 이준협, 정혜주. (2022). 보건복지 분야를 중심으로 본 국내 리빙랩 연구의 현황: 주제범위 문헌고찰. **보건사회연구, 42**(4), 248-265.

보건복지부. 2024년 독거노인 · 장애인 응급안전안심서비스 사업안내(수정). https://www.mohw.go.kr/board.es?mid=a10411010100&bid=0019&act=view&list_no=1479709&tag=&nPage=1

성남시니어산업혁신센터. http://www.miraeseum.or.kr/main/index.php

성지은, 송위진, 박인용 (2013). 리빙랩의 운영 체계와 사례. **STEPI Insight, 127**, 1-46.

성지은, 정서화, 한규영 (2018). 사회문제 해결형 기술개발사업에서의 리빙랩 적용 사례 분석. **과학기술학연구, 18**(1), 172-217.

안상훈, 김수완, 박종연 (2017). 사회적기업 중심의 복지기술 생태계 모델에 관한 서설적 연구. **사회적기업연구, 10**(2), 167-195.

안정호, 오성훈 (2022). 성남위례 공공실버주택 통합돌봄을 위한 Wel-Tech 통합사례관리 시스템. **디지털콘텐츠학회논문지, 23**(1), 97-105.

안정호 (2020). 공공실버주택 거주 노인을 위한 Wel-Tech 커뮤니티케어 서비스 디자인 연구. **디지털콘텐츠학회논문지**, 21(11), 2001-2010.

오시마 사치요 (2021). **HOW TO 맥킨지 문제 해결의 기술**. 경영아카이브.

우디 (2022). 소외 없는 디자인을 꿈꾸며, Brunch story. https://brunch.co.kr/%40cliche-cliche/167?utm_source=chatgpt.com

임정원, 이종화, 길혜민 (2022). 공공실버주택 거주 노인 대상의 Wel-Tech 프로그램 효과성 평가: 커뮤니티케어 모델 개발을 위한 선행 연구. **한국노년학**, **42**(5), 937-961.

임정원, 전병혜, 길혜민, 박영란 (2020). 공공실버주택 거주 노인을 위한 복지기술 기반 커뮤니티케어 모델개발 기초연구: 서비스 제공자 중심으로. **한국노년학**, **40**(6), 1327-1347.

플린 콜먼 (2022). **휴먼 알고리즘**. 씨아이알.

Cozza, M., Crevani, L., Hallin, A., and Schaeffer, J. (2019). Future Ageing: Welfare Technology Practices for Our Future Older Selves, *Futures*, *109*, 117-129.

Danish Government (2013). Digital Welfare 2013-2020.

Kviselius, N. Z. (2009). Living labs as tools for open innovation. *Communications & Strategies*, 74, 75.

Lim, J. W., Park, H. O., & Kim, M. J. (2023). Effects of safety and care services on psychological outcomes and housing satisfaction in Korean middle-aged and older adults living alone. *Journal of Public Health*, *45*(4), e737-e745.

MIT Agelab. https://agelab.mit.edu/

Nordic Centre for Welfare and Social Issues, 2010, Focus on Welfare Technology, Stockholm: Nordic Centre.

저자소개

임정원 (Lim, Jung-Won)

임정원은 현재 강남대학교 사회복지학부 교수로 재직 중이며, 웰택융합전공 교수를 겸임하고 있고, 사회복지학부장을 역임하고 있다. 이화여자대학교에서 학사와 석사 학위를, 미국 University of Southern California에서 박사 학위를 취득했고, 주요 연구 분야는 정신종양, 의료사회복지, 복지기술이다. 최근에는 보건산업진흥원의 지원을 받아 〈복지기술 기반 커뮤니티케어 통합서비스 모델 개발〉 연구를 통해 복지기술 프로그램의 효과성 평가 연구를 수행한 바 있다. 주요 저서로는 『정신종양학』(2024, 공저), 『정신건강론』(2022, 공저), 『복지와 테크놀로지』(2017, 공저) 등이 있으며, 주요 논문으로 『공공실버주택 거주 노인 대상의 Wel-Tech 프로그램 효과성 평가: 커뮤니티케어 모델 개발을 위한 선행연구』(2022), 『Effects of safety and care services on psychological outcomes and housing satisfaction in Korean middle-aged and older adults living alone』(2023), 『Technology-based cancer survivorship care interventions: A systematic review and meta-analysis』(2024) 등이 있다.

김수완 (Kim, Soo-Wan)

김수완은 현재 강남대학교 사회복지학부 교수로 재직 중이며, 복지기술을 교과 과정으로 통합한 웰텍융합전공 교수를 겸임하고 있고, 복지융합대학 학장을 역임하고 있다. 서울대학교에서 학사, 석사, 박사 학위를 취득했으며, 주요 연구 분야는 연금을 포함한 사회보장, 복지기술, 복지국가이다. 최근에는 보건복지부 지원을 받아 광주 서구 〈고령자 스마트케어 구축 연구〉를 통해 기술을 활용한 혁신적 돌봄서비스를 실증하고 이를 모델화하는 연구를 수행한 바 있다. 주요 저서로는 『자영업, 플랫폼 노동, 그리고 복지국가』(2022, 공저), 『복지와 테크놀로지』(2017, 공저) 등이 있으며, 주요 논문으로 『독거노인을 위한 IoT 센서 기반 돌봄서비스의 효과성 평가』(2023), 『복지기술은 사회 혁신인가?: 독거노인을 위한 기술 기반 돌봄서비스 사례 연구』(2021), 『Social investment effects of public education, health care, and welfare service expenditures on economic growth』(2019) 등이 있다.

안정호 (Ahn, Jung-Ho)

안정호는 현재 강남대학교 인공지능융합공학부 교수로 재직 중이며, 웰택융합전공 교수를 겸임하고, 인공지능전공 주임교수와 교내 AI · SW융합연구소 소장을 역임하고 있다. 연세대학교에서 학사, 석사, 박사 학위를 취득하였으며, 주요 연구 분야로는 컴퓨터비전, LLM 응용, 복지기술, 디지털전환, 인공지능 전환 등이 있다. 저서로는 『복지와 테크놀로지』(2017, 공저)가 있으며, 주요 논문으로 『홀몸 어르신 돌봄을 위한 IoT 센서 기반 모니터링 알고리즘 연구』(2023), 『성남위례 공공실버주택 통합돌봄을 위한 Wel-Tech 통합사례관리 시스템』(2022), 『건강검진 스케줄링 알고리즘에 대한 연구』(2020) 등이 있다.

복지기술의 실제 : 기획, 개발, 평가

초판발행 2025년 3월 5일 **1판 1쇄 인쇄** | 2025년 3월 10일 **1판 1쇄 발행**

지은이 임정원 김수완 안정호
펴낸이 최용구 | **펴낸곳 도서출판 신정**
주 소 (04316) 서울시 용산구 원효로 89길 19 (원효로1가)
전 화 02)3211-4782, 0266(영업부), 3211-4783(편집부), 3211-4784(팩스)
이메일 sjbook2002@naver.com | **홈페이지** www.sjbook.co.kr
등 록 2001년 5월 11일 제13-702호
마케팅 최용구 장만동 최충구 송대용 | **책임편집** 석기은 황가연

ISBN 978-89-5912-938-6 93330
정가 22,000원

저자와의 협의에 따라 인지는 생략합니다. 파본은 구입하신 곳에서 교환해 드립니다.
이 책을 무단 전재 또는 복제 행위 시 저작권법에 따라 처벌을 받게 됩니다.